Cahiers de Logique et d'Épistémologie
Volume 21

La sémantique dialogique

Notions fondamentales et éléments de metathéorie

Langage C++ et calcul scientifique
Pierre Saramito

Cahiers de Logique et d'Épistémologie Series Editors
Dov Gabbay   dov.gabbay@kcl.ac.uk
Shahid Rahman   shahid.rahman@univ-lille3.fr

Assistance Technique
Juan Redmond   juanredmond@yahoo.fr

Comité Scientifique: Daniel Andler (Paris – ENS); Diderik Baetens (Gent); Jean Paul van Bendegem (Vrije Universiteit Brussel); Johan van Benthem (Amsterdam/Stanford); Walter Carnielli (Campinas-Brésil); Pierre Cassou-Nogues (Lille 3 – UMR 8163-CNRS); Jacques Dubucs (Paris 1); Jean Gayon (Paris 1); François De Gandt (Lille 3 – UMR 8163-CNRS); Paul Gochet (Liège); Gerhard Heinzmann (Nancy 2); Andreas Herzig (Université de Toulouse – IRIT: UMR 5505-NRS); Bernard Joly (Lille 3 – UMR 8163-CNRS); Claudio Majolino (Lille 3 – UMR 8163-CNRS); David Makinson (London School of Economics); Tero Tulenheimo (Helsinki); Hassan Tahiri (Lille 3 – UMR 8163-CNRS).

La sémantique dialogique

Notions fondamentales et éléments de metathéorie

Nicolas Clerbout

ISBN 978-1-84890-153-7

College Publications
Scientific Director: Dov Gabbay
Managing Director: Jane Spurr

http://www.collegepublications.co.uk

Printed by Lightning Source, Milton Keynes, UK

REMERCIEMENTS

Je remercie profondément les Professeurs Shahid Rahman et Göran Sundholm, qui ont fait bien plus que superviser mon travail durant mon doctorat. C'est Shahid Rahman qui m'a fait découvrir la logique et a initié ma formation, m'ouvrant ainsi un champ de recherche passionnant. Ma rencontre avec Göran Sundholm a encore élargi mon horizon et j'ai grandement bénéficié de son savoir et de son expérience.

De nombreuses rencontres m'ont permis de progresser dans mon parcours académique. Il n'est pas possible de citer toutes les personnes qui, à travers des discussions toujours intéressantes, ont eu un impact décisif sur mes recherches. Toutefois, je ne peux manquer d'exprimer ma gratitude envers mes collègues de l'équipe lilloise de logiciens, réunis autour de S. Rahman, pour l'environnement de travail stimulant et agréable dont j'ai bénéficié à leur contact. Beaucoup d'éléments dans ce livre doivent beaucoup en particulier à Laurent Keiff et Tero Tulenheimo.

En tant que membre de cette équipe, j'ai bénéficié du soutien du département de Philosophie de l'Université Lille 3 (Charles-de-Gaulle) et de l'Unité Mixte de Recherche « Savoirs, Textes, Langage » (CNRS-Lille 3). J'ai eu la chance d'être également rattaché au Département de Philosophie de l'Université de Leyden dans le cadre d'une co-tutelle, et mes années de doctorat ont ainsi été appuyées par les écoles doctorales des deux universités. Enfin, je dois aussi mentionner la contribution de la Maison Européenne des Sciences de l'Homme et de la Société (MESHS) de Lille. A toutes ces structures, et notamment à leurs personnels administratifs, j'addresse mes plus vifs remerciements.

Pour finir, je remercie les éditions *College Publications* — et en particulier Jane Spurr pour sa disponibilité —, ainsi que les éditeurs et membres du comité scientifique de la collection « Cahiers de Logique et d'Epistémologie » dans laquelle ce volume paraît.

Lille, Mai 2014
Nicolas Clerbout

i

Table des Matières

INTRODUCTION

Cette étude peut être inscrite dans la tradition initiée par Paul Lorenzen et Kuno Lorenz de la logique dialogique, [1] quoique nos motivations pour adopter ce cadre de travail ne soient pas les mêmes. Au départ, la dialogique a été développée en réponse à un certain nombre de discussions relatives à l'approche opérative de la logique et des mathématiques que Lorenzen avait développée dans les années 1950. [2] De plus, la logique dialogique a tout de suite été introduite dans le cadre du projet de fournir une justification à la logique intuitionniste [3] auquel elle est restée fermement attachée dans les premières années de son développement. [4] Cela dit, l'approche dialogique de la logique a également depuis été développée en s'affranchissant de ces objectifs initiaux, principalement à la suite des travaux de Shahid Rahman et de ses collaborateurs. [5] Ces travaux représentent l'influence majeure de nos propres recherches et constituent à vrai dire une tradition en elle-même à laquelle il est plus juste de rattacher notre travail actuel. Plutôt que de prendre position dans le débat opposant partisans de la logique classique et de la logique intuitionniste, et de tenter de l'utiliser en faveur de l'une ou l'autre, nous considérons l'approche dialogique comme un cadre conceptuel résolument pluraliste et propice à une approche antiréaliste de la logique. [6]

Le point qui est le plus important dans le cadre de ce travail est que l'approche dialogique est une approche sémantique. Elle fournit une théorie de la signification qui diffère des perspectives plus connues — et plus populaires dans l'étude de la logique formelle — de la théorie des modèles d'une part et de la théorie de la preuve d'autre part. Il est crucial

---

1. Lorenzen et Lorenz (1978).

2. Pour des précisions à ce sujet, le lecteur est invité à consulter Lorenz (2001).

3. Voir Schroeder-Heister (2008).

4. Voir par exemple Lorenz (1968), Felscher (1985b), etc.

5. Voir entres autres Rahman (1993), Rahman et Rückert (1999), Rahman et Keiff (2005), Fontaine et Redmond (2008), Keiff (2009).

6. Nous ne pouvons pas approfondir ces thèmes cruciaux et complexes ici. Des discussions très poussées sur ces sujets ont été menées notamment dans Rahman et Keiff (2005) et Keiff (2007).

de garder à l'esprit que la position que nous défendons est que le propos
de la dialogique est de fournir une sémantique aux différents langages
que l'on peut être amené à considérer. Présenter la dialogique comme
une méthode de preuve, et *a fortiori* chercher à la défendre comme une
alternative viable à d'autres méthodes de preuve — telles que la méthode des tableaux, [7] la déduction naturelle, ou le calcul de séquents
—, constitue à notre sens une erreur. En fait, force est de concéder que
si l'on s'intéresse principalement aux méthodes de preuve alors les approches standard que nous venons de mentionner doivent être préférées
à l'approche dialogique.

Mais, dans le même temps, il est important de ne pas exagérer la portée
de cette concession : *il ne s'agit aucunement d'un coup fatal à l'approche
dialogique*. La raison en est que, comme nous l'avons mentionné, l'objectif
premier de la dialogique *n'est* justement *pas* de fournir une méthode de
preuve. D'autre part, la théorie dialogique de la signification ne se réduit
pas à une conception de la signification en termes de (règles de) preuves.
Par conséquent, il n'est opportun ni de présenter le cadre dialogique
comme une méthode alternative de preuve, ni de l'évaluer en tant que
tel.

Précisons notre propos. Il est tout à fait possible de relier jeux dialogiques standards et preuves, ainsi que notre étude dans ce travail de
la relation entre tableaux et dialogues l'illustre. Comme nous le verrons,
c'est en adoptant une certaine perspective sur les jeux dialogiques, appelée le niveau des stratégies, que cette connexion peut être établie. Or,
les stratégies dans les jeux sont des structures bien plus riches que les
preuves en méthode des tableaux, déduction naturelle ou calcul des séquents. [8] C'est pourquoi ce sont des objets moins aisés à manipuler que,
par exemple, des tableaux.

Mais le point le plus important est que le niveau des stratégies ne
constitue qu'un niveau particulier d'analyse de la signification dans le
cadre dialogique. Il y a un autre niveau, préalable, dans lequel sont introduites les notions d'après nous fondamentales [9] de l'approche dialogique
et que l'on appelle communément le niveau des parties. Le problème
est que le prix de la connexion entre stratégies et preuves est justement
d'ignorer ces aspects qui sont au coeur de la théorie dialogique de la
signification. Par conséquent celle-ci ne se résume clairement pas aux

---

7. Voir par exemple Smullyan (1968); D'Agostino *et al.* (1998).

8. Cf. les définitions de cette notion dans les chapitres 1 et 2.

9. Les actes de langage, l'interaction en termes d'attaque et de défense, etc. Voir
le chapitre 1.

approches de la signification en termes de preuve : il faut pour ainsi dire estropier la théorie dialogique pour rencontrer la conception de la signification comme fondée sur la notion de preuve.

Dès lors, la connexion entre dialogues et méthodes de preuve se lit d'une manière qui n'a rien à voir avec une quelconque comparaison qualitative selon les critères des théoriciens de la preuve. Cette connexion passe par des résultats d'équivalence entre l'existence de stratégies de victoire et la prouvabilité dans l'approche visée. Quand une telle équivalence peut être démontrée, cela établit alors la possibilité de fournir un *fondement dialogique* à la méthode de preuve en question. Ce résultat est particulièrement intéressant parce que, comme nous l'avons déjà évoqué, la théorie dialogique se distingue grandement par rapport aux théories de la signification qui se fondent sur les notions de modèle ou de preuve. Pour donner un peu plus de corps à cet énoncé, nous présentons maintenant brièvement les idées au coeur de l'approche dialogique.

L'approche dialogique s'inscrit dans la conception de la signification comme usage (*meaning as use*) dans un jeu de langage développée par le « deuxième » Wittgenstein, c'est-à-dire le Wittgenstein des *Recherches philosophiques* (1953). Plus précisément, la dialogique considère la signification comme donnée par l'usage dans le cadre d'un débat argumentatif, lequel est conçu comme un jeu entre deux joueurs appelés Proposant et Opposant. Dans cette optique, la manière dont ces jeux sont régulés constitue une part cruciale de la théorie dialogique de la signification. C'est notamment au niveau des règles que la flexibilité du cadre dialogique apparaît le plus clairement dans la mesure où des variations dans les règles du jeu, reflétant diverses pratiques argumentatives auxquelles on peut s'intéresser, permettent de fournir des sémantiques à de nombreuses logiques. Les différents systèmes que nous étudions dans ce travail illustrent ce point, et de nombreux autres systèmes ont été étudiés par ailleurs. [10]

La majorité des contributions dans ce livre concernent directement l'approche dialogique elle-même. Mais la contribution va aussi au-delà de l'établissement de quelques résultats métathéoriques pour la dialogique. En effet, notre travail contribue au développement d'une théorie alternative de la signification. Un point important concernant celle-ci est que, bien que relevant de l'analyse logique, elle se formule en termes d'interactions et offre une place décisive aux actes de langage. Ceci est

---

10. Voir par exemple Rahman (2001), Rahman et Carnielli (2000), Rahman et Rückert (2001), Rahman et Dégremont (2006), Rahman (2009).

rendu possible par le fait que l'approche dialogique offre plusieurs niveaux d'analyse de la signification. Dans la plupart des cas, l'analyse logique passe seulement par la notion de vérité logique, de dérivation ou d'inférence correcte. Ce niveau d'analyse peut être atteint dans le cadre dialogique en considérant la perspective stratégique, et notamment l'existence de stratégies de victoire pour l'un des joueurs. Mais l'approche dialogique permet un niveau d'analyse différent, préliminaire et ancré dans l'usage du langage. Il s'agit du niveau des parties, gouverné par les règles du jeu. Dans notre travail nous avons attaché une importance particulière à ce niveau en revenant sur les notions fondamentales de l'approche dialogique de la signification que sont les pratiques argumentatives, les actes de langage et la manière dont ceux-ci sont appréhendés dans l'approche dialogique. D'après nous, nous avons ainsi posé des bases de grande importance pour de futurs développements de la théorie dialogique de la signification. [11]

La contribution au domaine de la dialogique la plus significative de notre travail, et donc à l'étude de cette approche alternative de la signification, est l'introduction du mécanisme des rangs de répétition. Ces entiers positifs choisis par les joueurs d'un dialogue limitent le nombre d'attaques et de défenses. Le mécanisme des rangs de répétition offre en particulier une manière homogène de garantir la finitude des parties pour tous les types de jeu dialogique qui ont été étudiés dans la littérature jusqu'à présent. [12] En l'absence d'une telle notion unificatrice, il faut formuler pour chaque système dialogique une règle dans ce but. En ce sens, le mécanisme des rangs de répétition simplifie la métathéorie des dialogues : il n'est plus nécessaire de s'assurer à chaque fois que telle règle particulière à tel système dialogique permet effectivement de garantir la finitude des parties. En outre, nous verrons à plusieurs occasions dans ce travail que le mécanisme des rangs n'est pas très éloigné de certaines procédures de comptage des applications de règles dans les tableaux, et cette proximité facilite d'autant l'étude des rapports entre dialogues et tableaux.

Le mécanisme des rangs nous permet alors de proposer la première démonstration complète et correcte de la fiabilité et de la complétude des tableaux vis-à-vis des jeux dialogiques qui ont la propriété de finitude des parties. Si la démonstration de Felscher (1985a) constitue bien

---

11. Pour la distinction des divers niveaux d'analyse et le travail de fond opéré sur le niveau des parties, voir le chapitre 1 et l'annexe.

12. Nous revenons sur les raisons de demander que chaque dialogue soit de longueur finie au début du chapitre 2.

la première démonstration complète et correcte de la coïncidence entre prouvabilité (intuitioniste) et existence de stratégie de victoire dans les jeux dialogiques (intuitionistes) de premier ordre, il convient de souligner deux inconvénients inhérents à ce résultat. Premièrement la démonstration de Felscher est notoirement longue et difficile à appréhender. Mais surtout, Felscher travaille avec un système dialogique pour la logique de premier ordre où les dialogues infinis sont possibles. Ainsi on ne peut pas vraiment dire que Felscher corrige et complète les travaux précédents — notamment de Lorenz (1968). La correction de sa démonstration se fait au prix de la finitude des parties, qui était pourtant un aspect philosophiquement très important de l'approche dialogique à ses débuts. Par contraste, les rangs de répétition que nous utilisons dans ce travail permettent de revenir à cet aspect et apporte un certain éclairage à propos de la connexion entre dialogues et tableaux, [13] facilitant ainsi la preuve du Théorème 0.5 que nous donnons au chapitre 2.

Par ailleurs, la notion de rang de répétition s'avère également éclairante dans l'étude de certaines propriétés métathéoriques des jeux dialogiques. Dans le chapitre 3, nous proposons ce qui est à notre connaissance la première contribution à la question du problème dialogique de la décidabilité : l'existence d'une stratégie de victoire pour le Proposant dans un type de jeu dialogique donné est-elle décidable ? Or, nous montrons que la notion de rang de répétition joue un rôle substantiel dans l'analyse et la résolution du problème. C'est par exemple une propriété concernant les rangs qui détermine la décidabilité des jeux dialogiques propositionnels.

Ces points étant posés, nous présentons maintenant un résumé des objectifs que nous nous sommes fixés dans ce travail :

1. Présenter les notions et mécanismes fondamentaux sur lesquels reposent la théorie dialogique de la signification.

2. Utiliser ces notions et mécanimes pour présenter et étudier un certain nombre de sémantiques dialogiques pour divers langages auxquels le logicien et le philosophe sont amenés à s'intéresser en logique.

3. Expliquer la relation entre la dialogique et la méthode des tableaux.

---

13. Sur ce point, on peut aussi mentionner que pour notre démonstration nous ne forçons pas les règles dialogiques et les règles des tableaux à correspondre au préalable, contrairement par exemple à l'approche de Rahman et Keiff (2005).

4. Exposer et démontrer un certain nombre de propriétés relevant de la metathéorie des dialogues tels que des résultats de fiabilité et complétude et de décidabilité.

5. Indiquer quelles directions peuvent être suivies pour approfondir nos analyses ou initier de nouveaux développements de la dialogique.

Le premier point est évidemment requis pour que ce travail puisse être indépendant de sources externes. Mais si nous plaçons la présentation des bases de l'approche dialogique au niveau des objectifs de ce travail, c'est aussi pour des raisons moins triviales. La multiplicité des travaux en dialogique s'est accompagnée d'une diversification des présentations faites du cadre dialogique. Sur de nombreux aspects, cette diversité ne pose pas de réel problème : par exemple, les différences concernent souvent simplement la notation. Mais sur certains points, comme l'évolution de certains éléments terminologiques, la présence de plusieurs versions peut aboutir à une certaine confusion malvenue. Un autre exemple qui nous paraît d'importance est l'accent mis selon les présentations sur la notion de force illocutoire : celle-ci est parfois passée sous silence, la plupart du temps pour des raisons de brièveté. Il s'agit pourtant d'un élément crucial de l'approche dialogique comme sémantique. C'est pourquoi nous avons porté une attention particulière à mener une réflexion et une explication à propos de cette notion fondamentale pour la théorie dialogique de la signification.

Sur la présentation générale de l'approche dialogique, notre travail comprend également une contribution spécifique : l'utilisation des rangs (de répétition) pour garantir que chaque partie dialogique se termine après un nombre fini de coups joués par les joueurs, en régulant les comportements répétitifs au sein du jeu. La manière de gérer les répétitions s'est avérée être source de différences entre les approches dialogiques de différentes logiques. En l'absence d'un mécanisme suffisamment général et robuste, il faut modifier la définition de ce qu'est une répétition pour donner les approches dialogiques de la logique propositionnelle, la logique de premier ordre, ou la logique modale. Ces différents points sont détaillés par exemple dans Rahman et Keiff (2005) ou Keiff (2009). Notre présentation offre une réponse à cette situation : en utilisant le mécanisme des rangs, nous avons à notre disposition un dispositif qui peut garantir que toute partie est de longueur finie dans des approches dialogiques aussi diverses que celles que nous avons mentionnées et ce sans devoir modifier une définition aussi élémentaire que celle de répétition. Notons que certains travaux sur la dialogique[14] proposent un dispositif assez ressemblant au nôtre et portant également le nom de rangs de répétition. Nous porterons une attention particulière à exposer les différences que présente notre version ainsi que les raisons que nous avons de l'adopter dans les deux premiers chapitres de ce travail.

Le deuxième objectif que nous avons mentionné paraît assez secondaire par rapport aux autres. De fait, nous reprenons des approches dialogiques qui ont déjà été étudiées dans d'autre travaux, à savoir la dialogique propositionnelle, la dialogique de premier ordre et la dialogique modale standard. En termes de nouveauté, nous proposons une incursion dans le domaine de la sémantique dialogique pour des langages modaux contenant plusieurs types d'opérateurs modaux. Plus précisément, nous nous intéresserons aux opérateurs modaux appelés globaux (chapitre 5) et à l'opérateur d'actualité (chapitre 6). Notre présentation est caractérisée par son homogénéité, l'usage d'une notation précise pour fournir une formulation explicite des règles régissant les jeux dialogiques, l'utilisation des rangs de répétition, et la place centrale accordée à ce que l'on appelle les *formes extensives* des jeux et des stratégies.

La perspective des formes extensives, c'est-à-dire de la représentation sous forme d'arbre des jeux dialogiques et des stratégies, est au coeur de notre étude de la relation entre dialogues et tableaux. La connexion entre dialogique et méthode des tableaux[15] a déjà fait l'objet de plusieurs explications. Elle demeure cependant la question la plus fréquente que l'on rencontre au cours des communications orales consacrées à la dialogique ou dans les rapport d'articles. La récurrence de cette interrogation s'explique en partie par la ressemblance entre certaines règles des jeux dialogiques et les règles de formation des tableaux. Elle repose également souvent sur l'idée erronnée que la dialogique est proposée comme une alternative à la méthode des tableaux. À partir du moment où l'on garde à l'esprit que l'objet de la dialogique est de fournir une sémantique, on peut caractériser sa relation avec la méthode de preuve des tableaux de manière assez concise. Il s'agit d'une relation de fiabilité et complétude, qui s'exprime par un résultat de la forme suivante : il y a une *stratégie de victoire* pour le Proposant dans un jeu dialogique pour une formule si et seulement s'il y a une preuve par tableau de cette formule.

C'est l'une des principales contributions de notre travail que de fournir une nouvelle démonstration de la fiabilité et de la complétude des ta-

---

14. Lorenz (1968), Krabbe (1985).
15. Voir Smullyan (1968).

bleaux par rapport aux jeux dialogiques. Nous donnons la démonstration détaillée pour le cas du premier ordre, mais nous indiquons aussi comment celle-ci peut facilement être adaptée pour certains autres cas. Deux aspects rendent notre démonstration originale. D'abord, le fait que nous travaillons avec des jeux dialogiques définis en utilisant le mécanisme des rangs de répétition. Mais surtout, la démonstration consiste à fournir une procédure de traduction entre une preuve par tableau d'une part et la forme extensive d'une stratégie de victoire du Proposant. Cette procédure met en exergue les différences importantes qui existent entre les stratégies au sein de jeux dialogiques et les tableaux, ce qui permet par ailleurs d'analyser ces différences. Mais le point le plus important concernant la relation entre dialogues et tableaux est sans doute que celle-ci apparaît quand on aborde les jeux dialogiques au niveau des stratégies des joueurs : la procédure de traduction montre comment une preuve par tableau peut être *extraite* de la forme extensive d'une stratégie de victoire du Proposant. [16]

Le résultat de fiabilité et de complétude n'est pas le seul angle que nous utilisons pour comparer les jeux dialogiques et les tableaux. À plusieurs reprises, nous nous intéressons aux divers dispositifs qui expliquent que les tableaux se terminent après un nombre fini d'étapes ou pas, selon les cas. Notre intérêt pour ces dispositifs est surtout de les comparer à ce qui semble à première vue être leur analogue dialogique : les rangs de répétition. Nous abordons notamment ce sujet dans les chapitres 2, 3 et surtout dans le chapitre 5.

Notre travail contient également la première analyse de notre connaissance de la manifestation dialogique de la décidabilité (ou non) d'une logique. Cependant, nous n'avons pu aborder ce sujet dans ce travail que dans les cas de la dialogique propositionnelle et de la dialogique de premier ordre. Il s'agit surtout d'une discussion apportant un éclairage intuitif sur la question, bien que nous fournissions également une démonstration de l'indécidabilité de la dialogique de premier ordre. Mais l'apport de cette analyse qui nous semble le plus intéressant est la manière dont on peut relier la question de la décidabilité d'une logique aux rangs qui sont utilisés pour garantir que les parties dialogiques sont toujours de longueur finie.

Pour résumer, nous avons consacré ce travail à l'exposé des concepts fondamentaux de la théorie dialogique de la signification, à une brève ex-

---

16. Et, inversement, ce qu'il faut modifier et ajouter à un tableau pour obtenir une forme extensive de stratégie.

ploration de la metathéorie des jeux dialogiques, et à une analyse poussée de la connexion entre dialogues et tableaux. Nous profitons maintenant du résumé de notre travail pour apporter quelques précisions sur les différents points que nous avons mentionnés. Nous avons divisé ce livre en deux Parties : en séparant les sémantiques dialogiques étudiées selon qu'elles concerne des langages modaux (dans la deuxième Partie) ou non (dans la première Partie). Nous avons également joint une tirée d'un article co-écrit avec S. Rahman et L. Keiff et publié par ailleurs.

Le chapitre 1 est consacré à la présentation des concepts et mécanismes fondamentaux de l'approche dialogique. Nous y utilisons le cas de la dialogique propositionnelle comme illustration. La plupart des définitions, notations et conventions que nous y exposons se retrouvent de toute façon dans les autres sémantiques dialogiques abordées dans ce travail : la séparation entre deux types de règles pour les jeux dialogiques, la définition de ce qu'est une stratégie, la présentation des formes extensives. L'un des points les plus importants abordés dans ce chapitre est la discussion des principes sur lesquels la théorie dialogique de la signification repose. Nous y reprenons l'idée que nous avons mentionnée précédemment : à la base, l'approche dialogique repose sur l'idée que la signification est donnée par l'usage au sein d'un type particulier de jeu de langage, le débat argumentatif. C'est donc principalement d'interaction linguistique et de *pratiques argumentatives* dont il est question dans l'approche dialogique. Puisqu'elle concerne l'étude des pratiques au sein d'un jeu de langage, la théorie dialogique de la signification est intimement liée à la théorie des *actes de langage*. Pour cette raison, la notion de force illocutoire joue un rôle très important dans la sémantique dialogique. Dans la mesure où nous considérons des jeux d'argumentation, les actes fondamentaux qui sont en jeu sont la critique — ou attaque — et la défense. C'est pourquoi les forces illocutoires que l'on trouve à la base de l'approche dialogique sont celles de l'affirmation et de la requête. En dehors de la présentation des concepts fondamentaux de la dialogique, nous proposons dans le premier chapitre une première analyse du rapport entre les jeux dialogiques d'une part, et les méthodes de preuve d'autre part. Nous nous concentrons sur les tableaux, puisque l'étude de la connexion entre dialogues et tableaux et l'un des enjeux principaux que nous traitons dans ce travail. Cette première analyse consiste surtout à relever et expliquer les différences entre les deux approches : c'est dans un autre chapitre que ces différences sont surmontées pour obtenir un résultat de correspondance.

Le sujet principal du chapitre 2 est la démonstration détaillée de la fiabilité et de la complétude des tableaux par rapport aux jeux dialogiques dans le cas du premier ordre. La démonstration consiste à donner une procédure de traduction permettant de transformer la forme extensive d'une stratégie de victoire du Proposant en une preuve par tableau, et vice versa. C'est donc dans ce chapitre que se trouve notre contribution majeure à l'étude du rapport entre tableaux et dialogues, bien que ce rapport occupe également une place importante dans certains autres chapitres de notre travail. Il s'agit d'une démonstration nouvelle par rapport à d'autres études qui ont pu être réalisées sur le sujet. Pour résumer des explications que nous donnons dans le chapitre, la nouveauté tient d'une part à la présence du dispositif des rangs de répétition dans la définition des jeux dialogiques et d'autre part au fait que la démonstration utilise la perspective des formes extensives des stratégies.

Le chapitre 3 porte sur l'analyse de la manifestation dialogique de la décidabilité (ou non) d'une logique. Il s'agit à notre connaissance de la première incursion dans ce domaine, et le présent travail ne suffit donc évidemment pas à traiter complètement le sujet. Nous y abordons la manifestation dans l'approche dialogique de la décidabilité de la logique propositionnelle et de l'indécidabilité de la logique de premier ordre. Nous verrons que cette manifestation est intimement liée au mécanisme des rangs, suggérant que la décidabilité d'une logique s'exprime dans l'approche par les jeux d'argumentation au niveau de la gestion des comportements répétitifs dans ces jeux. L'éclairage qu'il apporte à question de la décidabilité constituent donc un attrait supplémentaire au dispositif des rangs que nous avons choisi pour définir nos jeux dialogiques, en dehors des autres avantages discutés dans les deux premiers chapitre. Enfin, ce troisième chapitre présente une démonstration qui consiste à montrer que le problème de la décidabilité de la logique de premier ordre est équivalent à un problème tiré de la théorie de la récursion bien connu pour être insolvable : le problème de la nullité. Ceci permet alors de conclure que la dialogique de premier ordre est indécidable.

Avec le chapitre 4, nous entamons la deuxième Partie de ce travail. Ce court chapitre constitue un rappel de l'approche dialogique du langage modal basique. Celle-ci a déjà fait l'objet de plusieurs travaux, à commencer par Rahman et Rückert (1999). Ce chapitre nous donne l'occasion de présenter les fondamentaux de l'approche dialogique des modalités, que l'on retrouvera dans les deux chapitres suivants. Nous y exposons également la principale raison pour laquelle nous avons consacré une Partie de ce travail à l'étude de sémantiques modales. Il y a en effet un aspect que des sémantiques dialogiques non modales ne peuvent capturer et qui s'avère pourtant très pertinent dans le cadre des débats d'argumentation : la notion de *contexte*. Les sémantiques dialogiques non modales reposent sur l'hypothèse que les circonstances ne changent pas au cours d'un débat et que les différentes affirmations, requêtes et informations restent disponibles de la même manière tout au long d'un même débat. La prise en charge des modalités permet de faire tomber cette hypothèse très restrictive. Avec les sémantiques dialogiques mentionnées dans ce quatrième chapitre, nous présentons les bases de la manière dont la théorie dialogique de la signification peut prendre en charge l'aspect contextuel des actions des joueurs. Sur un autre sujet, ce chapitre évoque également la manière dont la démonstration du chapitre 2 peut facilement être adaptée pour le cas de la logique modale basique.

Dans le chapitre 5, nous étendons le langage modal basique avec un opérateur de possibilité dit « global ». La sémantique dialogique que nous donnons pour ce langage fournit un exemple de la manière dont la théorie dialogique de la signification peut gérer la présence et l'influence de différents types de modalités. Mais surtout, cette sémantique nous permet de représenter des pratiques argumentatives supplémentaires et également de proposer une approche dialogique correspondant à une notion très particulière — très affaiblie — de validité modale. Sur ces deux points, les éléments que nous présentons présentent indéniablement un certain nombre de limites. Mais ils permettent par là-même de dégager des possibilités de développements futurs.

Nous nous intéressons dans le chapitre 6 à la sémantique dialogique pour l'opérateur d'actualité. Le but est de permettre de représenter des débats argumentatifs dans lesquels l'un des différents contextes est identifié comme le contexte de référence. À partir du moment où un tel contexte est spécifié, l'un des enjeux est de donner les moyens de différencier ce qui, au cours du débat, se rapporte à cette situation de référence de ce qui ne s'y rapporte pas. Le chapitre offre une discussion assez détaillée sur la signification à donner à l'opérateur d'actualité en termes dialogiques. Deux possibilités sont envisagées et comparées pour la sémantique locale de cet opérateur, et quatre différentes sémantiques dialogiques pour le langage modal considéré sont présentées.

L'annexe est le texte (en anglais) de l'article Rahman *et al.* (2009) dans lequel c'est le rapport entre la dialogique et une autre méthode de preuve — la déduction naturelle — qui est étudié. Un résultat similaire à celui démontré dans le chapitre 2 y est démontré d'une manière elle aussi similaire, à savoir par la création d'un algorithme de traduction. Par ailleurs, cet article contient plusieurs réflexions et discussions concernant l'approche dialogique très importantes qui complètent celles du premier chapitre. Pour ces raisons, cette annexe aurait pu être incluse dans le corps principal de ce travail au sein de la première Partie. Mais nous avons voulu éviter que le détour par la déduction naturelle ait pour effet d'alourdir le corps principal du texte, de deséquilibrer son organisation, et surtout de nous distraire de la comparaison entre dialogues et tableaux.

Première partie

CHAPITRE 1

LES DIALOGUES COMME SÉMANTIQUE

Nous commençons par une présentation du cadre dialogique. Pour cette présentation, nous prenons la dialogique propositionnelle comme cas d'étude parce que la plupart des éléments présents dans ce chapitre se retrouvent dans les systèmes dialogiques que nous étudierons dans le reste de ce travail. C'est surtout l'occasion d'insister sur certains aspects fondamentaux de la théorie dialogique de la signification : dans les chapitres suivants, nous ne reviendrons guère sur ces aspects et nous concentrerons plutôt sur quelques résultats d'ordre metathéorique.

L'idée fondamentale de l'approche dialogique est que la signification des énoncés se trouve dans leur usage au sein d'un certain type de jeu de langage. En ce sens, la théorie dialogique de la signification est très proche de la théorie du *meaning as use* de Wittgenstein dans les *Recherches Philosophiques.*[17] Ce rapprochement doit toutefois être nuancé par le fait que la théorie wittgensteinienne est bien plus générale que l'approche dialogique. Cette dernière est en effet limitée à une sorte particulière de jeux de langage, à savoir les débats argumentatifs : la signification des énoncés est donnée par la manière dont ils sont utilisés, et plus particulièrement attaqués et défendus, au cours d'un dialogue dans lequel l'un des participants — le Proposant — cherche à établir une thèse tandis que l'autre participant — l'Opposant — a pour rôle de mettre cette thèse en question.

L'accent mis sur le cas du débat argumentatif s'inscrit dans le rapprochement entre logique et argumentation. Ce lien privilégié était au coeur de l'étude de la logique chez Platon et Aristote et tenait encore une place fondamentale au Moyen-Âge[18] S'il n'est pas facile de déter-

---

17. Wittgenstein (1953).

18. Nous pensons notamment au rôle des *Obligationes* dans l'enseignement de la logique en université. A notre connaissance, Ignacio Angelelli est le premier à avoir observé dans Angelelli (1970) le lien entre les *Disputations* médiévales et les approches de la logique en termes de jeu. Yrjönsuuri (2001) est probablement l'étude détaillée la plus précoce, et les thèmes qui y sont introduits ont depuis été repris dans plusieurs travaux, par exemple Dutilh Novaes (2007) ou Popek (2012).

miner avec précision le moment où ce lien a été abandonné, il est clair que la logique moderne [19] et la prépondérance des sémantiques formelles basées sur la notion de modèle tout comme celles basées sur la notion de preuve marquent une séparation nette entre logique et argumentation.

Dans la mesure où elle s'inscrit dans le cadre de débats argumentatifs, la théorie dialogique de la signification concerne principalement deux types d'*actes de langage* : les affirmations et les requêtes par lesquelles celles-ci sont attaquées. Cet aspect nous permet de relever ici l'une des principales richesses de l'approche dialogique par rapport aux approches de la théorie des modèles ou de la théorie de la preuve, et constitue une des raisons pour laquelle la théorie dialogique de la signification est affranchie de l'appel à la notion de vérité. En effet, dès lors que l'on prend en compte les forces illocutoires dans une analyse, la notion de vérité ne convient plus dans de nombreux cas : en l'occurrence, parler de vérité ou fausseté d'une requête n'a guère de sens, et la notion de justification est plus appropriée pour les affirmations au sein d'un débat argumentatif.

Il est envisageable d'enrichir les approches dialogiques standard, telles que celles pour la logique propositionnelle ou la logique de premier ordre, et de ne pas se limiter aux affirmations et requêtes. On peut par exemple considérer des jeux dialogiques où des attaques autres que des requêtes sont possibles, et plus généralement d'élargir l'analyse en intégrant d'autres actes de langage. La limite à ne pas franchir est le cadre du débat argumentatif, puisque l'approche dialogique de la signification s'inscrit dans le cadre des pratiques argumentatives. Ces possibilités ouvrent des perspectives encore peu explorées pour élargir le champ d'application de la Dialogique comme théorie de la signification, mais elles dépassent le propos de ce travail qui consiste à étudier l'approche dialogique de quelques systèmes formels.

1   Sémantique dialogique et actes de langage

1.1   Forces et sémantique Locale

Un *acte de langage* est décrit par les informations suivantes : l'agent effectuant l'acte, une force illocutoire, le contenu de l'acte et, quand le langage contient des modalités, le nom d'un contexte. Dans un premier temps, nous laissons de côté les modalités et les noms de contextes : nous y reviendrons dans la deuxième Partie ayant trait à des langages modaux.

---

19. Telle qu'elle se constitue à partir de la fin du XIXème siècle avec Frege, Russell et d'autres.

Dans le cadre des jeux dialogiques l'agent est l'un des joueurs, désignés par les lettres **O** et **P**. En ce qui concerne les forces, nous en considérons deux différentes : l'*affirmation* (notée !) et la *requête* (notée ?). « Affirmation » s'applique à une formule tirée d'un langage donné, tandis que « requête » s'applique à ce que nous appelons une *structure d'action*, c'est-à-dire une juxtaposition $[A_0, \ldots, A_n]$ où chacun des A_i est de la forme 'force-contenu'. Ainsi les expressions suivantes dénotent-elles différents actes de langages : $! \varphi$; $? [!\varphi, !\psi]$; $? [!\varphi]$. On parle aussi de *coup*, puisque ce sont les expressions jouées par les joueurs durant une partie dialogique. Le dernier exemple est un cas où, n étant égal à 0, la requête porte sur une seule action. Dans ce cas nous omettons les crochets [,] dans la notation.

Pour résumer, la description complète d'un acte de langage est donnée par une expression de la forme $\mathbf{X} \, f \, e$ (et éventuellement un nom de contexte) où $\mathbf{X}$ est un joueur, f est une force et e est soit une formule soit une structure d'action.

Des *formes d'argumentation* (ou règles de particules, ou règles locales) définissent la sémantique locale des constantes logiques. Elles consistent en une description abstraite de la manière dont une affirmation peut être attaquée et défendue selon sa constante logique principale. Les règles locales pour les connecteurs propositionnels sont données en Figure 1.1.

Affirmation	$\mathbf{X} \,!\, \varphi \wedge \psi$	$\mathbf{X} \,!\, \varphi \vee \psi$	$\mathbf{X} \,!\, \varphi \to \psi$	$\mathbf{X} \,!\, \neg\varphi$
Attaque	$\mathbf{Y} \,?!\varphi$ ou $\mathbf{Y} \,?!\psi$	$\mathbf{Y} \,? [!\varphi, !\psi]$	$\mathbf{Y} \,!\, \varphi \,;?!\psi$	$\mathbf{Y} \,!\, \varphi$
Défense	$\mathbf{X} \,!\, \varphi$ ou $\mathbf{X} \,!\, \psi$	$\mathbf{X} \,!\, \varphi$ ou $\mathbf{X} \,!\, \psi$	$\mathbf{X} \,!\, \psi$	$--$

Figure 1.1: Règles locales – Connecteurs Propositionnels

Avant d'expliquer ces règles, notons qu'elles peuvent entièrement être décrites au seul moyen de la sémantique locale des forces « affirmation » et « requête » :

– Quand le joueur **X** effectue une requête, la réponse consiste pour **Y** à effectuer une des actions requises.

– Quand le joueur **X** effectue une affirmation, la réaction de **Y** consiste en une requête, une affirmation ou une combinaison des deux

Les règles données en Figure 1.1 sont exactement celles que l'on trouve dans les présentations usuelles de la dialogique, si ce n'est que les attaques et les défenses sont complètement explicitées au moyen des forces.[20] En particulier, la présentation usuelle occulte le fait que l'attaque contre une implication matérielle consiste à la fois en l'affirmation de l'antécédent et la requête du conséquent. Dans la Figure 1.1 nous utilisons à cette fin le concaténateur ';'.

Dans les cas de la conjonction et de la disjonction, les règles mettent en jeu la notion de *choix* qui est au coeur de l'approche dialogique de la signification. Ce qu'expriment les règles locales, c'est que conjonction et disjonction diffèrent selon le joueur ayant le choix entre deux actions : dans le cas de la conjonction, l'attaquant a le choix entre deux requêtes tandis que dans le cas de la disjonction c'est le défenseur qui a le choix entre deux affirmations à effectuer. Ce dernier aspect s'explique par le fait qu'une structure d'action n'est pas déterministe : quand un joueur effectue une requête dont le contenu est une structure d'action, il requiert que l'une des actions soit effectuée, mais pas toutes. La notion de choix n'apparaît pas directement dans la règle locale pour l'implication matérielle. Mais l'attaque y est composite : en plus d'une requête, l'attaquant effectue également une affirmation qui est susceptible d'être attaquée à son tour. De sorte que, dans le déroulement d'une partie, le défenseur a deux possibilités : exécuter la requête ou contre-attaquer. L'occasion d'étudier plus en détail la règle pour l'implication matérielle se présentera quand nous aborderons le rapport entre stratégies et tableaux (section 2.2).

Habituellement, les règles locales sont décrites en utilisant le terme d'assertion au lieu d'affirmation. Dans de récents travaux, par exemple Clerbout *et al.* (2011), le terme plus neutre d'énoncé (*utterance*) est utilisé. Mais il y manque une dimension qui nous semble cruciale pour un débat argumentatif, à savoir celle d'engagement : les participants au débat ne se contentent pas d'avancer gratuitement des énoncés : ils s'engagent à les justifier. Sans cette dimension, l'interaction par attaques et défenses n'a guère de sens et ne peut être décrite comme un débat. Cependant, le terme assertion a en français un sens qui le rend également suspect, à savoir d'être l'affirmation catégorique de quelque chose qui ne peut être vérifié. Dans ce cas encore, demander ou donner une justifi-

___

20. Les attaques $?\wedge_1$, $?\wedge_2$ et $?\vee$ sont remplacées respectivement par $?\,!\varphi$, $?\,\psi$ et $?\,[!\varphi, !\psi]$. Pour les présentations que nous appelons « usuelles », voir par exemple Fontaine et Redmond (2008) ou Keiff (2009).

cation n'aurait pas de sens. C'est pourquoi nous choisissons d'utiliser le terme d'affirmation.

1.2 Règles structurelles

L'une des spécificités de l'approche dialogique se trouve dans la distinction entre deux types de règles. En plus des règles locales, des *règles structurelles* gouvernent les conditions générales auxquelles un jeu obéit en fixant les conditions initiales d'une partie, son déroulement et les conditions de victoire. Pour résumer, ces règles définissent les conditions sous lesquelles une suite de coups est une partie dans un jeu dialogique. Nous donnons les règles, puis les expliquons en portant une attention particulière à la règle dite de déroulement qui est formulée au moyen de *rangs de répétitions*. Ceux-ci ont un rôle important vis-à-vis de la question de la finitude des parties.

Finitude des parties. Comment reconnaître qu'une partie est terminée ou non ? Faut-il ou non accepter qu'un dialogue (une partie) n'ait pas de fin ? Au moins deux cas de figure mènent à se poser la question de la finitude des parties.

Dans la mesure où les règles locales pour la dialogique propositionnelle observent la propriété de sous-formule (toute défense est une sous-formule de la formule défendue), un dialogue obéissant à ces règles ne peut se poursuivre indéfiniment que si les joueurs sont autorisés à répéter leurs coups sans limite. Par exemple, attaquer encore et encore une conjonction en requérant le même conjoint, ou affirmer encore et encore l'un des disjoints pour défendre une disjonction. En d'autres termes, la question de la finitude des parties est intimement liée à la gestion des comportements répétitifs dans les dialogues. La question se pose donc déjà dans le cas des dialogues propositionnels où les règles locales sont finitaires, c'est-à-dire où les joueurs ont le choix entre un nombre fini d'attaques ou de défenses à chaque fois que c'est leur tour de jouer. Or, il y a aussi des systèmes dialogiques où toutes les règles ne sont pas finitaires. Dans ce travail nous considérons le cas du premier ordre (chapitre 2) et de la dialogique modale (chapitre 4). Dans le cas du premier ordre par exemple, il y a un nombre infini d'attaques possibles contre l'affirmation de $\forall x\varphi$ et un nombre infini de défenses possibles d'une affirmation $\exists x\varphi$.[21] Dans de tels cas, les dialogues peuvent continuer sans fin en vertu des règles locales elles-mêmes. Les deux aspects — gestion

---

21. Si le Proposant peut être soumis à certaines restrictions résultant d'autres règles — telle la règle formelle — ce n'est jamais le cas pour l'Opposant.

des répétitions et infinité de coups possibles — ne sont bien sûr pas exclusifs.

En l'absence de moyens pour l'empêcher, les parties dialogiques sont donc susceptibles de se poursuivre sans fin. Il est alors impossible de déterminer en général si une partie est terminée ou non. Avec les rangs de répétition, il est possible de garantir que toute partie est de longueur finie, et c'est la solution que nous choisissons dans ce travail. Les rangs ne sont certainement pas l'unique moyen d'obtenir ce résultat, et nous discuterons ce point plus loin. Mais il n'est pas superflu de se poser d'abord la question de la nécessité de garantir la finitude des parties. Pourquoi vouloir exclure la possibilité de parties infinies ? La raison n'est pas d'ordre technique. Il n'est pas nécessaire par exemple que dans un jeu les parties terminent pour pouvoir déterminer des conditions de victoire. [22] De fait, certaines présentations de la dialogique autorisent la présence de parties infinies sans compromettre les résultats metathéoriques standards. [23] On peut éventuellement argumenter qu'il y a peu de sens à parler de victoire et de défaite dans le cas de parties qui ne sont pas finies, et que les conditions de victoire données dans les jeux que nous venons de mentionner ont quelque chose de l'artifice technique.

Mais la question se pose plutôt en ces termes : qu'est-ce qui, dans la notion de dialogue, exclut la possibilité de parties infinies ? C'est-à-dire : y a-t'il une raison de refuser la possibilité de débats se poursuivant sans fin ? Il semble certes raisonnable de limiter ou interdire les comportements strictement répétitifs : de telles répétitions à elles seules ne peuvent en principe pas changer le résultat d'une partie et ne servent qu'à gagner abusivement du temps. D'un autre côté, pourquoi interdire de jouer le nombre infini d'instanciations possibles d'un quantificateur ? Il s'agit là de quelque chose de bien différent des comportements répétitifs. Notre réponse est qu'il n'est de toute façon pas possible de jouer une telle infinité de coups. Les protagonistes d'un débat argumentatif ne peuvent pas poursuivre l'échange indéfiniment. D'aucuns pourraient objecter que dans les jeux dialogiques les joueurs O et P ne sont pas supposés représenter des sujets réels, limités, et que leur caractère « idéal » permet de prendre en compte le cas des parties infinies. Mais pour abstraits ou idéaux que soient considérés le Proposant et l'Opposant, il n'en demeure pas moins que l'idée principale de la théorie dialogique de la signification est de reposer sur les *pratiques* argumentatives, et aucune argumenta-

22. Voir Hodges (2001).
23. Par exemple Felscher (1985a).

tion ne peut dans les faits se poursuivre indéfiniment. C'est donc pour une raison directement liée à des principes philosophiques de l'approche dialogique — à savoir, l'importance centrale de la notion d'argumentation et le fondement de la signification sur les usages argumentatifs — qu'aucune partie dialogique ne doit pouvoir être infinie. [24]

Notre choix pour garantir la finitude des parties est d'inclure une règle structurelle à cet effet qui s'appuie sur ce que nous appelons les rangs de répétitions. C'est l'occasion de présenter les règles structurelles de la dialogique propositionnelle, qui s'avèrent être les mêmes que pour la dialogique de premier ordre (chapitre 2). Dans ces règles, nous utilisons $\mathcal{D}(\varphi)$ pour dénoter le jeu dialogique pour φ.

Règle de Départ (RS0) 1. Soit φ une formule complexe. Toute partie dans $\mathcal{D}(\varphi)$ commence par l'affirmation $!\,\varphi$ par le Proposant. L'Opposant et le Proposant choisissent ensuite tour à tour un entier positif appelé rang de répétition.

Règle Classique de Déroulement (RS1) 1. Après que les rangs de répétitions aient été fixés, les joueurs jouent tour à tour. Soit n le rang de répétition du joueur **X**. Quand c'est à son tour de jouer, **X** peut attaquer une affirmation précédente ou défendre face à une attaque précédente, en accord avec les règles locales et au plus n fois.

Règle Formelle (RS2) 1. Le Proposant ne peut affirmer une formule atomique que si l'Opposant l'a déjà affirmée auparavant.

Règle de Victoire (RS3) 1. Le joueur **X** gagne une partie si et seulement si la partie est terminale et **X** a joué le dernier coup de la partie.

On dit que φ est la *thèse* du jeu $\mathcal{D}(\varphi)$ (et de toute partie dans ce jeu). Une partie est *terminale* si aucun coup supplémentaire n'est autorisé par les règles du jeu. La règle RS3 dépend donc du fait que chaque partie est de longueur finie, ce qui est précisément garanti par le mécanisme des rangs via la règle RS1. Avant de nous concentrer sur ce mécanisme, mentionnons que les éventuelles ambiguïtés dans les règles structurelles peuvent être complètement effacées au moyen d'une notation appropriée, quoiqu'au prix d'une certaine lourdeur. Une telle formulation des règles est donnée dans le chapitre 2.

---

24. Une autre motivation est exposée dans Lorenz (2001) : « (...) some other procedure had to be invented which is both characteristic of a proposition and satisfies a decidable concept. », et « an individual play of the game (...) reaches a final position with either win or loss after a finite number of moves ». C'était en effet une exigence aux débuts de la dialogique que le concept de victoire soit décidable. Or ceci ne peut pas être le cas si les parties infinies sont autorisées.

Exemple 1.1.

	O			P	
				$a \to b$	0
1	n := 1			m := 2	2
3	a ; ? !b	(0)			

Explications. Une table de ce genre constitue une représenta-tion commode d'une *partie*. Les numéros dans les colonnes ex-térieures donnent l'ordre des coups. La thèse est par conven-tion le coup numéro 0, et les choix de rangs étant des coups, ils reçoivent un numéro. Notons que pour alléger la notation, le signe d'affirmation ! est omis quand il n'apparaît pas dans la portée d'une requête. Au coup 3, l'Opposant attaque le coup 0 en accord avec la règle locale pour l'implication ma-térielle. Quand un coup est une attaque, le numéro du coup attaqué est précisé dans les colonnes internes. Après cela, le Proposant n'a plus de coup possible : il ne peut pas affirmer b à cause de la règle formelle, et ne peut pas attaquer a parce qu'une formule atomique ne s'attaque pas. Le Proposant perd la partie.

La Règle de Départ et la Règle Formelle

La règle de départ stipule qu'une partie dans un jeu dialogique pour φ commence avec l'affirmation par le Proposant de φ. Soit Γ un en-semble de formules. Il est possible de généraliser les règles de manière à définir $\mathcal{D}(\Gamma, \varphi)$, le jeu dialogique pour φ sous concessions Γ. Dans un tel jeu, chaque partie commence avec les affirmations par l'Opposant de toutes les formules dans Γ, que l'on appelle des concessions, suivies de l'affirmation par le Proposant de φ. De manière générale, nous ne consi-dérerons pas les jeux $\mathcal{D}(\Gamma, \varphi)$ et en resterons à des jeux de la forme $\mathcal{D}(\varphi)$, à l'exception notable de la section 2.2.

La règle formelle pose des contraintes sur la possibilité pour **P** d'affir-mer des formules atomiques. C'est la présence de cette règle qui motive la condition « φ est une formule complexe » dans la règle de départ : ainsi, le Proposant ne peut affirmer une formule atomique comme thèse. En effet, les règles locales ne permettent aucune attaque (et *a fortiori* aucune défense) pour les formules atomiques. Si le Proposant pouvait en affirmer une comme thèse, la partie s'arrêterait immédiatement après le choix des rangs sans qu'aucune interaction ne puisse avoir lieu à propos de la thèse.

Ceci constitue certainement une limite de l'approche dialogique comme sémantique dans son état actuel car la signification des énoncés y est donnée par la manière dont ils sont attaqués et défendus. La règle formelle contrôle dans une certaine mesure l'usage des formules atomiques, mais il n'empêche qu'il ne peut y avoir de jeu dialogique pour celles-ci. Lorenz (2001) écrit : « (...) for an entity to be a proposition there must exist a dialogue game associated with this entity ». Cela signifierait qu'en l'état les formules atomiques ne dénotent pas des propositions, ce qui n'est évidemment pas acceptable. Trois possibilités que l'on trouve dans la littérature semblent permettre de contourner cette difficulté. L'une est de relativiser les jeux dialogiques à des modèles. La règle formelle est alors remplacée en spécifiant qu'un joueur ne peut affirmer de formule atomique que si celle-ci est vraie. On obtient de cette manière des jeux dialogiques dits *aléthiques*.[25] Une telle approche permet évidemment de donner une signification aux énoncés atomiques, mais celle-ci n'est pas du tout fondée sur une quelconque pratique argumentative : elle est fondée sur la notion de vérité et compromet le rôle de la dialogique comme alternative à la sémantique modèle-théorique.

Une autre solution est de considérer que les formules atomiques encodent des jeux atomiques qui peuvent être récupérés et mêmes recopiés, selon la stratégie bien connue en théorie des jeux du « copy-cat ». La règle formelle repose alors en fait sur l'idée que le Proposant est capable de justifier une formule atomique uniquement par copy-cat. Le principal problème de cette solution est qu'en l'absence de précisions sur ces jeux atomiques, elle demeure complètement asymétrique. Or, la symétrie des règles a une grande importance quand il s'agit de donner la signification des énoncés en termes d'attaque et de défense : nous revenons sur ce point ci-dessous (section 1.3). La troisième solution a le mérite de garantir une forme de symétrie. Il s'agit de spécifier une règle locale pour les formules atomiques, ce qui est fait par exemple dans Keiff (2007). Celles-ci s'attaquent en requérant ce que l'on appelle une justification élémentaire, et la défense est évidemment de donner cette justification. Une manière possible d'écrire cette règle est :

Affirmation	$\mathbf{X} \,!\, a$
Attaque	$\mathbf{Y} \,?\, [!\,\{a\}]$
Défense	$\mathbf{X} \,!\, \{a\}$

où $\{a\}$ dénote une justification élémentaire pour a.

---

25. Voir Rahman et Keiff (2005), Rahman et Tulenheimo (2009).

Dans cette approche, la règle formelle est modifiée pour porter sur les justifications élémentaires plutôt que sur les formules atomiques. On peut peut-être reprocher à cette solution son caractère imprécis, dans la mesure où la notion de justification élémentaire reste très vague. Tout ce que l'on peut en dire tient à la règle formelle, de sorte que les difficultés que l'on avait vis-à-vis des formules atomiques ont en un certain sens simplement été transposées au niveau des justifications élémentaires. On peut répondre à cet inconvénient en soulignant qu'il n'est pas nécessaire d'apporter d'avantage de précisions à propos des justifications élémentaires. L'idée est en fait justement que peu importe ce que sont ces justifications : leur utilisation par copy-cat est tout ce qui est nécessaire pour garantir la réussite du processus de justification mené par le Proposant.

De fait, les sujets abordés dans ce travail ne nécessitent pas de résoudre la question des formules atomiques, et nous nous en tiendrons aux règles que nous avons données. Il reste qu'une étude approfondie des jeux atomiques demeure une tâche urgente à mener pour la théorie dialogique de la signification.

Rangs, répétitions et Règle de Déroulement

Les règles structurelles que nous avons présentées diffèrent de l'approche dialogique usuelle de la logique propositionnelle (classique) uniquement en ce que nous utilisons le mécanisme des rangs pour garantir que chaque partie est de longueur finie. La version standard consiste à simplement interdire les répétitions *strictes* qui consistent à jouer le même coup comme attaque ou défense en réaction à un même coup précédent : par exemple, attaquer deux fois une conjonction en requérant le premier conjoint.

Les rangs dits de répétition recouvrent aussi bien les répétitions strictes que les répétitions non-strictes (et qui, à proprement parler, ne sont donc pas des répétitions). Si un joueur a choisi rang 2, il peut attaquer deux fois une conjonction, y compris en requérant deux fois le même conjoint. À l'inverse, il ne peut attaquer une conjonction qu'une seule fois s'il a choisi rang 1.

Exemple 1.2.

	O			**P**	
				$(a \wedge b) \rightarrow c$	0
1	$a \wedge b$; ? !c	(0)			
3	a		(1)	? !a	2
5	b		(1)	? !b	4

Dans l'ancienne version, le coup 4 est toujours autorisé pour
P car il ne s'agit pas d'une répétition stricte. Dans la notation par table les défenses sont généralement écrites face aux
attaques correspondantes, ce qui explique la case vide face
au coup 1 et la position du coup 2.

	O			**P**	
				$(a \wedge b) \to c$	0
1	n := 1			m := 1	2
3	$a \wedge b$; ?!c	(0)			
5	a		(3)	? !a	4

Dans notre version, la deuxième attaque face au coup 3 n'est
pas possible si le Proposant a choisi rang 1.

Dans le cas de la logique propositionnelle, l'ancienne version suffit à
garantir que toute partie est de longueur finie, puisque les règles locales
sont finitaires : il y a toujours un nombre fini d'attaques ou de défenses
possibles face à un même coup. Le mécanisme des rangs trouve toute son
utilité surtout dans les jeux où les règles locales ne sont pas finitaires :
typiquement dans les cas de la logique de premier ordre (chapitre 2)
et de la logique modale (chapitre 4). En dehors de permettre une certaine homogénéité dans la formulation des règles pour les divers systèmes
dialogiques, il y a certains avantages à introduire les rangs dans le cas
propositionnel.

D'une part, le fait d'appliquer le mécanisme des rangs permet de formuler des résultats tels que le Théorème 2.2. On a ainsi un moyen assez
simple et concis de formuler des résultats metathéoriques[26] et de les
comparer de système dialogique à système dialogique.

Au-delà de cela, la version standard présente ce que nous considérons
comme des inconvénients que notre version n'a pas. Le premier inconvénient apparaît dès lors que l'on considère la différence entre jeux dialogiques pour la logique (propositionnelle) classique et jeux pour la logique
intuitionniste. La différence apparaît au niveau des règles structurelles,
et plus exactement au niveau de la règle que nous avons nommée « Règle
de Déroulement ». Avec la formulation standard, les règles classiques et
intuitionnistes de déroulement sont les suivantes :[27]

---

26. Les résultats ici mentionnés ont trait à la question de la décidabilité ou non des
logiques considérées. Nous donnons plus de détails dans le chapitre 3.

27. Voir par exemple Fontaine et Redmond (2008).

Règle Classique de Déroulement (version standard) 1. Les joueurs jouent tour à tour. Quand c'est à son tour de jouer, le joueur **X** peut attaquer une affirmation précédente ou défendre face à une attaque précédente, en accord avec les règles locales. Aucune répétition stricte n'est autorisée.

Règle Intuitionniste de Déroulement (version standard) . Les joueurs jouent tour à tour. Quand c'est à son tour de jouer, le joueur **X** peut attaquer une affirmation précédente ou défendre face à *la dernière attaque sans réponse*, en accord avec les règles locales. Si **O** a affirmé une nouvelle formule atomique, **P** peut effectuer une répétition stricte d'attaque.

Avec notre approche, les règles sont les suivantes :

Règle Classique de Déroulement (RS1) 2. Après que les rangs de répétitions aient été fixés, les joueurs jouent tour à tour. Soit n le rang de répétition du joueur **X**. Quand c'est à son tour de jouer, **X** peut attaquer une affirmation précédente ou défendre face à une attaque précédente, en accord avec les règles locales et au plus n fois.

Règle Intuitionniste de Déroulement (RS1i) . Après que les rangs de répétitions aient été fixés, les joueurs jouent tour à tour. Soit n le rang de répétition du joueur **X**. Quand c'est à son tour de joueur, **X** peut attaquer une affirmation précédente au plus n fois ou défendre face à *la dernière attaque sans réponse*.

Dans les deux cas, on constate la même différence concernant les défenses : quelle que soit la formulation, la règle intuitionniste stipule qu'un joueur ne peut défendre que face à la dernière attaque sans réponse. Nous appelons cela la *restriction intuitionniste*.[28] À cette différence près, les règles RS1 et RS1i sont les mêmes dans notre formulation. Ce n'est cependant pas le cas dans la formulation standard : la règle classique interdit toute répétition stricte tandis que la règle intuitionniste en autorise certaines. Pour comprendre les raisons de cette différence, considérons l'exemple 1.3 de deux parties jouées en observant la formulation standard des règles.

---

28. En anglais cette règle est souvent appelée *Last Duty First* (« la dernière responsabilité d'abord »), ce qui exprime bien l'esprit de cette règle selon lequel, puisque la situation de jeu change tandis que celui-ci progresse, il faut avant tout traiter les dernières attaques de l'adversaire avant de peut-être revenir aux coups laissés sans réponses.

Exemple 1.3.

	O			P	
				$\neg\neg(a \lor \neg a)$	0
1	$\neg(a \lor \neg a)$	(0)			
			(1)	$a \lor \neg a$	2
3	$?\,[!a, !\neg a]$	(2)		$\neg a$	4
5	a	(4)			
				a	6

Version standard, règle classique. Le coup 4 est forcé, puisque le Proposant est limité par la règle formelle. Mais une fois que **O** a affirmé a, **P** peut en faire autant au coup 6.

	O			P	
				$\neg\neg(a \lor \neg a)$	0
1	$\neg(a \lor \neg a)$	(0)			
			(1)	$a \lor \neg a$	2
3	$?\,[!a, !\neg a]$	(2)		$\neg a$	4
5	a	(4)			
			(1)	$a \lor \neg a$	6
7	$?\,[!a, !\neg a]$	(6)		a	8

Version standard, règle intuitionniste. Contrairement à la partie précédente, **P** ne peut pas affirmer a en réponse à l'attaque 3 une fois que **O** a joué le coup 5 car ce dernier est la dernière attaque sans réponse. Mais puisque le coup 5 est l'affirmation d'un nouvel atome, **P** est alors autorisé à jouer une répétition stricte d'attaque, ce qu'il fait avec le coup 6. La partie continue jusqu'à ce que **P** joue le coup 8. Ce coup respecte la restriction intuitionniste car il est joué en réponse à l'attaque 7.

Sans la possibilité de jouer la répétition stricte au coup 6, le Proposant n'aurait aucun moyen de gagner la deuxième partie à cause de la restriction intuitionniste. Pour utiliser de la terminologie introduite dans la section suivante, le Proposant n'aurait pas de stratégie de victoire. Mais dans l'approche dialogique, l'existence d'une stratégie de victoire pour le Proposant tient lieu de concept de validité. On veut dire par cela que les théorèmes d'une logique donnée sont exactement les formules pour lesquelles le Proposant a une stratégie de victoire dans le jeu dialogique correspondant. Or la formule $\neg\neg(a \vee \neg a)$ est un théorème de la logique classique et de la logique intuitionniste. On voit qu'en l'absence de la possibilité de jouer certaines répétitions strictes, on ne pourrait pas avoir de correspondance entre validité et existence d'une stratégie de victoire pour **P** dans le cas intuitionniste.

Il nous semble cependant que ces considérations marquent l'intrusion dans les règles du jeu de considérations purement stratégiques, tandis que la raison d'être des règles est seulement de spécifier ce que l'on peut ou non jouer. Dans la présentation usuelle des jeux intuitionnistes, une explication est ajoutée pour tenter de se dégager de cette erreur. L'idée est la suivante : on explique que si la situation du jeu a changé alors ce qui semble une répétition stricte n'en est finalement pas vraiment une, et que l'introduction par **O** d'une nouvelle information — l'affirmation d'un nouvel atome — constitue le cas typique du changement de situation. Mais si tel est le cas, alors la même chose peut être dite à propos des jeux classiques. Or, la présentation standard y maintient une version forte de l'interdiction de répétitions strictes (règle classique, version standard). Mais il est vrai qu'il n'y a rien ici d'irréparable : on pourrait tout à fait assouplir la règle classique pour qu'elle soit la même que la règle intuitionniste pour ce qui concerne les répétitions strictes. On obtiendrait alors les résultats voulus, et en particulier la garantie que chaque partie est de longueur finie.

Cependant, l'interdiction de répétitions strictes ne permet pas toujours de garantir la finitude des parties. En effet cela ne fonctionne que dans les jeux dialogiques où les joueurs n'ont qu'un nombre fini d'attaques ou de défenses possibles en réponse à un coup donné, ce qui est le cas dans les jeux dialogiques propositionnels. Cette seule restriction ne suffit plus dès lors que l'on considère des jeux où les joueurs ont un nombre infini de coups possibles à leur disposition : ils peuvent continuer à jouer indéfiniment tout en évitant les répétitions strictes. Les jeux dialogiques de premier ordre et les jeux dialogiques modaux, que nous abordons plus loin, [29] en sont des exemples. Les règles locales pour les quantificateurs (section 2.1) et les opérateurs modaux (section 1.1) stipulent que les joueurs ont autant de coups possibles que de constantes individuelles, ou respectivement de contextes dialogiques, c'est-à-dire un nombre infini.

Une possibilité est alors de moduler la version standard de la Règle de Déroulement pour s'assurer de la finitude des parties sans pour autant

---

29. chapitres 2, 4 et suivants.

utiliser les rangs de répétition. Habituellement, la modification est opérée au niveau de la définition de ce qui est considéré comme une répétition stricte dans un jeu. L'idée est d'étendre cette définition de manière à ce que les joueurs soient soumis à suffisamment d'interdictions pour empêcher qu'une partie puisse continuer indéfiniment. Pour une illustration dans les cas des jeux de premier ordre et des cas modaux, on peut se reporter à Fontaine et Redmond (2008) ou encore à Keiff (2009). Mais cette méthode présente plusieurs inconvénients. Premièrement, elle requière de modifier la définition de la notion de répétition, qui est somme toute assez basique. Considérer comme des répétitions des coups qui n'en sont pas vraiment de manière à les faire tomber sous l'interdiction ressemble à un artifice assez mal venu. En tout cas cela requière au moins de fournir des justifications plausibles à ces modifications. Par ailleurs, il est fort possible que les modifications doivent à chaque fois être adaptées quand on passe d'un type de jeu dialogique à un autre. Enfin, il convient alors de vérifier à chaque fois que les modifications apportées permettent bien de garantir la finitude des parties. La tâche, en plus d'être imposante, est assez ardue. A notre connaissance, elle n'a pas été menée à bien dans les présentations de la dialogique de premier ordre selon cette méthode : pour autant que nous le sachions, aucune d'entre elles ne permet de garantir la finitude des parties.[30] Pour éviter une trop longue digression, nous avons placé l'illustration de ce point en fin de chapitre, en page 40.

Par contraste, le mécanisme des rangs constitue une approche uniforme garantissant de manière simple la finitude des parties. Il est possible de questionner cette uniformité. On peut notamment regretter que, contrairement à la version standard, ils ne prêtent pas attention à l'*identité* des coups. C'est parce que les rangs concernent les notions d'attaque et de défense, et non la forme des actes de langage. Supposons que X a affirmé $\varphi \wedge \psi$. Dans la version standard, requérir deux fois φ est généralement interdit à Y car il s'agit d'une répétition dite stricte, mais requérir d'abord φ puis ψ lui est toujours permis. Le mécanisme des rangs est indifférent à cette distinction : les deux possibilités s'offrent à Y dès lors qu'il a choisi un rang au moins égal à 2, et lui sont interdites s'il a choisi rang 1. En ce sens, l'appellation rangs « de répétition » est peut-être malheureuse.

---

30. Nous faisons notamment référence ici aux présentations dans Rahman et Keiff (2005), Fontaine et Redmond (2008) ou Keiff (2009).

30

1.3   Symétrie des règles locales et immunité face à tonk

Nous reprenons ici un argument présenté dans Rahman *et al.* (2009) concernant l'importance du fait que les règles locales sont symétriques. [31] Par cela nous entendons le fait que, formulées avec les variables **X** et **Y**, ces règles sont les mêmes pour les deux joueurs. Le point est que cette symétrie garantit l'immunité du cadre dialogique face à un certain nombre de constantes logiques sources de trivialisation, et typiquement le fameux *tonk* d'Arthur Prior (1961). [32]

Dans Rahman *et al.* (2009), l'argument est formulé dans le contexte de l'étude des rapports entre dialogique et déduction naturelle. Dans cet article, un algorithme est donné permettant de traduire stratégies de victoire du Proposant en preuves de déduction naturelle et vice-versa. Le texte entier de Rahman *et al.* (2009), incluant les détails de l'algorithme, est donné en annexe. Pour notre propos, nous rappelons simplement l'idée de base de l'algorithme : de manière générale, les applications de règle de particule par l'Opposant correspondent aux règles d'introduction tandis que les applications par le Proposant correspondent aux règles d'élimination.

Considérons maintenant les règles d'introduction et d'élimination pour *tonk* :

$$
\begin{array}{c|l}
l & \varphi \\
\vdots & \vdots \\
l' & \varphi \text{ tonk } \psi \qquad \text{tonk I, } l
\end{array}
$$

$$
\begin{array}{c|l}
l & \varphi \text{ tonk } \psi \\
\vdots & \vdots \\
l' & \varphi \qquad \text{tonk E}_1, l
\end{array}
\qquad
\begin{array}{c|l}
l & A \text{ tonk } B \\
\vdots & \vdots \\
l' & \psi \qquad \text{tonk E}_2, l
\end{array}
$$

---

31. Voir aussi Rahman (2010).

32. L'argument s'applique à toute une classe de connecteurs trivialisant. Le sujet a notamment été abordé par S. Rahman ainsi que L. Keiff dans diverses communications orales.

Il est impossible de donner une règle de particule pour *tonk* qui corresponde, une fois appliquée par les joueurs, à ces règles d'introduction ou d'élimination. En effet, une telle règle de particule devrait spécifier qui, de **X** ou **Y**, choisit de quelle manière se poursuit le jeu localement, c'est-à-dire par φ ou par ψ. Pour commencer, supposons que le choix appartienne à l'attaquant **Y**, c'est-à-dire supposons la règle suivante :

Affirmation	**X** ! φ tonk ψ
Attaque	**Y** ? ! φ ou **Y** ? ! ψ
Défense	**X** ! φ ou **X** ! ψ

Si l'on considère le cas où **X** est le Proposant, et étant donné la correspondance sur laquelle repose l'algorithme, on obtient par traduction la règle d'introduction suivante pour *tonk* :

$$
\begin{array}{l|l}
l_1 & A \\
\vdots & \vdots \\
l_2 & B \\
\vdots & \vdots \\
l' & A \text{ tonk } B \qquad \text{tonk I, } l_1, l_2
\end{array}
$$

La différence avec la règle d'introduction donnée plus haut est claire : la première est de type disjonctive tandis que cette dernière est clairement similaire à la règle d'introduction de la conjonction.

Supposons alors que la règle de particule donne le choix de la continuation au défenseur **X**, c'est-à-dire que la règle soit de la forme suivante :

Affirmation	**X** ! φ tonk ψ
Attaque	**Y** ? [! φ, ! ψ]
Défense	**X** ! φ ou **X** ! ψ

Le problème surgit alors en considérant le cas où **X** est l'Opposant. À travers la procédure de traduction décrite dans l'annexe, on obtient une règle d'élimination similaire à celle pour la disjonction alors que la règle donnée plus haut est clairement similaire à celle de la conjonction.

Ce que le raisonnement ci-dessus démontre, c'est que la question du joueur ayant le choix de la continuation ne peut pas, dans le cas de *tonk*, être résolue seulement en termes d'attaquant et de défenseur. La seule manière d'en sortir est de donner deux règles différentes : une pour le Proposant et une pour l'Opposant. Mais c'est là quelque chose d'impossible car l'identité des joueurs n'est pas définie au niveau des règles locales : elle est fixée par les règles structurelles, qui déterminent que le Proposant est le joueur affirmant la thèse et soumis à la règle formelle. Le connecteur *tonk* ne peut donc pas recevoir de sémantique locale parce qu'il n'est pas possible de définir une forme d'intéraction en termes d'affirmation et de requête qui soit commune quelque soit le joueur.

2   Stratégies et tableaux

Nous avons jusqu'à présent limité notre analyse des jeux dialogiques au niveau des règles les définissant. L'un des avantages du cadre dialogique est de permettre un autre niveau d'analyse dans lequel on considère les comportements stratégiques des joueurs. C'est à ce niveau que l'on trouve le concept dialogique de validité ainsi que la connexion entre jeux dialogiques et systèmes de preuves. Nous avons brièvement fait allusion à la déduction naturelle dans la section précédente. Tout au long de ce travail, nous nous concentrons sur le rapport entre méthode des tableaux et jeux dialogiques. L'étude détaillée de ce rapport est donnée dans le chapitre suivant au moyen d'un algorithme de traduction. Nous nous contentons dans cette section de premières incursions qui forment un complément à l'algorithme. Nous nous intéressons également à un premier fruit de la comparaison entre les deux approches, à savoir l'ouverture d'une réflexion sur l'approche dialogique de l'implication matérielle.

2.1   Le niveau des stratégies

Nous commençons par introduire la notion fondamentale de stratégie. Nous donnons également un certain nombre de résultats fondamentaux dont certains sont valables pour tous les systèmes dialogiques que nous considérons dans ce texte. Certains de ces résultats sont formulés pour ce que nous appelons les formes extensives de stratégies, que nous définissons. Ces dernières sont introduites parce que c'est par leur biais que nous étudions et expliquons la connexion entre jeux dialogiques et tableaux.

Définition 1.1 (Stratégie). Une *stratégie* pour **X** dans le jeu $\mathcal{D}(\varphi)$ est une fonction qui à chaque partie non terminale dont le dernier coup est joué par **Y** associe un **X** coup autorisé par les règles. Une **X** stratégie S est une stratégie de victoire si jouer selon S permet à **X** de gagner quelle que soit la manière de jouer de **Y**.

Étant données cette définition et les règles du jeu, un premier résultat fondamental peut être posé :

THÉORÈME 2.1 (Détermination). Il y a une **X** stratégie de victoire dans $\mathcal{D}(\varphi)$ si et seulement s'il n'y a pas de **Y** stratégie de victoire dans le jeu.

Démonstration. Les jeux dialogiques sont des jeux *bien fondés* d'information parfaite et à somme nulle (sans égalité). Ils sont bien fondés car chaque partie dans un jeu dialogique est de longueur finie, mais puisque chaque joueur a un nombre infini de choix possible de rang de répétition, il n'y a pas de borne supérieure unique sur la longueur des parties d'un jeu. Le fait que les jeux dialogiques sont à somme nulle sans égalité est donné par la règle de victoire *RS3*.

Il s'ensuit que le Théorème de Gale-Stewart s'applique aux jeux dialogiques. [33] Le Théorème 2.1 découle à son tour du Théorème de Gale-Stewart. ∎

Ce résultat de détermination est valable pour tous les jeux que nous étudions dans ce travail et de manière générale pour tous les systèmes dialogiques garantissant information parfaite, somme nulle sans égalité et bon fondement. Nous introduisons maintenant des éléments de terminologie et de notation qui s'avéreront utiles en plusieurs occasions dans ce chapitre et les suivants.

Définition 1.2. Soit $\mathcal{D}(\varphi)$ un jeu dialogique. On note $\mathcal{D}^{n,m}(\varphi)$ le *sous-jeu* de $\mathcal{D}(\varphi)$ qui résulte du choix par **O** du rang n et par **P** du rang m.

Il est souvent utile de considérer le sous-jeu $\mathcal{D}^{n}(\varphi)$ de $\mathcal{D}(\varphi)$ où l'on considère le choix par **O** du rang n sans fixer le rang de **P**. En particulier, nous considérerons à plusieurs reprises le sous-jeu $\mathcal{D}^{1}(\varphi)$.

THÉORÈME 2.2. Soit φ une formule complexe du langage propositionnel. Il y a une **P** stratégie de victoire dans $\mathcal{D}(\varphi)$ si et seulement si il y en a une dans $\mathcal{D}^{1,2}(\varphi)$.

---

33. Voir Gale et Stewart (1953).

Démonstration. Les règles du jeu garantissent qu'il est suffisant de considérer le cas où **O** choisit rang 1 pour déterminer s'il a ou non une stratégie de victoire. La raison en est que les règles ne posent aucune restriction sur les droits de **O**, à l'inverse de **P** dont la règle formelle limite les possibilités. Supposons que l'Opposant peut gagner. Alors, à chaque fois qu'il a le choix entre deux possibilités, l'une des possibilités lui permet de finir par gagner la partie. Puisqu'il n'est soumis à aucune restriction particulière, l'Opposant a toujours le droit de jouer cette possibilité gagnante, et le rang 1 est suffisant pour cela.

Il reste à montrer que dans le cas où le rang de **O** est 1, il faut et il suffit de considérer le cas où **P** choisit rang 2. L'exemple suivant permet de comprendre pourquoi la limite imposée par la règle formelle rend nécessaire de considérer rang 2 :

	O			**P**	
				$\neg(a \wedge \neg a)$	0
1	n := 1			m := 2	2
3	$a \wedge \neg a$	(0)			
5	a		(3)	? !a	4
7	$\neg a$		(3)	? !$\neg a$	6
			(7)	a	8

Sans le coup 5, le Proposant ne peut pas jouer le coup gagnant 8. Il lui faut effectuer les deux attaques contre le coup 3 pour pouvoir gagner.

Le fait que considérer le cas où **P** choisit rang 2 est suffisant est garanti par le fait que les connecteurs considérés sont d'arité au plus 2, de sorte qu'un joueur a toujours le choix entre au plus deux attaques contre une même affirmation ou au plus deux défenses face à une même attaque. Le rang 2 suffit donc à permettre au Proposant de tenter chaque possibilité à chaque fois qu'il a un choix à effectuer. ∎

Le fait qu'il est suffisant de considérer le rang 1 pour l'Opposant est valable pour tous les types de jeux dialogiques que nous considérons dans ce travail. C'est-à-dire, pour tous les jeux dialogiques considérés ici, on a : il y a une **P** stratégie de victoire dans $\mathcal{D}(\varphi)$ si et seulement s'il y en a une dans $\mathcal{D}^1(\varphi)$. En fait, cela est valable tant que l'Opposant n'est soumis à aucune restriction particulière, et en particulier qu'il n'est pas soumis à la Règle Formelle.[34] Par contre, ce n'est pas le cas pour le rang

---

34. Le lecteur peut vérifier que le rang 1 n'est pas suffisant pour **O** par exemple dans le cas de la dialogique connexive. Voir Rahman et Rückert (2001).

du Proposant : on verra dans les chapitres 3 et 5 des cas où il n'est pas suffisant de considérer le rang 2 pour **P**.

La connexion entre tableaux et jeux dialogiques se formule en considérant ces derniers du point de vue de leur forme extensive. La forme extensive d'un jeu dialogique $\mathcal{D}(\varphi)$ n'est rien de plus que la représentation du jeu par un arbre. Soit S une stratégie pour un joueur dans $\mathcal{D}(\varphi)$. La forme extensive de S est le fragment représentant S dans la forme extensive de $\mathcal{D}(\varphi)$. Techniquement, ces notions sont définies comme suit :

Définition 1.3 (Formes Extensives).

- La forme extensive $\mathfrak{E}(\varphi)$ de $\mathcal{D}(\varphi)$ est l'arbre $\mathfrak{E}_\varphi = (T, \ell, S)$ tel que :

  1. Chaque noeud $t \in T$ est étiqueté avec un coup M apparaissant dans $\mathcal{D}(\varphi)$,

  2. $\ell : T \longrightarrow \mathbb{N}$,

  3. $S \subseteq T \times T$ tel que :

     S_1 Il y a un unique $t_0 \in T$ appelé la *racine* tel que $\ell(t_0) = 0$ et t_0 est étiqueté avec la thèse de $\mathcal{D}(\varphi)$,

     S_2 Pour tout $t \neq t_0$, il y a un unique t' tel que $t'St$,

     S_3 Pour tous $t, t' \in T$, si tSt' alors $\ell(t') = \ell(t) + 1$.

     S_4 S'il y a une partie $\Delta \in \mathcal{D}(\varphi)$ telle que $\mathrm{p}_\Delta(M) = \mathrm{p}_\Delta(M') + 1$ alors il y a des noeuds $t, t' \in T$ respectivement étiquetés avec M et M' tels que tSt'.[35]

- Soit S une **X** stratégie dans $\mathcal{D}(\varphi)$. La forme extensive $\mathfrak{S}$ de S est le fragment $(T_{\mathsf{S}}, \ell_{\mathsf{S}}, S_{\mathsf{S}})$ de $\mathfrak{E}(\varphi)$ tel que :

  (i) La racine de $\mathfrak{E}(\varphi)$ est la racine de $\mathfrak{S}$,

  (ii) Si t est étiqueté avec un **X** coup dans $\mathfrak{E}(\varphi)$, alors $\forall t' \in T$ tel que tSt' on a $tS_{\mathsf{S}}t'$,

  (iii) Si t est étiqueté avec un **Y** coup dans $\mathfrak{E}(\varphi)$ et s'il y a au moins un $t' \in T$ tel que tSt', alors il y a un unique $t_{\mathsf{S}} \in T$ tel que $tS_{\mathsf{S}}t_{\mathsf{S}}$ et t_{S} est étiqueté avec le coup prescrit par S.

THÉORÈME 2.3. Soit $\mathfrak{S}_p$ la forme extensive d'une **P** stratégie S_p. Si S_p est une stratégie de victoire, alors chaque feuille de $\mathfrak{S}_p$ est associée à l'affirmation par **P** d'une formule atomique.

---

35. C'est du fait de cette clause que les branches de la forme extensive représentent les parties dans le jeu dialogique.

Démonstration. Si S_p est une stratégie de victoire, alors par définition chaque feuille de $\mathfrak{S}_p$ est associée à un **P** coup. Supposons qu'il y ait une feuille où le **P** coup associé n'est pas l'affirmation d'une formule atomique. Il s'agit alors de l'affirmation d'une formule complexe, ou bien d'une attaque.

Dans le premier cas, **O** a la possibilité d'attaquer l'affirmation. Mais c'est impossible car si c'était le cas la partie ne serait pas terminale et le noeud considéré ne serait pas une feuille.

Dans le deuxième cas, **O** a la possibilité de répondre à l'attaque, sauf si l'attaque est portée contre une affirmation $!\,\neg\psi$. Si **O** a la possibilité de défendre, la partie n'est pas terminale et le noeud considéré n'est pas une feuille. Si l'attaque est portée contre une affirmation $!\,\neg\psi$, alors soit ψ est atomique et on aboutit au résultat voulu, soit ψ et complexe et **O** peut attaquer $!\,\psi$, ce qui est à nouveau incompatible avec l'hypothèse que le noeud considéré est une feuille. ∎

Nous avons maintenant introduit les notions nécessaires à l'étude de la connexion entre dialogique et méthode des tableaux. Dans la dernière section de ce chapitre, nous abordons les idées principales sous-jacentes à cette connexion. En fait, nous insisterons sur les différences entre tableaux et formes extensives de stratégies. Ces différences sont traitées par l'algorithme du chapitre 2.

2.2 Tableaux

La connexion entre jeux dialogiques et tableaux est formulée par le résultat suivant :

THÉORÈME 2.4. Il y a une stratégie de victoire pour **P** dans $\mathcal{D}(\varphi)$ si, et seulement si, il y a un tableau atomiquement clos pour φ.

La preuve de ce Théorème consiste en un algorithme de traduction permettant de transformer la forme extensive d'une **P** stratégie de victoire en tableau atomiquement clos, et vice versa. Le chapitre 2 présente un tel algorithme détaillé pour le cas du premier ordre. Dans la mesure où nous ne considérons ici rien d'autre que la restriction du Théorème 0.5 au langage propositionnel, nous renvoyons à la démonstration de ce dernier pour ce qui concerne celle du Théorème 2.4. Nous nous contentons dans cette section de pointer des éléments que l'algorithme doit prendre en compte.

Rappelons pour commencer les règles des tableaux pour la logique propositionnelle : [36]

$$\frac{T\varphi \wedge \psi}{T\varphi} \,, \frac{T\varphi \wedge \psi}{T\psi} \,; \frac{F\varphi \wedge \psi}{F\varphi \mid F\psi}$$

$$\frac{T\varphi \vee \psi}{T\varphi \mid T\psi} \,; \frac{F\varphi \vee \psi}{F\varphi} \,, \frac{F\varphi \vee \psi}{F\psi}$$

$$\frac{T\varphi \to \psi}{F\varphi \mid T\psi} \,; \frac{F\varphi \to \psi}{T\varphi} \,, \frac{F\varphi \to \psi}{F\psi}$$

$$\frac{T\neg\varphi}{F\varphi} \,; \frac{F\neg\varphi}{T\varphi}$$

Habituellement, les règles telles que celle pour $T\varphi \wedge \psi$ ne sont pas séparées en deux règles. Il s'agit d'une modification fréquente [37] qui s'avère utile pour l'algorithme de traduction.

L'idée de base de la procédure pour passer des stratégies aux tableaux est d'interpréter l'identité des joueurs grâce aux signatures T et F. En l'occurrence, il s'agit de remplacer **O** par T et **P** par F. Quand elles sont appliquées dans la forme extensive d'une **P** stratégie, la ressemblance entre les règles locales et les règles des tableaux est assez évidente. Le cas de l'implication matérielle constitue une exception que nous traitons en fin de section. Nous passons maintenant à la description des principales différences entre tableaux et stratégies.

La première différence évidente est que les tableaux ne laissent aucune place à la notion d'acte de langage : les tableaux sont « monologiques » et leur construction est étrangère à la notion d'interaction entre joueurs. La manifestation la plus claire de cet aspect est l'absence de forces : d'une part les formules ne représentent jamais le contenu d'une affirmation, mais surtout il n'y a aucune requête dans l'approche des tableaux. Ainsi les noeuds dans un tableau sont-ils associés exclusivement avec des formules signées, et il n'y a pas non plus dans un tableau de noeud associé avec un choix de rang de répétition. Le mécanisme des rangs n'est cependant pas sans relation avec la méthode des tableaux, comme nous le verrons dans les chapitres 3 et 5. L'une de ces différences va nous amener à approfondir notre réflexion sur l'une des règles des jeux dialogiques.

---

36. Voir Smullyan (1968).
37. Voir Letz (1998).

Il y a un autre aspect qui rend les formes extensives de stratégies plus riches que les tableaux. Du point de vue de ces derniers, les formes extensives contiennent un grand nombre de branches redondantes car elles n'ont pas d'importance vis-à-vis de la question de la clôture d'un tableau. Ces branches sont celles qui, dans une forme extensive, représentent des parties où les joueurs jouent leurs coups dans un autre ordre. Une **P** stratégie prescrit en effet une manière de jouer pour le Proposant quelle que soit la manière dont l'Opposant joue, y compris les variations sur l'ordre des coups.

La différence suivante a bien plus de poids et complique fortement le rapprochement entre **P** stratégies et tableaux. Il s'agit de la règle pour l'implication matérielle quand elle est appliquée à **O** et signée T dans les tableaux. En effet, dans la forme extensive d'une **P** stratégie, une **O** implication ne provoque à elle seule aucune ramification : l'affirmation, l'attaque par **P** et la défense apparaissent dans une même partie et donc une même branche de la forme extensive. Schématiquement :

$$\mathbf{O} \mathbin{!} \varphi \to \psi$$
$$\mathbf{P} \mathbin{!} \varphi \mathbin{;} ? \mathbin{!} \psi$$
$$\mathbf{O} \mathbin{!} \psi$$

Dans les tableaux au contraire, l'application de la règle pour $T\varphi \to \psi$ provoque systématiquement une ramification :

$$T\varphi \to \psi$$

$$\overbrace{}$$
$$F\varphi \qquad T\psi$$

Il s'agit là du seul cas où interpréter **O** comme T et **P** comme F ne permet pas d'obtenir une correspondance directe entre applications des règles dialogiques locales dans une **P** stratégie et des règles de tableau. Autrement dit, les formes extensives de **P** stratégies et les tableaux présentent une différence fondamentale dans leur géométrie. Cette différence rend les démonstrations de résultats tels que le Théorème 2.4 plus difficiles à effectuer. Techniquement parlant, il s'agit d'un prix assez élevé puisqu'une machinerie assez lourde doit être intégrée aux algorithmes de traduction. Il serait clairement préférable d'avoir une correspondance plus directe entre les deux objets : en plus de faciliter nos démonstrations, celle-ci permettrait d'exporter facilement des résultats bien connus relatifs à la méthode des tableaux aux jeux dialogiques.

Ces considérations peuvent motiver la recherche d'une alternative à la règle locale pour l'implication matérielle qui permettrait de récupérer une correspondance directe avec les tableaux. La règle alternative doit être telle qu'elle provoque une ramification dans les formes extensives quand **X** est **O** : elle doit donc offrir un choix à **X**. La version suivante remplit cette condition :

Affirmation	$\mathbf{X} \, ! \, \varphi \to \psi$
Attaque	$\mathbf{Y} \; ? \; [?!\varphi, !\psi]$
Défense	$\mathbf{X} \; ? \, ! \, \varphi$
	ou $\mathbf{X} \, ! \, \psi$

En stipulant directement dans la sémantique locale de l'implication que le joueur **X** dispose d'un choix, la forme extensive d'une **P** stratégie, qui doit tenir compte de toutes les manières possibles de jouer de **O**, présente une ramification correspondante à celle qui apparaît dans les tableaux dans le cas d'une **O** implication. Considérant $\neg\varphi$ comme une abréviation pour $\varphi \to \bot$, on peut bien sûr formuler une règle de particule pour la négation dans laquelle l'attaque est une requête de la forme **Y** $?[? \, !\varphi]$. On obtient alors une version des règles locales dans laquelle toute attaque est une requête, ce qui constitue un avantage supplémentaire de cette version des règles locales. Enfin, cette règle pour l'implication matérielle permet de faire l'économie de l'introduction du concaténateur « ; ».

Il est alors légitime de se poser la question du bien-fondé de la règle habituelle. Mais les considérations que nous venons d'esquisser sont finalement secondaires au regard du fait que la règle de particule doit fournir la signification de l'implication matérielle. La première question à considérer est plutôt : comment l'affirmation d'une expression de la forme $\varphi \to \psi$ s'attaque-t-elle ? La deuxième version, que nous appellerons version « disjonctive » par commodité, [38] stipule que le joueur **Y** attaque une telle affirmation en requérant de **X** que celui-ci requiert l'antécédent ou affirme le conséquent. La première version que nous avons donnée stipule quant à elle que l'attaque consiste pour **Y** à prendre l'initiative de l'affirmation de l'antécédent et à requérir de **X** qu'il affirme le conséquent.

Une autre manière de poser la question est la suivante : à quoi un joueur s'engage-t'il en affirmant une implication matérielle $\varphi \to \psi$? Selon la règle disjonctive, il s'engage à effectuer un choix entre requérir la « tête » de l'implication et affirmer la « queue ». À ce stade, il peut être

---

38. Parce que, comme dans le cas de la disjonction, le défenseur est le joueur ayant le choix.

éclairant de mentionner que, dans le cas où le rang de **X** est 1, il ne peut effectuer qu'une seule de ces actions. Dans ce cas, on peut aboutir à la situation où le joueur n'affirme jamais la queue de l'implication en défense parce qu'il a choisi de demander la tête. Ceci ne peut pas se produire avec la version habituelle de la règle. Dans le cas de la règle habituelle, le joueur s'engage uniquement à affirmer la queue de l'implication pour peu que la tête lui soit concédée par l'autre joueur. Ce dernier point met en avant un aspect qui nous semble à la fois important pour la signification de l'implication matérielle et absent de la version disjonctive de la règle, à savoir le caractère conditionnel de l'affirmation $\varphi \to \psi$ de départ.

Un autre élément nous semble en défaveur de la règle disjonctive est le suivant. Nous avons dit qu'elle a l'avantage de faire correspondre la notion d'attaque à celle de requête. Pour ce qui concerne la défense, cependant, cette règle fait artificiellement d'une requête une défense possible. Cet inconvénient peut être contourné en abandonnant la notion de défense et en mettant plutôt en avant celle d'exécution de requête. Dans une telle approche de la question, la dichotomie requête/exécution prend le rôle central dans la sémantique dialogique. Mais l'abandon de la dichotomie attaque/défense nous semble préjudiciable. Ce sont les notions adéquates pour capturer les actions durant un débat argumentatif. Dans un tel débat, une affirmation s'attaque et se justifie (se défend) mais une requête ne peut compter comme une justification d'une affirmation.

Sans doute la question de savoir laquelle des règles est la plus adéquate mérite-t'elle une réflexion plus approfondie. Mais d'après nous les éléments mentionnés ci-dessus justifient de ne pas adopter la règle disjonctive malgré ses attraits.

Digression : Approches par l'interdiction de répétitions strictes

Comme annoncé en fin de section 1.1.2, nous montrons que les présentations de Rahman et Keiff (2005), Fontaine et Redmond (2008), etc., des dialogues pour le premier ordre ne permettent pas de garantir la finitude des parties. Ces présentations passent par une règle interdisant les répétitions strictes combinée à l'extension suivante de la définition de répétition stricte :

> **Definition.** We speak of a *strict repetition of an attack* iff :
> – A move is being attacked although the same move has already been attacked with the same attack before (notice that though choosing the same constant is a strict repetition, the choice of $?_L$ and $?_R$ are in this context different attacks).

- In the case of moves where a universal quantifier has been attacked with a new constant, the following type of move has to be
  added to the list of strict repetitions :
  A universal-quantifier move is being attacked using a new constant, although the same move has already been attacked before
  with a constant which was new at the time of that attack.

We speak of the *strict repetition of a defence* iff :

- A challenging move (=attack) λ which has already been defended with the defensive move μ (=defence) before, is being
  defended against the challenge at λ once more with the same
  defensive formula (notice that the left part and the right part
  of a disjunction are in this context two different defences).
- In the case of moves where an existential quantifier has been
  defended with a new constant, the following type of move has
  to be added to the list of strict repetitions :
  An attack on an existential quantifier is being defended using
  a new constant although the same quantifier has already been
  defended before with a constant which was new at the time of
  that defence.

(Notice that according to these definitions neither the new defence
of an existential quantifier nor a new attack on a universal quantifier using a constant, not new but different from the one used in the
first defence (or in the first attack), represents a strict repetition).

Une conséquence de cette définition, rendue particulièrement claire par
la remarque entre parenthèses, est que la possibilité reste ouverte aux
joueurs de provoquer des parties infinies. Considérons un dialogue pour
$(\forall x \exists y Rxy \wedge \forall x \forall y \forall z((Rxy \wedge Ryz) \to Rxz)) \to \exists x Rxx$ (Table 1.1).

Il est clair que pour gagner **P** doit chercher à utiliser la transitivité de
R (coup 7) afin de faire concéder la réflexivité de R pour une certaine
constante par **O**. Ce dernier a donc intérêt à toujours introduire une
nouvelle constante (coups 11, 19, 23) pour empêcher cela. **O** peut faire
cela dans la mesure où ces constantes sont utilisées pour défendre des
instances *différentes* du quantificateur existentiel : le coup 11 défend le
coup 9, le coup 19 défend le coup 17, etc. Ainsi, **O** fournit indéfiniment à
P des constantes différentes que, n'étant alors plus nouvelles, ce dernier
peut utiliser pour attaquer encore et encore le coup 5.

La finitude des parties n'est donc pas garantie dans ce cas. La principale conséquence est que la règle de victoire doit alors être modifiée afin
de tenir compte de la possibilité de parties infinies. Or, certaines présentations ont négligé ce point : par exemple, la règle de victoire donnée en
section 2.3 de Rahman et Keiff (2005) — qui est reprise dans plusieurs

travaux postérieurs — repose comme la nôtre sur la notion de partie terminale et ne tient donc pas compte des parties infinies.

O			P		
		$\forall x\exists y\,Rxy \lor (\forall x\forall y\forall z((Rxy \lor Ryz) \to Rxz))$	$\forall x\exists y\,Rxy \lor (\forall x\forall y\forall z((Rxy \lor Ryz) \to Rxz)) \to \exists x\,Rxx$		
1	0	$\forall x\exists y\,Rxy \lor (\forall x\forall y\forall z((Rxy \lor Ryz) \to Rxz))$			0
3	2	$?_\exists$	$\exists x\,Rxx$		2
5		$\exists x\exists y\,Rxy$	$?_{\lor_1}$	1	4
7		$\forall x\forall y\forall z((Rxy \lor Ryz) \to Rxz)$	$?_{\lor_2}$	1	6
9		$\exists y\,Ray$	$?_a$	5	8
11		Rab	$\exists$	9	10
13		$\forall y\forall z(Ray \lor Ryz) \to Raz$	$?_a$	7	12
15		$\forall z(Rab \lor Rbz) \to Raz$	$?_b$	13	14
17		$\exists y\,Rby$	$?_b$	5	16
19		Rbc	$\exists$	17	18
21		$\exists y\,Rcy$	$?_c$	5	20
23		Rcd	$\exists$	21	22
		etc...	$?_d$	5	24

Table 1.1: Les joueurs provoquent une partie infinie tout en évitant les répétitions strictes.

CHAPITRE 2

DIALOGIQUE DE PREMIER ORDRE

Ce chapitre reprend largement Clerbout (2012a). Nous y présentons la sémantique dialogique pour la Logique Classique de Premier Ordre (**LP0**), ainsi qu'une nouvelle preuve de fiabilité et complétude des tableaux par rapport à ces jeux dialogiques. La forme précise de ce résultat est la suivante :

THÉORÈME 0.5 (Fiabilité et Complétude (LPO)). Il y a une stratégie de victoire pour le Proposant dans le jeu dialogique pour φ si, et seulement si, il y a une preuve par tableau de φ.

De nombreux travaux précédents[39] ont proposé diverses formulations des jeux dialogiques de premier ordre, et certains ont apporté une démonstration de résultats similaires au nôtre. Nous commençons par d'expliquer et de motiver les différences entre notre approche et l'état de l'art représenté par ces travaux. Par la suite (section 2), nous introduisons les jeux dialogiques de premier ordre. Après quelques rappels sur les tableaux de premier ordre, la section 3 est consacrée à la démonstration du Théorème de Fiabilité et Complétude.

1   Comparaisons avec l'état de l'art

Nous commençons par expliquer en quoi notre approche diffère de celles que l'on trouve dans d'autres travaux dans lesquels on trouve des résultats similaires au Théorème 0.5. On peut citer notamment Felscher (1985a), Krabbe (1985),[40] Rahman (1993), Rahman et Keiff (2005) ou encore Keiff (2007). Dans cette discussion comparative, nous laisserons de côté Rahman (1993) dont les idées principales concernant la démonstration sont reprises dans Rahman et Keiff (2005), ainsi que Keiff (2007) qui s'attache plutôt à montrer la coïncidence entre la sémantique dialogique et la sémantique modèle-théorique habituelle pour **LP0** — un résultat équivalent au nôtre étant données la fiabilité et la complétude des tableaux par rapport à la sémantique modèle-théorique.

---

39. Voir par exemple : Fontaine et Redmond (2008), Keiff (2009).
40. Voir aussi Krabbe (1982) ainsi que Krabbe (2006).

La première spécificité de notre démonstration est que nous étudions la relation entre tableaux et jeux dialogiques en considérant ces derniers du point de vue de leur *forme extensive*, que nous définissons en section 2.2. A notre connaissance, cette approche a été explicitement introduite et discutée pour la première fois dans Rahman *et al.* (2009). Dans Krabbe (1985), ainsi que dans Rahman et Keiff (2005), les stratégies du Proposant sont représentées par des arbres dans lesquels l'implication matérielle est traitée comme elle l'est dans les tableaux. En particulier, les implications matérielles jouées par l'Opposant produisent des ramifications dans les **P** stratégies.[41] Cependant, d'après la règle locale pour l'implication matérielle, l'attaque par le Proposant et la défense par l'Opposant sont jouées dans la même partie dialogique. Par conséquent il n'y a dans ce cas pas de ramification dans les formes extensives de jeux ou de **P** stratégies : l'attaque et la défense appartiennent à la même branche de l'arbre. Cette différence a été relevée dans Rahman *et al.* (2009, pp. 314–315), et une part de notre tâche sera d'élaborer une procédure précise pour la résoudre.[42]

La deuxième spécificité est évidemment que nous formulons les règles des jeux dialogiques en utilisant le mécanisme des *rangs de répétition* pour garantir que chaque partie est de longueur finie

ce qui est l'un des principes philosophiques de la théorie dialogique de la signification. Le dispositif des rangs provient de Lorenz (1968) ; on le trouve aussi dans Krabbe (1985) avec les règles $D3, n, m$ et $D4, n, m$ (p. 304). La manière dont nous mettons en jeu le mécanisme des rangs n'est pas la même que dans ces travaux, et nous verrons plus bas en quoi et pourquoi.

Avant cela, nous présentons les avantages du dispositif des rangs de répétition par rapport au travail de Felscher qui n'utilise pas les rangs de répétition dans son approche (1985a, 1985b). À la place, il pose des restrictions avec les règles suivantes :[43]

(*D*12) An attack may be answered at most once.

(*D*13) A **P**-formula may be attacked at most once.

---

41. Krabbe (1985, p. 308) ; Rahman et Keiff (2005, p. 374).

42. Cette différence est également prise en compte dans Felscher (1985a, section 4) où l'auteur propose une « opération de déformation » pour la dissoudre. Cette opération dépend cependant fortement de la fameuse règle E de Felscher, que nous n'utilisons pas dans notre approche de la dialogique. Par ailleurs, l'opération de déformation et la raison pour laquelle elle est nécessaire n'y sont pas vraiment discutées.

43. Voir par exemple Felscher (1985b) pp. 344–345.

De sorte que les joueurs peuvent répondre une seule fois à une même attaque et que l'Opposant peut attaquer une seule fois une **P** formule, tandis que le nombre d'attaques que le Proposant peut effectuer *n'est pas limité*. Ce dernier aspect a pour conséquence que le Proposant peut produire des parties infinies. Il convient ici d'insister sur le fait que cela ne remet pas en cause le « Résultat d'Équivalence » prouvé dans Felscher (1985a). [44] Cependant, une telle approche mène à des jeux étranges dans lesquels le débat à propos d'une formule logiquement contingente peut être infini, y compris dans le cas du fragment propositionnel. Considérons par exemple le jeu pour $((a \wedge b) \to c)$: après que l'Opposant ait joué l'antécédent, le Proposant peut l'attaquer un nombre infini de fois.

De plus, l'absence des rangs de répétition dans l'approche de Felscher a une conséquence plus suspecte. Dans son approche, les dialogues classiques sont obtenus à partir des dialogues intuitionnistes en supprimant les règles $D11$ et $D12$ pour le Proposant mais en les gardant pour l'Opposant (1985b, p. 367). [45] Rappelons que la règle $D11$ est la règle de *Last Duty First* suivante :

($D11$) If, at a position [...] there are several open attacks suitable to be answered [...], then only the *latest* of them may be answered [at this position] (Felscher, 1985b, p. 344)

Concentrons-nous sur $D12$: si elle est supprimée pour le Proposant alors celui-ci peut répondre plus d'une fois, ce qui lui est nécessaire pour gagner le tiers exclu. [46] Mais aucune limite n'est placée sur le nombre de défenses qu'il peut jouer. Cela a pour effet que le Proposant est capable de défendre indéfiniment des expressions contradictoires tels que $\exists x(Px \wedge \neg Px)$ — en changeant ou répétant un nombre infini de fois la constante individuelle qu'il choisit pour répondre à l'attaque. Même si cela ne peut le mener à la victoire, un jeu où l'un des protagonistes peut continuer indéfiniment à jouer après avoir joué une contradiction semble peu désirable. Avec les rangs de répétitions garantissant que toute partie est de longueur finie, les jeux dialogiques tels que nous les étudions sont exempts de ce genre d'inconvénients. Ce dispositif a d'autres avantages :

---

44. Brièvement, c'est parce que dans Felscher (1985a) les conditions de victoire stipulent qu'aucune partie infinie n'est gagnée par le Proposant. Le Résultat d'Équivalence discuté dans l'article, qui concerne les **P** stratégies de victoire, n'est dès lors pas affecté.

45. Comparer avec la manière dont jeux intuitionnistes et classiques sont distingués par exemple dans Rahman et Keiff (2005) d'une part, et dans notre propre approche (section 2.2).

46. Voir par exemple Rahman et Keiff (2005).

48

par exemple il est possible de définir des conditions de victoire qui soient les mêmes pour les deux joueurs. De plus on peut faire l'économie de la distinction entre attaques avec et sans réponses pour formuler les règles, même dans le cas des dialogues intuitionnistes.[47]

Le dispositif des rangs de répétition est donc une alternative avantageuse à des approches telles que celle de Felscher, ou encore de Rahman et Keiff (2005), qui posent certaines restrictions mais ne garantissent pas que les parties soient de longueur finie. Nous avons mentionné le fait que nous n'utilisons pas ce dispositif de la même manière que Lorenz le fait. Dans sa formulation des dialogues, chaque joueur est soumis à deux rangs possiblement différents : l'un, n, pour les attaques et l'autre, m, pour les défenses.[48] Cette distinction permet notamment à Lorenz d'affirmer que la Logique Intuitionniste, dans le cadre dialogique, est caractérisée par le plus petit rang de répétition (pour les défenses) parce que la règle Intuitionniste de *Last Duty First* limite toujours le nombre possible de défenses à un.

Mais dans une telle approche il faut que les règles contiennent des clauses établissant leurs priorités respectives : notamment, il est indispensable que la règle de *Last Duty First* soit marquée comme prioritaire sur la règle fixant le nombre de défenses autorisées. Par ailleurs, notons que dans de telles approches[49] les rangs de répétition sont fixés au niveau des règles structurelles. Ainsi, chaque combinaison de valeurs pour n et m détermine un ensemble de règles dialogiques. Il y a donc pour chaque formule autant de jeux dialogiques[50] que de combinaisons de valeurs de n et m. Il faut alors prouver que les formules valides sont celles pour lesquelles il y a une stratégie de victoire pour le Proposant dans tous ces jeux. Dans ce cas on a besoin d'un résultat auxiliaire, tel que celui mentionné par Krabbe (1985, p. 324) ou Lorenz (1968, pp. 86–87), pour réduire la tâche.

Nous proposons une utilisation plus simple et plus efficace du dispositif des rangs de répétition dans les règles dialogiques. En premier lieu nous n'utilisons pas de rangs différents pour les attaques et les défenses. Les subtilités qu'une telle distinction peut produire ne sont pas indis-

47. En d'autres termes il n'est pas nécessaire de distinguer entre $D11$ et $D12$. Voir la section 2.2.

48. Krabbe (1985), p. 304.

49. Lorenz (1968), Krabbe (1985). Il semble que dans ses travaux plus récents Lorenz ait adopté une approche plus proche de celle que nous utilisons : voir Lorenz (2001).

50. Au sens donné en section 2.1.

pensables pour les logiques qui nous intéressent. Il se trouve également que la différence entre la Logique Classique et la Logique Intuitionniste peut être articulée sans recourir à deux types de rangs, comme nous le verrons dans la section 2.2. L'aspect le plus important de notre approche est que les rangs ne sont pas fixés par les règles : ils sont choisis par les joueurs. Une première conséquence est qu'on n'a plus à établir de priorités entre les règles. Le choix d'un rang est un coup ayant lieu dans une partie : il ne peut donc par définition pas prendre le pas sur les règles qui gouvernent les coups. Surtout, notre approche a le grand avantage de nous permettre de commencer avec un ensemble fixe de règles dialogiques car c'est directement au niveau des stratégies que les rangs de répétition ont un impact. Plus précisément, nous n'avons pas besoin de fixer préalablement un ensemble de jeux dialogiques : nous pouvons directement considérer les stratégies dans un jeu dialogique unique pour chaque formule. Nous verrons également dans le chapitre 3 que quelques propriétés méta-théoriques ont un lien direct avec l'impact des rangs au niveau stratégique.

2 Jeux dialogiques de premier ordre

Le but de cette section est de présenter les jeux dialogiques de premier ordre formulés au moyen du mécanisme des rangs. Nous en profiterons pour introduire des éléments terminologiques utilisés dans l'ensemble de ce travail. L'une des caractéristiques de l'approche dialogique est de distinguer entre deux types de règles appelées *règles locales* et *règles structurelles* qui gouvernent ce que l'on appelle le niveau des *parties*. Nous considérons le niveau des *stratégies* dans la prochaine section.

2.1 Définitions élémentaires et règles locales

Le langage dans lequel nous définissons les jeux dialogiques est une extension du langage standard de premier ordre que nous notons $\mathcal{L}_{LPO}$.

Définition 2.1. Le langage $\mathcal{L}_{LPO}$ est construit sur :
- Un ensemble dénombrable *Const* de constantes d'individu,
- Un ensemble dénombrable *Var* de variables d'individu,
- Un ensemble dénombrable *Pred* de variables de prédicat, où chaque membre est associé à un nombre naturel n appelé son *arité*,
- L'ensemble de constantes logiques $\{\wedge, \vee, \rightarrow, \neg, \forall, \exists\}$.

L'ensemble *Term* des termes est *Const* $\cup$ *Var*.

Définition 2.2 (Formules). Si P est un prédicat n-aire et $t_1, \ldots, t_n \in$ *Term*, alors $Pt_1 \ldots t_n$ est une formule atomique.

L'ensemble $Form_{LPO}$ des expressions bien formées φ de $\mathcal{L}_{LPO}$ est donné par :

$$\varphi ::= Pt_1 \ldots t_n \mid (\varphi \wedge \varphi) \mid (\varphi \vee \varphi) \mid (\varphi \to \varphi) \mid \neg\varphi \mid \forall x\varphi \mid \exists x\varphi,$$

où $Pt_1 \ldots t_n$ appartient à l'ensemble At des formules atomiques et $x \in Var$.

Nous nous intéresserons principalement aux formules qui sont des *phrases*.

Définition 2.3 (Phrases). Soit x une variable quelconque. On définit par récursion, pour n'importe quelle formule φ, ce que cela veut dire pour x d'être *libre* dans φ :

- Si $\varphi \in At$, alors x est libre dans φ ssi x est un symbole dans φ,
- x est libre dans $\neg\varphi$ ssi x est libre dans φ,
- x est libre dans $(\alpha \star \beta)$ (où '$\star$' est un connecteur binaire) ssi x est libre dans α ou dans β,
- x est libre dans $Qy\varphi$ (où Q est un quantificateur) ssi x est libre dans φ et $x \neq y$.

Une *phrase* est une formule dans laquelle aucune variable n'est libre.

Dans un jeu dialogique, un *coup* se caractérise par l'*agent* qui effectue le coup et la *forme* du coup. Les agents sont bien sûr les joueurs, c'est-à-dire l'Opposant (**O**) et le Proposant (**P**). Dans les jeux qui nous intéressent, un coup peut avoir trois formes : jouer une formule, choisir un rang de répétition, ou jouer une question. C'est-à-dire :

Définition 2.4 (Coups). Un coup est une paire ordonnée $\langle \mathbf{X}, e \rangle$, où $\mathbf{X} \in \{\mathbf{O}, \mathbf{P}\}$ et e est soit une phrase de $\mathcal{L}_{LPO}$ soit l'un des sept éléments suivants :

$$?_\vee \,;\, ?_{\wedge_1} \,;\, ?_{\wedge_2} \,;\, ?_\exists \,;\, ?_a \,;\, (\mathbf{n} := \mathbf{r_i}) \,;\, (\mathbf{m} := \mathbf{r_j}),$$

où $\mathbf{r_i}, \mathbf{r_j} \in \mathbb{N}^*$ et $a \in Const$.

La théorie dialogique de la signification s'appuie sur la distinction entre plusieurs niveaux de signification. La séparation des règles du jeu selon deux groupes reflète cette distinction. D'une part, les règles locales — parfois aussi appelées *formes d'argumentation* ou règles de particules — définissent la signification locale des constantes logiques. Les règles structurelles, que nous présentons plus bas, prennent en charge les aspects globaux de la théorie dialogique de la signification.

Les règles locales donnent une description abstraite de la manière dont une formule peut être attaquée et défendue selon sa constante logique principale. Les règles sont données en Figure 2.1. Une règle locale consiste en un triplet de coups. La description est abstraite en ce qu'elle est indépendante de toute situation particulière de jeu. Elle est notamment indépendante de l'identité des joueurs : les règles locales sont symétriques (ce sont les mêmes pour les deux joueurs) : c'est pourquoi elles sont formulées avec les variables $\mathbf{X}$ et $\mathbf{Y}$ à la place de $\mathbf{O}$ et $\mathbf{P}$ (avec $\mathbf{X} \neq \mathbf{Y}$).[51]

Énoncé	$\mathbf{X} \,!\, \varphi \vee \psi$	$\mathbf{X} \,!\, \varphi \wedge \psi$	$\mathbf{X} \,!\, \varphi \to \psi$	$\mathbf{X} \,!\, \neg\varphi$
Attaque	$\mathbf{Y} \,?\, [!\varphi, !\psi]$	$\mathbf{Y} \,?\,!\varphi$ ou $\mathbf{Y} \,?\,!\psi$	$\mathbf{Y} \,!\, \varphi \,;\, ?\,!\psi$	$\mathbf{Y} \,!\, \varphi$
Défense	$\mathbf{X} \,!\, \varphi$ ou $\mathbf{X} \,!\, \psi$	$\mathbf{X} \,!\, \varphi$ $\mathbf{X} \,!\, \psi$	$\mathbf{X} \,!\, \psi$	$--$

Énoncé	$\mathbf{X} \,!\, \forall x\varphi$	$\mathbf{X} \,!\, \exists x\varphi$
Attaque	$\mathbf{Y} \,?\, [!\varphi(a)]$	$\mathbf{Y} \,?\, [!\varphi(a_i)]^{\infty}$
Défense	$\mathbf{X} \,!\, \varphi(a)$	$\mathbf{X} \,!\, \varphi(a_i)$

Où $a \in Const$ et $\varphi(a)$ dénote la formule obtenue remplaçant chaque occurrence de x par a.

Table 2.1: Règles locales – Connecteurs et Quantificateurs

Tout comme pour la disjonction et la conjonction, les règles locales pour les quantificateurs mettent en jeu la notion de choix pour les joueurs. Dans le cas du quantificateur universel, l'attaquant choisit une constante d'individu a que le défenseur doit utiliser pour instancier la formule φ en défense. À l'inverse, c'est le défenseur qui choisit la constante qu'il utilise pour l'instanciation.

Dans la règle pour le quantificateur existentiel, $[!\varphi(a_1)]^{\infty}$ est une abréviation pour $[!\varphi(a_1), !\varphi(a_2), \dots]$. On constate avec cette règle que contrairement aux règles pour les connecteurs propositionnels, où les joueurs ont un nombre limité de choix, les règles pour les quantificateurs ne sont pas finitaires : les joueurs y ont à leur disposition un nombre infini de choix parce qu'il y a un nombre infini de constantes d'individus dans le langage. Il convient de souligner que ceci est valable, même si ce n'est pas explicite, dans le cas du quantificateur universel : l'attaquant a bien le choix entre toutes les constantes d'individus pour son attaque. Cette règle met également en lumière une spécificité des sémantiques de jeu, à savoir que

---

51. Nous revenons sur l'importance de ce point dans le Chapitre 1.

ce type d'approche[52] permet d'affiner la sémantique des quantificateurs en distinguant deux moments : le moment du choix d'une constante individuelle et le moment de l'instanciation.

Une *partie* (dialogique) est une séquence de coups en accord avec les règles du jeu. Les règles structurelles définissent les conditions sous lesquelles les règles locales peuvent être utilisées de sorte qu'une séquence de coups soit une partie. Le *jeu dialogique* pour une phrase φ est l'ensemble $\mathcal{D}(\varphi)$ de toutes les parties dont φ est la thèse, c'est-à-dire toutes les parties dont $\mathbf{P}$-φ est le premier membre (voir la règle *RS0*).

Pour chaque M dans une séquence Σ de coups, on note $\mathrm{p}_\Sigma(M)$ la *position* de M dans Σ. Par convention, le premier membre de Σ reçoit la position 0. Quand aucune ambiguïté n'est possible, l'indice peut être omis pour éviter d'alourdir inutilement la notation. La fonction F_Σ associe à chaque coup dans Σ qui n'est ni la thèse ni le choix d'un rang une paire $[m', Z]$ telle que $Z \in \{A, D\}$, $m' = \mathrm{p}_\Sigma(M')$ et $m' < \mathrm{p}_\Sigma(M)$. Les lettres A et D désignent respectivement « attaque » et « défense ». L'interprétation voulue de $\mathrm{F}_\Sigma(M) = [m', 2]$ est que dans la séquence Σ, le coup M est une attaque (si $Z = A$) ou une défense (si $Z = D$) contre le coup précédent de position m', conformément aux règles locales.[53] Encore une fois, l'indice peut être omis quand aucune ambiguïté n'est à craindre. Les fonctions p et F permettent de donner une formulation sans ambiguïté des règles structurelles.

2.2 Règles structurelles

Les règles structurelles fournissent le niveau global de la sémantique dialogique. Elles définissent les conditions sous lesquelles une séquence de coups est une partie dans un jeu dialogique. On peut définir des sémantiques dialogiques pour de nombreuses logiques en ne faisant que modifier les règles structurelles au sens où, quand celles-ci sont modifiées, le niveau global de la sémantique dialogique est lui-même modifié. Un exemple souvent donné d'une telle modification, et que nous reprendrons plus loin, est la modification apportée aux règles structurelles pour passer d'une sémantique dialogique classique à une sémantique intuitionniste. Dans le chapitre 4 nous verrons comment, en modifiant une règle

---

52. La *Game-Theoretical Semantics* (GTS) d'Hintikka présente aussi cette spécificité. Nous ne pouvons discuter ici des différences entre l'approche dialogique et la GTS. Sur ce sujet, voir Rahman et Tulenheimo (2009).

53. La fonction F_Σ est une version adaptée à notre formulation de la fonction η définie dans Felscher (1985a, p. 219).

structurelle, l'on peut définir des sémantiques dialogiques pour certaines des logiques modales normales les plus communes.

Pour les jeux (classiques) dialogiques de premier ordre, il y a quatre règles structurelles qui spécifient la manière dont une partie commence (*RS0*), les coups autorisés aux joueurs (*RS1* et *RS2*) et la manière dont le gagnant d'une partie est décidée (*RS3*).

Les règles

Règle de Départ (RS0) 2. Soit φ une phrase complexe de $\mathcal{L}_{LPO}$. Pour toute partie $\Delta \in \mathcal{D}(\varphi)$, on a :

(i) $\mathrm{p}_\Delta(\mathbf{P}\text{-}\varphi) = 0$,

(ii) $\mathrm{p}_\Delta(\mathbf{O}\text{-}(\mathtt{n} := \mathtt{r}_1)) = 1$ et $\mathrm{p}_\Delta(\mathbf{P}\text{-}(\mathtt{m} := \mathtt{r}_2)) = 2$,

(iii) Si $\mathrm{p}_\Delta(M)$ est pair alors M est un coup de $\mathbf{P}$; si $\mathrm{p}_\Delta(M)$ est impair alors M est un coup de $\mathbf{O}$,

(iv) Pour tout $M \in \Delta$ tel que $\mathrm{p}_\Delta(M) > 2$, on a $\mathrm{F}_\Delta(M) = [m', Z]$ tel que $Z \in \{A, D\}$ et $m' < \mathrm{p}_\Delta(M)$.

La fonction F_Δ n'est pas définie pour les coups de position inférieure à 2. Les valeurs assignées à $\mathtt{n}$ et $\mathtt{m}$ sont des entiers positifs : $\mathtt{r}_1, \mathtt{r}_2 \in \mathbb{N}^*$. On dit que φ est la *thèse* de Δ et de $\mathcal{D}(\varphi)$.

La Règle de Départ établit donc que : (i) toute partie dans $\mathcal{D}(\varphi)$ commence avec la mise en avant par $\mathbf{P}$ de la thèse, (ii) les joueurs choisissent ensuite chacun leur tour un rang, (iii) les joueurs effectuent leurs coups tour à tour et (iv) chaque coup joué après que les rangs de répétition ont été choisis est soit une attaque soit une défense conforme aux règles locales et en réaction à un coup précédent. L'exclusion dans cette règle des phrases atomiques s'explique par la Règle Formelle ci-dessous qui restreint les possibilités pour $\mathbf{P}$ de jouer une formule atomique.

Règle Classique de Déroulement (RS1) 3. Soient $\mathtt{r}$ le rang du joueur $\mathbf{X}$ et Δ une partie dans $\mathcal{D}(\varphi)$ telle que :
- le dernier membre de Δ est un coup de $\mathbf{Y}$,
- $M_0 \in \Delta$ est un coup de $\mathbf{Y}$ quelconque tel que $\mathrm{p}_\Delta(M_0) = m_0$,
- $M_1, \ldots, M_n \in \Delta$ sont n coups de $\mathbf{X}$ tels que $\mathrm{F}_\Delta(M_1) = \mathrm{F}\Delta(M_2) = \ldots = \mathrm{F}_\Delta(M_n) = [m_0, Z]$, où $Z \in \{A, D\}$.

Soit la séquence $\Delta^\frown N$ telle que $N = \mathbf{X}\text{-}e$ et $\mathrm{F}_{\Delta^\frown N}(N) = [m_0, Z]$. La séquence $\Delta^\frown N$ est une partie dans $\mathcal{D}(\varphi)$ seulement si $n < \mathtt{r}$.

La Règle *RS1* établit donc que, à chaque fois que c'est à son tour de jouer, le joueur $\mathbf{X}$ peut attaquer n'importe quel formule jouée auparavant par **Y** ou défendre face à n'importe quelle attaque antérieure de **Y** dans la limite de son rang (au plus **r** fois). Elle a donc pour effet de garantir que chaque partie dialogique est de longueur finie.

Règle Formelle (RS2) 2. Soient ψ une formule atomique quelconque, $N = \mathbf{P}\text{-}\psi$ et $M = \mathbf{O}\text{-}\psi$. Une séquence Δ est une partie seulement si la condition suivante est respectée : si $N \in \Delta$ alors $M \in \Delta$ et $\mathrm{p}_\Delta(M) < \mathrm{p}_\Delta(N)$.

La Règle Formelle établit donc que le Proposant ne peut jouer une formule atomique donnée que si l'Opposant a joué cette formule auparavant. Les limites de l'approche dialogique par rapport aux formules atomiques, que nous avons discutées dans le chapitre 1, apparaissent d'autant plus flagrantes dans le cas de la dialogique de premier ordre. En l'absence de sémantique en termes d'attaque et de défense pour les formules atomiques, ce sont du même coup les prédicats et les constantes d'individus qui se trouvent sans traitement. Dans le cas de langages de premier ordre comprenant des symboles de fonction, la question de leur signification se posera également. Encore une fois, ces questions peuvent être temporairement ignorées dans la portée des sujets que nous traitons. Mais le projet de fonder l'approche dialogique comme une théorie alternative de la signification passe nécessairement par une étude attentive de ces points.

La dernière règle structurelle fait appel à la notion de partie terminale :

Définition 2.5 (Partie Terminale). Soit Δ une partie dont le dernier membre est un coup de **X**. S'il n'y a pas de coup N de **Y** tel que la séquence $\Delta^\frown N$ soit une partie, alors Δ est une partie **X**-terminale.

Règle de Victoire (RS3) 2. Soit une partie $\Delta \in \mathcal{D}(\varphi)$. Le joueur **X** gagne Δ si et seulement si Δ est **X**-terminale.

Dans ce qui suit, nous allons porter une attention particulière au mécanisme des rangs, et donner quelques exemples. Avant cela, nous rappelons la définition de la forme extensive d'un jeu, c'est-à-dire de la représentation du jeu par un arbre $\mathfrak{E}_\varphi$:

Définition 1. Soit φ une phrase complexe de $\mathcal{L}_{LPO}$. La forme extensive de $\mathcal{D}(\varphi)$ est l'arbre $\mathfrak{E}_\varphi = (T, \ell, S)$ tel que :

1. Chaque noeud $t \in T$ est étiqueté avec un coup M apparaissant dans $\mathcal{D}(\varphi)$,

2. $\ell : T \longrightarrow \mathbb{N}$,

3. $S \subseteq T \times T$ tel que :

S_1 Il y a un unique $t_0 \in T$ appelé la *racine* tel que $\ell(t_0) = 0$ et t_0 est étiqueté avec la thèse de $\mathcal{D}(\varphi)$,

S_2 Pour tout $t \neq t_0$, il y a un unique t' tel que $t'St$,

S_3 Pour tous $t, t' \in T$, si tSt' alors $\ell(t') = \ell(t) + 1$.

S_4 S'il y a une partie $\Delta \in \mathcal{D}(\varphi)$ telle que $p_\Delta(M) = p_\Delta(M') + 1$ alors il y a des noeuds $t, t' \in T$ respectivement étiquetés avec M et M' tels que tSt'.

Un *chemin* est une séquence finie de noeuds commençant avec la racine et telle que chaque membre sauf le dernier est le prédécesseur du membre suivant. Une *branche* est un chemin *maximal*, c'est-à-dire un chemin dont le dernier membre n'a aucun successeur par S. Par S_4, tout chemin dans $\mathfrak{E}(\varphi)$ est une représentation linéaire d'une partie dans $\mathcal{D}(\varphi)$ et toute branche de $\mathfrak{E}(\varphi)$ représente une partie terminale dans $\mathcal{D}(\varphi)$. Puisqu'il y a un nombre infini de parties dans $\mathcal{D}(\varphi)$, il y a un nombre infini de chemins ou de branches dans $\mathfrak{E}(\varphi)$. Les ramifications dans la forme extensive de $\mathcal{D}(\varphi)$ représentent alors les différents déroulements possibles du jeu selon les choix effectués par les joueurs.

Rangs de répétition : explications et exemples

Ainsi que nous l'avons souligné, le mécanisme des rangs est l'une des spécificités de notre travail sur la logique dialogique. Nous verrons également par la suite (section 3) que certains de nos résultats metathéoriques qui émergent quand on analyse le niveau des stratégies (voir plus bas, section 2.3) sont intimement liés à la gestion des répétitions via le mécanisme des rangs. Avant cela, nous considérons quelques exemples de manière à rendre clair le fonctionnement de ce mécanisme. Nous en profiterons pour formuler la différence entre jeux dialogiques classiques et jeux dialogiques intuitionnistes, en insistant sur cet attrait supplémentaire des rangs de répétition qu'ils permettent de formuler cette différence de manière concise et claire.

Par la règle $RS1$, le mécanisme des rangs de répétition garantit que chaque partie dans un jeu dialogique est de longueur finie. De manière générale, la progression d'une partie dialogique s'accompagne d'une décomposition de la thèse selon sa forme syntaxique. Or, l'un des aspects de la règle de Déroulement est de limiter les éventuels comportements répétitifs des joueurs : en limitant le nombre d'attaques et de défenses en réaction face à un même coup, la règle de Déroulement pose du même coup des restrictions sur le nombre de répétitions autorisées aux joueurs.

Définition 2.6 (Répétitions). Soient $N = \mathbf{X}\text{-}e$ et $N' = \mathbf{X}\text{-}e'$ des coups dans une partie Δ. On dit que N' est une *répétition* de N dans Δ s'il y a un $m < \mathrm{p}_\Delta(N) < \mathrm{p}_\Delta(N')$ tel que $\mathrm{F}_\Delta(N') = \mathrm{F}_\Delta(N) = [m, Z]$. Selon la valeur de Z, on parle d'une répétition d'attaque ou de défense.

On dit que N' est une *répétition stricte* de N si en plus $e = e'$.[54]

Supposons par exemple que le joueur $\mathbf{X}$ a attaqué une conjonction avec le coup $\mathbf{X}; ? !\varphi$. Alors attaquer par la suite cette conjonction avec le coup $\mathbf{X} ? !\psi$ est une répétition et n'est autorisé que si le rang de $\mathbf{X}$ est supérieur à 1. Comparer les Exemples 2.1 et 2.2 :

Exemple 2.1.

	O			P	
				$\neg(Pa \wedge \neg Pa)$	0
1	n := 1			m := 1	2
3	$Pa \wedge \neg Pa$	(0)		$--$	
5	Pa		(3)	$? !Pa$	4

Explications. Dans cette partie le Proposant a choisi rang 1 : il peut attaquer le coup 3 au plus une fois. Il n'y a rien qu'il puisse faire après le coup 5, donc la partie est gagnée par l'Opposant. Cependant, $\mathbf{P}$ aurait pu gagner s'il avait joué différemment.

Exemple 2.2.

	O			P	
				$\neg(Pa \wedge \neg Pa)$	0
1	n := 1			m := 2	2
3	$Pa \wedge \neg Pa$	(0)		$--$	
5	Pa		(3)	$? !Pa$	4
7	$\neg Pa$		(3)	$? !\neg Pa$	6
	$--$		(7)	Pa	8

Explications. Cette fois le Proposant a choisi rang 2 et peut donc effectuer une répétition d'attaque avec le coup 6. Après le coup 8, l'Opposant n'a plus de coup possible : la partie est donc gagnée par le Proposant. Il n'est pas très difficile de voir que $\mathbf{O}$ n'aurait rien pu faire pour éviter la défaite. Autrement dit cette partie résulte du fait que $\mathbf{P}$ joue selon une stratégie de victoire (voir section 2.3).

---

54. Quand une répétition est stricte, nous le précisons toujours.

Il est à noter que la règle $RS1$ autorise — dans la limite du rang — aussi bien les répétitions strictes que celles qui ne le sont pas. Ainsi, l'exemple suivant présente une autre partie possible quand les joueurs choisissent les mêmes rangs que dans l'Exemple 2.2 :

Exemple 2.3.

	O				P	
					$\neg(Pa \wedge \neg Pa)$	0
1	n := 1				m := 2	2
3	$Pa \wedge \neg Pa$	(0)			$--$	
5	Pa		(3)		$?\,!Pa$	4
7	Pa		(3)		$?\,!Pa$	6

Explications. Le Proposant a choisi rang 2, mais il choisit cette fois de jouer la répétitions stricte 6 au lieu de jouer comme dans l'Exemple 2.2. La partie est **O**-terminale. Le coup 7 de l'Opposant n'est *pas* une répétition, bien que la formule jouée soit la même que dans le coup 5. La raison en est que $F(M_5) \neq F(M_7)$: le coup 7 est une défense face au coup 6, tandis que le coup 5 est une défense face au coup 4.

Ce dernier exemple est l'occasion de souligner la différence de notre formulation des jeux dialogiques par rapport à des présentations telles que Rahman et Keiff (2005) ou bien Fontaine et Redmond (2008). Dans ces présentations, les répétitions qui ne sont pas strictes sont toujours autorisées aux joueurs, tandis que les répétitions strictes sont interdites. À l'inverse, la Règle de Déroulement $RS1$ s'applique pour n'importe quelle répétition, stricte ou non. Par ailleurs cette règle pose des limites au nombre possible de répétitions, au lieu de les autoriser ou interdire par défaut. En un certain sens, on peut reprocher à notre formulation d'autoriser une multiplicité de parties qui s'avèrent redondantes, au sens où en général les répétitions strictes ne changent rien. Mais l'utilisation des rangs de répétition peut être motivées par divers facteurs.

D'une part, la Règle de Déroulement $RS1$ permet à l'évidence une plus grande souplesse que des approches où les répétitions sont simplement autorisées ou interdites selon leur nature. Surtout, la formulation des jeux dialogiques avec les rangs a un avantage plus direct sur les présentations de Rahman et Keiff (2005) et Fontaine et Redmond (2008). En effet, dans ces approches, il s'avère parfois nécessaire de modifier la définition de répétition stricte afin de pouvoir exclure certains cas « limites ». De fait, la définition de répétition stricte est par exemple étendue dans le cas de la dialogique de premier ordre (Fontaine et Redmond, 2008) et de la dialogique modale (Keiff, 2009). Or, s'il n'est pas gênant que différents types de jeux excluent différents types de coups, la manière de reconnaître les cas limites selon le type de jeu est loin d'être évidente. L'article Nortmann (2001) qui concerne l'adaptation de la dialogique modale au cas de la logique de la prouvabilité souligne ce type de difficulté. Enfin, il s'avère que dans le cas de la dialogique de premier ordre la « No delaying tactics rule » donnée dans Rahman et Keiff (2005) et Fontaine et Redmond (2008) ne permet pas de garantir que chaque partie soit de longueur finie, contrairement à ce qui paraît au premier abord. Or, la possibilité de parties infinies a une conséquence directe sur la règle de victoire : en effet, on ne peut pas formuler la victoire en termes de dernier coup joué s'il peut y avoir des parties de longueur infinie. Il faut alors utiliser une règle de victoire asymétrique comme par exemple la règle $SR - ST1$ de Rahman et Keiff (2005), ou bien :

> A [dialogue] is said to be *won by* **P** if it is finite, ends with an even position and if the rules do not permit [**O**] to continue with another attack or answer. (Felscher, 1985b, p. 345)

Encore une fois, l'avantage crucial du mécanisme des rangs est de garantir que toute partie est de longueur finie. On verra par ailleurs que tout en évitant la difficulté de devoir adapter correctement la définition de répétition stricte, le mécanisme des rangs de répétition permet de formuler de manière claire et concise certaines propriétés metathéoriques des jeux dialogiques, telle que le rapport entre gestion des répétitions et décidabilité de l'existence de **P** stratégies de victoire (chapitre 3).

Pour terminer cette section, nous approfondissons le sujet de la différence entre jeux dialogiques classiques et jeux dialogiques intuitionnistes, en insistant sur le rôle des rangs de répétition sur la formulation de cette différence. De manière générale, nous ne nous intéresserons pas beaucoup dans ce travail aux jeux dialogiques intuitionnistes à l'exception de la section 2.2. Mais la possibilité de formuler des sémantiques adéquates pour diverses logiques grâce à l'approche dialogique est particulièrement bien illustrée par le fait que dialogique classique et dialogique intuitionniste diffèrent simplement de par leurs règles structurelles. On peut décrire la différence entre les deux types de jeu comme suit. D'une part, aucune répétition de défense n'est autorisée dans les jeux intuitionnistes. De plus, la contrainte du *Last Duty First* est imposée aux joueurs. Dans les autres travaux de notre connaissance sur la dialogique, deux règles structurelles sont nécessaires pour prendre en charge ces deux différences : on trouve par exemple les règles $D11$ et $D12$ dans Felscher (1985a), que nous avons mentionnées dans l'introduction de ce chapitre.

Or, grâce aux rangs de répétition, on peut formuler les jeux dialogiques intuitionniste au prix d'une simple modification de la Règle de Déroulement. Il s'agit de remplacer $RS1$ par la version alternative suivante :

Règle Intuitionniste de Déroulement (RS1i) . Soient $\mathbf{r}$ le rang du joueur $\mathbf{X}$ et Δ une partie dont le dernier membre est un coup de $\mathbf{Y}$.

1. Pour tout coup $M = \mathbf{Y}\text{-}e$ dans Δ, avec $\mathrm{p}_\Delta(M) = m$ et tel que e est une phrase complexe, soient :
   - $M_1, \ldots, M_n \in \Delta$ les n coups de $\mathbf{X}$ tels que $\mathrm{F}_\Delta(M_1) = \ldots = \mathrm{F}_\Delta(M_n) = [m, A]$,
   - La séquence $\Delta^\frown N$ telle que $N = \mathbf{X}\text{-}e$ et $\mathrm{F}_{\Delta^\frown N}(N) = [m, A]$.

   La séquence $\Delta^\frown N$ est une partie seulement si $n < \mathbf{r}$.

2. Pour tout coup de $\mathbf{Y}$ $M' \in \Delta$ tel que $\mathrm{p}_\Delta(M') = m'$ et $\mathrm{F}_\Delta(M') = [k, A]$, soit la séquence $\Delta^\frown N'$ telle que $N' = \mathbf{X}\text{-}e$ et $\mathrm{F}_{\Delta^\frown N'}(N') = [m', D]$.

   La séquence $\Delta^\frown N'$ est une partie seulement si les conditions suivantes sont respectées :

   (i) Il n'y a pas de $N'' \in \Delta$ tel que $\mathrm{F}_\Delta(N'') = [m', D]$,

   (ii) Pour tout coup de $\mathbf{Y}$ $M'' \in \Delta$ tel que $\mathrm{p}_\Delta(M'') > m'$ on a : si $\mathrm{F}_\Delta(M'') = [h, A]$ alors il y a un coup $P \in \Delta$ de $\mathbf{X}$ tel que $\mathrm{F}_\Delta(P) = [\mathrm{p}_\Delta(M''), D]$.

La Règle Intuitionniste de Déroulement établit donc que, à chaque fois que c'est à son tour de jouer, le joueur $\mathbf{X}$ peut attaquer n'importe quelle formule jouée auparavant par $\mathbf{Y}$ dans la limite de son rang, ou défendre face à la *dernière attaque sans réponse* de $\mathbf{Y}$. On voit que contrairement à la règle classique $RS1$, la limite du rang ne s'applique qu'aux attaques, les défenses étant traitées différemment. En ce qui concerne les attaques, la règle est la même que $RS1$. Mais dans le cas des défenses, la règle intuitionniste est plus restrictive : non seulement aucune répétition n'est autorisée mais de plus le joueur ne peut répondre qu'à la dernière attaque à laquelle il n'a pas encore répondu.

Le fait que l'on puisse différencier jeux classiques et intuitionnistes par une variation sur une seule règle est une conséquence directe du fait que les rangs sont choisis par les joueurs et non fixés au niveau des règles. Dans ce dernier cas il faudrait en effet non seulement modifier la règle gouvernant les modifications pour stipuler qu'une seule défense par attaque est autorisée, mais aussi introduire une règle supplémentaire pour la condition du *Last Duty First*.

2.3 Le niveau des stratégies

Les résultats que nous présentons dans ce travail émergent pour la plupart quand on considère les jeux dialogiques du point de vue des stratégies. En particulier, de nombreux résultats sont formulés en termes d'existence de *stratégie de victoire* pour un joueur. Il s'agit donc d'introduire les notions et notations utilisées pour étudier ce niveau. Nous utiliserons notamment l'approche des stratégies du point de vue de leur forme extensive pour prouver le Théorème de Fiabilité et Complétude.

Soit $\mathcal{D}(\varphi)$ un jeu dialogique. On note $\mathbb{X}$ l'ensemble des parties dans $\mathcal{D}(\varphi)$ non terminales et dont le dernier coup est un **X** coup. L'ensemble des **X** coups dans $\mathcal{D}(\varphi)$ est quant à lui noté $\mathbb{C}^{\mathbb{X}}$.

Définition 2.7 (Stratégie). Une *stratégie* du joueur **X** dans $\mathcal{D}(\varphi)$ est une fonction $S_x : \mathbb{Y} \longrightarrow \mathbb{C}^{\mathbb{X}}$ telle que si $S(\Delta) = C$ alors $\Delta^\frown C \in \mathcal{D}(\varphi)$.

Une stratégie pour un joueur prescrit donc à ce joueur la manière de jouer quand c'est à son tour de jouer, à condition qu'il ait au moins un coup autorisé par les règles. On note E_S l'ensemble des parties induites par la **X**-stratégie S, c'est-à-dire des parties qui peuvent résulter quand **X** joue selon S. Du point de vue des formes extensives, une **X**-stratégie sélectionne un fragment de la forme extensive du jeu :

Définition 2.8 (Forme Extensive d'une Stratégie). Soient φ une phrase complexe de $\mathcal{L}_{LPO}$ et S_x une **X**-stratégie dans $\mathcal{D}(\varphi)$. La forme extensive de S_x est le fragment $\mathfrak{S}_x = (T_{S_x}, \ell_{S_x}, S_{S_x})$ de $\mathfrak{E}(\varphi)$ tel que :

(i) La racine de $\mathfrak{E}(\varphi)$ est la racine de $\mathfrak{S}_x$,

(ii) Si t est étiqueté avec un **X** coup dans $\mathfrak{E}(\varphi)$, alors $\forall t' \in T$ tel que tSt' on a $tS_{S_x}t'$,

(iii) Si t est étiqueté avec un **Y** coup dans $\mathfrak{E}(\varphi)$ et s'il y a au moins un $t' \in T$ tel que tSt', alors il y a un unique $t_{s_x} \in T$ tel que $tS_{s_x}t_{s_x}$ et t_{s_x} est étiqueté avec le coup prescrit par s_x.

Les ramifications représentent divers coups possibles pour le joueur **X** dans $\mathfrak{E}(\varphi)$ ne sont donc pas préservées dans la forme extensive d'une **X**-stratégie : pour chacune de ces ramifications, une **X**-stratégie sélectionne exactement un coup à jouer pour **X**. Les ramifications qui représentent divers coups possibles pour **Y**, au contraire, sont gardées puisque par définition une **X**-stratégie prescrit un coup de **X** pour chacun des choix possibles pour **Y**.

Définition 2.9 (Stratégie de victoire). Une **X**-stratégie S est une stratégie de victoire (ou stratégie gagnante) si jouer selon S garantit la victoire de **X** quelle que soit la manière dont **Y** joue.

Il s'agit ici de victoire au sens de la Règle structurelle de Victoire $RS3$. Il est clair que S est une stratégie de victoire pour **X** si et seulement si toutes les parties terminales dans E_S sont **X**-terminales. Étant donnés les règles du jeu et la Définition 2.9, on peut d'ores et déjà énoncer un premier résultat relatif au niveau des stratégies :

THÉORÈME 2.1. Soit φ une phrase de $\mathcal{L}_{LPO}$. Il y a une stratégie de victoire pour **X** dans $\mathcal{D}(\varphi)$ si et seulement si il n'y a pas de stratégie de victoire pour **Y** dans $\mathcal{D}(\varphi)$.

Démonstration. Les jeux dialogiques sont des jeux *bien fondés* d'information parfaite et à somme nulle (sans égalité). Ils sont bien fondés car chaque partie dans un jeu dialogique est de longueur finie, mais puisque chaque joueur a un nombre infini de choix possible de rang, il n'y a pas de borne supérieure unique sur la longueur des parties d'un jeu. Le fait que les jeux dialogiques sont à somme nulle est donné par la règle de victoire $RS3$.

Il s'ensuit que le Théorème de Gale-Stewart s'applique aux jeux dialogiques.[55] Le Théorème 2.1 découle à son tour du Théorème de Gale-Stewart. ■

Par ce Théorème, on sait que dans un jeu dialogique donné il y a une stratégie de victoire pour exactement l'un des deux joueurs. En ce sens, on dit que les jeux dialogiques de premier ordre sont *déterminés*. Ce résultat découle de propriétés qui sont communes à tous les jeux dialogiques que nous considérons dans ce travail : information parfaite, somme nulle sans égalité, parties de longueurs finies. C'est-à-dire que les différences entre les systèmes que nous considérons n'ont pas d'impact sur cette propriété.

Le résultat suivant s'applique également à tous les systèmes que nous étudions. Facile à démontrer, il est très utile quand on étudie le rapport entre formes extensives de stratégies de victoire du Proposant d'une part et tableaux d'autre part.

---

55. Voir Gale et Stewart (1953).

Proposition 2.1. Soient φ une phrase complexe de $\mathcal{L}_{LPO}$ telle qu'il y a une **P**-stratégie de victoire S_p dans $\mathcal{D}(\varphi)$, et $\mathfrak{S}$ la forme extensive de S_p.

(a) Chaque feuille de $\mathfrak{S}$ est étiquetée avec une formule atomique jouée par **P**,

(b) Pour toute branche $\mathcal{B}$ de $\mathfrak{S}$, il y a une formule atomique ψ telle que $\mathcal{B}$ contient un noeud étiqueté avec le coup **O**-ψ et un noeud étiqueté avec le coup **P**-ψ.

Démonstration. L'affirmation (b) suit de (a) en vertu de la Règle Formelle $RS2$. Pour ce qui est de (a), il s'agit du Théorème 2.3 que nous avons démontré au chapitre 1. ∎

Le (b) est une version dialogique de ce que l'on nomme clôture atomique dans la méthode des tableaux. Rappelons que, pour établir le lien entre dialogues et tableaux, on interprète **O** et **P** comme les signatures T et F des tableaux. Dès lors, pour prouver la complétude en section 3.3, il faudra vérifier que la clôture atomique en ce sens est maintenue tout au long du processus de transformation. Nous passons maintenant à une présentation détaillée de ces questions.

3 Tableaux, fiabilité et complétude

Notre démonstration du Théorème de Fiabilité et Complétude consiste en un algorithme pour transformer un tableau systématique atomiquement clos pour φ en une forme extensive de **P**-stratégie de victoire, et pour transformer la forme extensive d'une **P**-stratégie de victoire dans $\mathcal{D}(\varphi)$ en un tableau atomiquement clos pour φ. Les notions de « tableau systématique » et de « tableau (atomiquement) clos » sont rappelées, entre autres choses, dans un premier temps. Puis nous donnons la preuve de Fiabilité et pour finir nous prouvons la Complétude.

Nous considérons les **P** stratégies de victoire du point de vue de leur forme extensive parce que la comparaison entre stratégies et tableaux s'en trouve simplifiée, puisqu'il s'agit finalement de comparer deux arbres. Il est alors assez facile de pointer les différences entre **P** stratégies de victoire et preuves par tableau, et d'établir des opérations de transformation qui remédient à ces différences.

3.1 Tableaux

Nous considérons un système de tableaux basé sur l'utilisation de formules signées dans les règles de génération, de manière similaire à Smullyan (1968). Nous utiliserons **O** et **P** comme signatures au lieu de T et F. Interpréter l'identité des joueurs dans les jeux dialogiques comme les signatures habituelles dans les tableaux est en effet l'idée directrice pour penser la relation entre nos jeux et les tableaux.[56] Toutefois, nous verrons que cette seule substitution ne suffit pas car les stratégies ne sont pas des tableaux. Les règles des tableaux sont les suivantes :

– Formules (de type) α :

$$\frac{\textbf{O-}\varphi \wedge \psi}{\textbf{O-}\varphi} \qquad \frac{\textbf{O-}\varphi \wedge \psi}{\textbf{O-}\psi} \qquad \frac{\textbf{P-}\varphi \vee \psi}{\textbf{P-}\varphi} \qquad \frac{\textbf{P-}\varphi \vee \psi}{\textbf{P-}\psi}$$

$$\frac{\textbf{P-}\varphi \rightarrow \psi}{\textbf{O-}\varphi} \qquad \frac{\textbf{P-}\varphi \rightarrow \psi}{\textbf{P-}\psi} \qquad \frac{\textbf{O-}\neg\varphi}{\textbf{P-}\varphi} \qquad \frac{\textbf{P-}\neg\varphi}{\textbf{O-}\varphi}$$

– Formules β :

$$\frac{\textbf{O-}\varphi \vee \psi}{\textbf{O-}\varphi \mid \textbf{O-}\psi} \qquad \frac{\textbf{P-}\varphi \wedge \psi \quad \textbf{O-}\varphi \rightarrow \psi}{\textbf{P-}\varphi \mid \textbf{P-}\psi \, \textbf{P-}\varphi \mid \textbf{O-}\psi}$$

– Formules γ :

$$\frac{\textbf{O-}\forall x\varphi}{\textbf{O-}\varphi[c]} \qquad \frac{\textbf{P-}\exists x\varphi}{\textbf{P-}\varphi[c]}$$

où c est une constante d'individu quelconque.

– Formules δ :

$$\frac{\textbf{P-}\forall x\varphi}{\textbf{P-}\varphi[c]} \qquad \frac{\textbf{O-}\exists x\varphi}{\textbf{O-}\varphi[c]}$$

où c est une *nouvelle* constante d'individu.

Nous adoptons la version souple de la règle pour les formules α, au lieu de requérir que les deux conclusions soient tirées en une seule application de la règle.[57] La classification des formules suit la notation unifiante introduite par Smullyan (1968). Un tableau T est (atomiquement) clos seulement si chacune de ses branches contient une paire de noeuds étiquetés avec **P-**ψ et **O-**ψ, où ψ est une formule (atomique) quelconque.

Les tableaux pour la Logique de Premier Ordre peuvent contenir des branches de longueur infinie, à cause de la règle pour les formules γ. C'est pourquoi il est nécessaire d'utiliser une procédure systématique pour garantir qu'un tableau qui est supposé fermer le fait effectivement

---

56. Voir en particulier Rahman (1993), Rahman *et al.* (2009).

57. Voir, par exemple, la Définition 74 et la note de bas de page 5 dans Letz (1998, p. 146).

s'il est construit selon cette procédure. Nous choisissons une procédure qui est similaire à celles données dans Smullyan (1968) ou Letz (1998, pp. 150–151) pour ce qui concerne le traitement des formules γ dans la construction des tableaux. La procédure pour construire un tableau pour φ est la suivante.

On place d'abord **P**-φ à l'origine du tableau, ce qui conclut la première étape. Supposons qu'on ait conclut la n-ème étape. On s'arrête seulement si l'un des deux cas de figure suivants se présente :

- Le tableau obtenu est atomiquement clos et il n'y a pas de formule complexe **P**-signée à laquelle une règle n'a pas été appliquée,
- Chaque noeud étiqueté avec une formule complexe, quelque soit sa signature, a été utilisé dans l'arbre obtenu.

Dans les autres cas, on applique une règle de génération sur chaque branche qui n'est pas atomiquement close en respectant l'ordre de priorité suivant : les formules β ont la priorité sur les formules δ ; les formules δ ont la priorité sur les formules α et ces dernières ont la priorité sur les formules γ. Dans le cas où il y a plusieurs formules du même type, on donne priorité à celle qui est syntaxiquement plus complexe. Dans le cas d'une formule γ, on utilise la première constante d'individu qui n'apparaît pas dans la branche en question. Puis on considère la formule γ comme utilisée et on en répète une occurrence. L'application d'une règle de génération conclut l'étape $n + 1$. Une fois que l'on s'est arrêté, on supprime les occurrences de formules γ qui sont des répétitions générées par la procédure de construction. [58] Un tableau est dit *systématique* s'il est construit selon cette procédure.

Les priorités que nous avons spécifiées dans cette procédure sont une variation de celles habituellement utilisées. [59] Du point de vue des seuls tableaux, cette procédure n'est pas très efficace : il est bien connu que commencer par les formules provoquant des ramifications mène à des tableaux ayant plus de branches qu'il n'en faut, et qu'il est plus efficace de donner la priorité aux formules δ et α qui ne provoquent pas de ramification. Notre choix est motivé par le point de vue dialogique, et en particulier celui des **P**-stratégies. En comparant les règles de tableau et les règles locales, on constate que les formules β rassemblent les cas où l'Opposant a le choix entre plusieurs possibilités : le choix entre deux

---

58. Voir Smullyan (1968, p. 60) : la manière dont les formules γ sont traitées garantit que tout branche atomiquement close est de longueur finie. Une branche infinie n'est générée par la règle pour les formules γ que quand tous les autres types de formules appartenant à la branche ont été traités par la procédure de construction.

59. Voir par exemple Smullyan (1968, p. 59).

attaques (conjonction), entre deux défenses (disjonction) ou entre une attaque et une défense (conditionnel). Les formules δ rassemblent également les cas de formules quantifiées dans lesquels le choix de la constante d'individu appartient à l'Opposant. D'un autre côté, les formules α et γ rassemblent les cas où c'est le Proposant qui a plusieurs choix disponibles. Dans la mesure où nous nous intéressons aux **P**-stratégies il est donc utile de considérer d'abord les divers choix possibles de **O**, ce qui motive l'ordre de priorités de notre procédure de construction.

Nous empruntons à Fitting la notion de *profondeur de quantificateur* (Q-profondeur) d'un tableau. A l'origine, il s'agit d'un entier positif limitant le nombre d'applications autorisées de la règle pour les formules γ dans un tableau. La Q-profondeur est notamment utilisée pour exprimer la semi-décidabilité de la Logique de Premier Ordre. Voir Fitting (1990, pp. 162–163). Dans cette section, nous utiliserons plus particulièrement le terme de « Q-profondeur » pour désigner le nombre total d'application de la règle pour formules γ dans un tableau (atomiquement) clos. Dans la section 3.2, nous décrirons la relation entre cette notion et les rangs de répétition au sein de **P**-stratégies de victoire.

3.2 Fiabilité des tableaux

Nous commençons par prouver que s'il y a un tableau atomiquement clos pour φ alors il y a une **P**-stratégie de victoire dans $\mathcal{D}(\varphi)$. Pour prouver ce résultat ainsi que pour prouver la Complétude en section 3.3 nous nous appuyons sur le Lemme suivant :

Lemme 3.1. Il y a une **P**-stratégie de victoire dans $\mathcal{D}(\varphi)$ si et seulement s'il y en a une dans $\mathcal{D}^1(\varphi)$.

Pour rappel, $\mathcal{D}^1(\varphi)$ dénote le sous-jeu de $\mathcal{D}(\varphi)$ généré par le choix de rang 1 pour l'Opposant.[60]

Démonstration. Voir le Théorème 2.2. ∎

Pour prouver la Fiabilité des tableaux vis-à-vis des jeux dialogiques, nous utilisons un algorithme pour transformer et étendre un tableau systématique clos pour φ en la forme extensive d'une stratégie de victoire pour **P** dans $\mathcal{D}^1(\varphi)$. On peut alors conclure grâce au Lemme ci-dessus qu'il y a une **P** stratégie de victoire dans $\mathcal{D}(\varphi)$. Brièvement, l'algorithme consiste à opérer les modifications suivantes sur un tableau systématique atomiquement clos $\mathcal{T}$:

---

60. Voir le chapitre précédent.

1. Insérer des noeuds pour les choix de rangs de répétition et les requêtes,

2. Modifier l'ordre des noeuds pour respecter la Règle Formelle,

3. Modifier les ramifications pour respecter la règle locale du conditionnel,

4. Ajouter des branches représentant d'autres ordres de coups de l'Opposant,

5. Ajouter des branches représentant des choix alternatifs par l'Opposant de constantes d'individu.

Pour garantir que l'arbre obtenu est bien la forme extensive d'une **P**-stratégie de victoire, il faudra s'assurer d'une part que chaque branche représente bien une partie (respecte les règles du jeu) et d'autre part que chaque feuille est bien étiquetée avec une phrase atomique jouée par **P**. Pour la description de l'algorithme, nous considérons un tableau systématique clos $\mathcal{T}$ quelconque pour une phrase φ dont la Q-profondeur est notée Q. Mais afin d'en illustrer le fonctionnement nous considérerons, au moins pour les premières étapes de la procédure, l'exemple où $\mathcal{T}$ est le tableau suivant :

$$\mathbf{P}\text{-}\big(\forall xPx \wedge (\forall xPx \to (Qa \vee Qb))\big) \to (Qa \vee Qb)$$
$$\mathbf{O}\text{-}\forall xPx \wedge (\forall xPx \to (Qa \vee Qb))$$
$$\mathbf{P}\text{-}Qa \vee Qb$$
$$\mathbf{O}\text{-}\forall xPx$$
$$\mathbf{O}\text{-}\forall xPx \to (Qa \vee Qb)$$

$\mathbf{P}$-$\forall xPx$	$\mathbf{O}$-$Qa \vee Qb$	
$\mathbf{P}$-Pc		
$\mathbf{P}$-Qa	$\mathbf{O}$-Qa	$\mathbf{O}$-Qb
$\mathbf{P}$-Qb	$\mathbf{P}$-Qa	$\mathbf{P}$-Qa
$\mathbf{O}$-Pc		$\mathbf{P}$-Qb

FIABILITÉ1 *Ajout des Rangs de Répétition*

On ajoute un noeud t comme unique successeur immédiat de la racine de $\mathcal{T}$ étiqueté avec l'expression **O**-(n := 1). On ajoute ensuite un noeud t' comme unique successeur immédiat de t dans $\mathcal{T}$. Si la Q-profondeur Q de $\mathcal{T}$ est inférieure ou égale à 2, le noeud t' est étiqueté avec l'expression **P**-(m := 2). Si $Q > 2$, alors t' est étiqueté avec l'expression **P**-(m :=Q).

Le choix des valeurs assignées à m s'explique en premier lieu par l'observation que nous avons faite avec l'Exemple 2.2 : le plus souvent, il est nécessaire pour le Proposant de choisir un rang au moins égal à 2 afin de pouvoir gagner. Mais dans la mesure où de nombreux tableaux atomiquement clos ont une Q-profondeur supérieure à 2, on assigne à m cette valeur quand c'est le cas, de manière à s'assurer que le rang de **P** est suffisamment grand pour utiliser les règles locales des quantificateurs autant de fois que nécessaire pour gagner. En fait, il s'avère que la plupart du temps la valeur de la Q-profondeur est excessive car celle-ci concerne le nombre total d'applications de la règle γ pour le tableau entier tandis qu'un rang de répétition concerne le nombre de répétitions au sein d'une branche. On pourrait chercher à affiner l'approche pour que Q-profondeur et rang du Proposant soient complètement interchangeables, mais ce n'est pas nécessaire pour les buts que nous poursuivons.

Dans notre exemple on obtient :

$$\mathbf{P}\text{-}\big(\forall x Px \wedge (\forall x Px \to (Qa \vee Qb))\big) \to (Qa \vee Qb)$$
$$\mathbf{O}\text{-}(\mathtt{n} := 1)$$
$$\mathbf{P}\text{-}(\mathtt{m} := 2)$$
$$\mathbf{O}\text{-}\forall x Px \wedge (\forall x Px \to (Qa \vee Qb))$$
$$\mathbf{P}\text{-}Qa \vee Qb$$
$$\mathbf{O}\text{-}\forall x Px$$
$$\mathbf{O}\text{-}\forall x Px \to (Qa \vee Qb)$$

$\mathbf{P}$-$\forall x Px$	$\mathbf{O}$-$Qa \vee Qb$	
$\mathbf{P}$-Pc		
$\mathbf{P}$-Qa	$\mathbf{O}$-Qa	$\mathbf{O}$-Qb
$\mathbf{P}$-Qb	$\mathbf{P}$-Qa	$\mathbf{P}$-Qa
$\mathbf{O}$-Pc		$\mathbf{P}$-Qb

FIABILITÉ2 *Ajout des requêtes*

On ajoute à $\mathcal{T}$ des noeuds étiquetés avec des requêtes, c'est-à-dire des expressions de la forme '$\mathbf{X}$-?...', de sorte que les applications de règles de tableau correspondent une-à-une aux applications des règles locales dans les cas de $\wedge$, $\vee$, $\forall$ et $\exists$. De manière générale, cet ajout est effectué de sorte qu'une **O** question est insérée comme successeur immédiat de la **P** formule attaquée et une **P** question est insérée comme prédécesseur immédiat de la **O** défense.

Dans notre exemple on obtient :

$$\textbf{P-}(\forall x Px \wedge (\forall x Px \rightarrow (Qa \vee Qb))) \rightarrow (Qa \vee Qb)$$
$$\textbf{O-}(\mathtt{n} := 1)$$
$$\textbf{P-}(\mathtt{m} := 2)$$
$$\textbf{O-}\forall x Px \wedge (\forall x Px \rightarrow (Qa \vee Qb))$$
$$\textbf{P-}Qa \vee Qb$$
$$\textbf{O-}?_{\vee}$$
$$\textbf{P-}?_{\wedge_1}$$
$$\textbf{O-}\forall x Px$$
$$\textbf{P-}?_{\wedge_2}$$
$$\textbf{O-}\forall x Px \rightarrow (Qa \vee Qb)$$

$\textbf{P-}\forall x Px$	$\textbf{O-}Qa \vee Qb$
$\textbf{O-}?_c$	$\textbf{P-}?_{\vee}$
$\textbf{P-}Pc$	
$\textbf{P-}Qa$	$\textbf{O-}Qa \quad \textbf{O-}Qb$
$\textbf{P-}Qb$	$\textbf{P-}Qa \quad \textbf{P-}Qa$
$\textbf{P-}?_c$	$\textbf{P-}Qb$
$\textbf{O-}Pc$	

FIABILITÉ3 *Règle Formelle*

On dit qu'un noeud t est *faiblement contentieux* dans un arbre s'il est étiqueté avec une expression $\textbf{P-}\psi$, où ψ est une formule atomique, et si aucun prédécesseur de t n'est étiqueté avec l'expression $\textbf{O-}\psi$. Un noeud t est *fortement contentieux* si en plus aucun de ses successeurs n'est étiqueté avec $\textbf{O-}\psi$.

On parcourt l'arbre obtenu jusqu'ici de haut en bas. Pour chaque noeud t faiblement (mais pas strictement) contentieux rencontré, on effectue l'opération suivante. Pour chaque branche $\mathcal{B}$ passant par t :

- Si un successeur t' de t dans $\mathcal{B}$ est étiqueté avec l'expression $\textbf{O-}\psi$ alors on déplace t comme successeur immédiat de t',
- Si aucun successeur de t dans $\mathcal{B}$ n'est étiqueté avec l'expression $\textbf{O-}\psi$,[61] alors on déplace t comme dernier noeud dans $\mathcal{B}$.

Une fois que les seuls noeuds contentieux restants sont strictement contentieux, on supprime ces derniers. On appelle D l'arbre obtenu. Dans notre exemple :

---

61. Dans ce cas, le(s) successeur(s) de t étiqueté(s) avec $\textbf{O-}\psi$ appartiennent à une ou plusieurs autres branches passant par t.

$$\textbf{P-}\big(\forall x Px \wedge (\forall x Px \rightarrow (Qa \vee Qb))\big) \rightarrow (Qa \vee Qb)$$

$$\textbf{O-}(\texttt{n} := 1)$$

$$\textbf{P-}(\texttt{m} := 2)$$

$$\textbf{O-}\forall x Px \wedge (\forall x Px \rightarrow (Qa \vee Qb))$$

$$\textbf{P-}Qa \vee Qb$$

$$\textbf{O-}?_{\vee}$$

$$\textbf{P-}?_{\wedge_1}$$

$$\textbf{O-}\forall x Px$$

$$\textbf{P-}?_{\wedge_2}$$

$$\textbf{O-}\forall x Px \rightarrow (Qa \vee Qb)$$

$\textbf{P-}\forall x Px$	$\textbf{O-}Qa \vee Qb$	
$\textbf{O-}?_c$	$\textbf{P-}?_{\vee}$	
$\textbf{P-}Qa$		
$\textbf{P-}Qb$	$\textbf{O-}Qa$	$\textbf{O-}Qb$
$\textbf{P-}?_c$	$\textbf{P-}Qa$	$\textbf{P-}Qa$
$\textbf{O-}Pc$		$\textbf{P-}Qb$
$\textbf{P-}Pc$		

Arbre obtenu après déplacement des noeuds faiblement contentieux.

$$\textbf{P-}\big(\forall x Px \wedge (\forall x Px \rightarrow (Qa \vee Qb))\big) \rightarrow (Qa \vee Qb)$$

$$\textbf{O-}(\texttt{n} := 1)$$

$$\textbf{P-}(\texttt{m} := 2)$$

$$\textbf{O-}\forall x Px \wedge (\forall x Px \rightarrow (Qa \vee Qb))$$

$$\textbf{P-}Qa \vee Qb$$

$$\textbf{O-}?_{\vee}$$

$$\textbf{P-}?_{\wedge_1}$$

$$\textbf{O-}\forall x Px$$

$$\textbf{P-}?_{\wedge_2}$$

$$\textbf{O-}\forall x Px \rightarrow (Qa \vee Qb)$$

$\textbf{P-}\forall x Px$	$\textbf{O-}Qa \vee Qb$	
$\textbf{O-}?_c$	$\textbf{P-}?_{\vee}$	
$\textbf{P-}?_c$		
$\textbf{O-}Pc$	$\textbf{O-}Qa$	$\textbf{O-}Qb$
$\textbf{P-}Pc$	$\textbf{P-}Qa$	$\textbf{P-}Qb$

Arbre D obtenu après suppression des noeuds strictement contentieux.

Proposition 3.1. Chaque feuille de D est étiquetée avec une phrase atomique **P**-signée.

Démonstration. Puisque le tableau de départ est atomiquement clos, chacune de ses feuilles est étiquetée avec $\mathbf{X}$-ψ, où ψ est une phrase atomique. Si $\mathbf{X} = \mathbf{P}$, alors ce noeud n'est ni déplacé ni supprimé par la procédure. Si $\mathbf{X} = \mathbf{O}$, alors par clôture atomique il y a un noeud précédent étiqueté avec $\mathbf{P}$-ψ. Or ce dernier est déplacé par la procédure comme successeur immédiat de la feuille. ∎

À ce point de la procédure, les requêtes et rangs de répétition ont été ajoutés, et l'ordre des noeuds a été modifié de manière à respecter la Règle Formelle dialogique. Cependant, il reste plusieurs modifications à opérer pour obtenir une forme extensive de $\mathbf{P}$-stratégie. Notamment, les branches de l'arbre D obtenu ne représentent en général pas des parties dialogiques parce que la règle locale pour le conditionnel n'est pas respectée dans D. Il s'agit là de la différence la plus apparente entre tableaux et formes extensives, et la prochaine opération vise à dissoudre cette différence.

FIABILITÉ4 *Formules* $\mathbf{O}$-$\psi \to \chi$

On prend la paire maximale[62] de noeuds t_1 et t_2 dans D telle que $\ell(t_1) = \ell(t_2)$, t_1 est étiqueté avec un $\mathbf{P}$ coup et t_2 est étiqueté avec un $\mathbf{O}$ coup. Les sous-arbres de D ayant pour racine respectivement t_1 et t_2 sont appelés $D(t_1)$ et $D(t_2)$. Pour tout noeud $t \neq t_2$ dans $D(t_2)$, on dit que t est *superflu* s'il n'est pas étiqueté avec une $\mathbf{P}$ formule atomique[63] et (1) c'est le résultat de l'application d'une suite de règles à un prédécesseur s de t_2 dans D et (2) il y a un noeud t' dans $D(t_1)$ étiqueté avec la même expression que t et qui est le résultat de l'application de la même suite de règles au noeud s.

Soit $D'(t_2)$ l'arbre obtenu à partir de $D(t_2)$ en supprimant tous ses noeuds superflus. On « coupe » $D(t_2)$ de D et on « colle » $D'(t_2)$ en extension de chaque branche de $D(t_1)$ dans D. Le cas échéant, on applique cette opération pour chaque paire de noeuds t_1, t_2 de même niveau en commençant par celle la plus à gauche dans D. Ceci conclut la première étape. On répète ensuite la même opération en parcourant l'arbre D de bas en haut, jusqu'à ce qu'il n'y ait plus de telle paire de noeuds.

Puisqu'il y a un nombre fini de branches dans D, l'opération se termine forcément après un nombre fini d'étapes. L'arbre obtenu à l'issue de

---

62. C'est-à-dire de niveau maximal, au plus bas dans l'arbre.

63. Des noeuds étiquetés avec des $\mathbf{P}$ formules atomiques peuvent appartenir à $D(t_2)$ suite à la modification apportée pour respecter la règle formelle. Nous devons donc les exclure de la définition des noeuds superflus pour ne pas annuler cette modification.

l'opération est appelé $\mathcal{A}$. Dans notre exemple il n'y a qu'une paire de noeuds satisfaisant les conditions, et il n'y a pas de noeud superflu dans $D(t_2)$. Le résultat est donc :

$$\mathbf{P}\text{-}(\forall xPx \wedge (\forall xPx \to (Qa \vee Qb))) \to (Qa \vee Qb)$$
$$\mathbf{O}\text{-}(\mathbf{n} := 1)$$
$$\mathbf{P}\text{-}(\mathbf{m} := 2)$$
$$\mathbf{O}\text{-}\forall xPx \wedge (\forall xPx \to (Qa \vee Qb))$$
$$\mathbf{P}\text{-}Qa \vee Qb$$
$$\mathbf{O}\text{-}?_\vee$$
$$\mathbf{P}\text{-}?_{\wedge_1}$$
$$\mathbf{O}\text{-}\forall xPx$$
$$\mathbf{P}\text{-}?_{\wedge_2}$$
$$\mathbf{O}\forall xPx \to (Qa \vee Qb)$$
$$\mathbf{P}\text{-}\forall xPx$$
$$\mathbf{O}\text{-}?_c$$
$$\mathbf{P}\text{-}?_c$$
$$\mathbf{O}\text{-}Pc$$
$$\mathbf{P}\text{-}Pc$$
$$\mathbf{O}\text{-}Qa \vee Qb$$
$$\mathbf{P}\text{-}?_\vee$$

$\mathbf{O}$-Qa	$\mathbf{O}$-Qb
$\mathbf{P}$-Qa	$\mathbf{P}$-Qb

A chaque étape de l'opération menant à l'arbre $\mathcal{A}$, les feuilles de $D(t_2)$ ne sont pas modifiées. La Proposition 3.1 est donc également valable pour $\mathcal{A}$. De plus :

Proposition 3.2. Chaque branche de $\mathcal{A}$ représente une partie $\mathbf{P}$-terminale.

Démonstration. Il s'agit de vérifier que chaque branche de $\mathcal{A}$ respecte les règles locales ainsi que les règles structurelles $RS0$ à $RS2$. Concernant les premières, on a déjà mentionné que seul le cas des expressions $\mathbf{O}$-$\psi \to \chi$ différait entre les règles de génération de tableau et les règles locales. La procédure que nous venons de décrire garantit que pour chaque $\mathbf{O}$-$\psi \to \chi$, l'attaque par $\mathbf{P}$ et la défense par $\mathbf{O}$ appartiennent toujours aux mêmes branches dans $\mathcal{A}$. Concernant les règles structurelles, la précédente étape garantit que la règle $RS2$ est observée, sans que cette étape ne modifie cet état de fait. La règle $RS1$ est elle aussi respectée parce que, en dehors des déplacements de certains noeuds, il n'y a que des suppressions de noeuds qui peuvent être effectuées dans CORR1 à CORR4, de sorte que le nombre de répétitions n'augmente pas et n'excède donc pas les rangs de répétitions.

Concernant la règle $RS0$, la racine du tableau de départ est bien la thèse φ, et CORR1 ajoute les rangs de répétition à l'emplacement prévu par la règle, ce qui garantit que les points (i) et (ii) de $RS0$ sont respectés. Les règles de génération de tableaux et CORR2 garantissent de plus que chaque expression signée dans $\mathcal{A}$ est une réaction (une attaque ou une défense) à une expression signée précédente, de sorte que le point (iv) est lui aussi respecté. Il reste alors à vérifier que chaque branche de $\mathcal{A}$ respecte la condition d'alternance imposée par (iii). Pour cela, on commence par noter que CORR1 à CORR3 assurent que le seul cas dans lequel D ne respecte par cette condition d'alternance provient des ramifications provoquées par des **O** conditionnels : pour toute expression **O**-$\psi \to \chi$, l'un de ses successeurs immédiats et une expression de signature **O**. Mais CORR4 remédie à cela puisque ces expressions de signature **O** sont à chaque fois déplacées comme successeurs immédiats du dernier noeud dans le sous-arbre $D(t_1)$ en question, qui est par construction de D étiqueté avec une expression de signature **P**.

Pour finir, le fait que chacune de ces parties est **P**-terminale est garanti par la Proposition 3.1 ∎

Bien que chaque branche de $\mathcal{A}$ représente une partie terminale dans $\mathcal{D}(\varphi)$, cet arbre n'est pas encore la forme extensive d'une **P** stratégie. En effet, toutes les manières possibles de jouer pour l'Opposant ne sont pas prises en compte dans $\mathcal{A}$: il reste à considérer les cas où **O** joue ses coups dans des ordres différents et où **O** choisit d'autres constantes individuelles que celles choisies dans $\mathcal{A}$. Nous nous occupons d'abord du premier point.

FIABILITÉ5 *Ordres des coups*

Soit $\mathcal{B}$ une branche de $\mathcal{A}$. Une **O** permutation de $\mathcal{B}$ est le résultat $\mathcal{B}'$ d'une bijection de $\mathcal{B}$ sur elle-même telle que :

- Le plus grand fragment initial propre commun à $\mathcal{B}$ et $\mathcal{B}'$ a pour dernier membre un noeud étiqueté avec un **P** coup.
- $\mathcal{B}'$ représente une partie (autrement dit la permutation respecte encore les règles dialogiques).

Notons que d'après cette définition $\mathcal{B}$ est une **O** permutation d'elle-même. On appelle $\mathfrak{A}$ l'arbre obtenu en ajoutant à l'arbre $\mathcal{A}$ toutes les **O** permutation de chacune de ses branches $\mathcal{B}$. Dans notre exemple, il y a deux branches dans $\mathcal{A}$ qui ont chacune six **O** permutations (y compris elles-mêmes). Donc dans cet exemple on obtient un arbre à douze branches.

Par construction, toutes les branches de cette arbre représentent des parties. Il s'agit en fait de l'arbre représentant toutes les permutations des parties représentées par $\mathcal{A}$. Par construction encore, toutes les feuilles de $\mathfrak{A}$ sont associées à l'affirmation par le Proposant d'une formule atomique.

FIABILITÉ6 *Choix de constantes d'individu*

Soit $\mathcal{B}$ une branche quelconque de $\mathfrak{A}$. On dit que $\mathcal{B}'$ est une *variante alphabétique* de $\mathcal{B}$ si elle est le résultat de la substitution uniforme d'une constante d'individu choisie par **O** par une autre constante d'individu appartenant à *Const*. L'arbre obtenu en enrichissant $\mathfrak{A}$ avec toutes les branches qui sont des variantes alphabétiques d'une branche de $\mathfrak{A}$ est noté $\mathfrak{S}$. Puisque l'ensemble *Const* est infini, on obtient un arbre infiniment généré, c'est-à-dire avec un nombre infini de branches. Malgré cela, la méthode utilisée pour former $\mathfrak{S}$ garantit que chacune de ces branches représente une partie **P** terminale. En effet, chaque branche de $\mathfrak{A}$ représente une partie **P** terminale, et le fait de substituer uniformément certaines constantes d'individus à d'autres n'y change rien.

Ce que montre la section 3.2 c'est que, moyennant une transformation de leur géométrie pour l'implication matérielle, les preuves par tableau contiennent toutes les informations nécessaires pour déterminer une **P** stratégie de victoire dans un jeu dialogique. Il suffit de tenir compte des variations possibles dans l'ordre des coups et dans les constantes d'individus utilisées pour les règles des quantificateurs. En outre, une preuve par tableau contient tout ce qu'il faut pour déterminer les rangs des joueurs : il s'agit toujours du rang 1 pour l'Opposant, tandis que celui du Proposant est donné par la profondeur de quantificateur. La procédure décrite constitue la démonstration d'une partie du Théorème 0.5 ; nous passons maintenant à la démonstration de l'autre partie, la complétude des tableaux.

3.3 Complétude des tableaux

Pour prouver que s'il y a une **P**-stratégie de victoire dans $\mathcal{D}(\varphi)$ alors il y a une preuve par tableau de φ, nous utilisons une procédure qui est la converse de celle pour la Fiabilité. En nous appuyant une fois de plus sur le Lemme 3.1, nous prenons la forme extensive $\mathfrak{S}$ d'une **P**-stratégie de victoire dans $\mathcal{D}^1(\varphi)$ comme point de départ. La procédure décrit ensuite la manière dont un tableau atomiquement clos peut être extrait de $\mathfrak{S}$. Brièvement, la procédure est donc la suivante :

1. Supprimer les branches qui sont des variantes alphabétiques inutiles,

2. Supprimer les branches qui représentent d'autres ordres de coups de l'Opposant,

3. Supprimer les noeuds étiquetés avec les rangs de répétition et les requêtes,

4. Modifier les ramifications pour respecter la règle pour les conditionnels **O**-signés,

A l'issue de cette procédure, il nous faudra prouver que l'arbre obtenu est un tableau atomiquement clos. Il n'est pas nécessaire que le tableau obtenu soit systématique, et ce n'est d'ailleurs pas le cas en général. Faire appel aux tableaux systématiques était utile pour s'assurer d'avoir un tableau atomiquement clos comme point de départ pour la démonstration de la Fiabilité. Pour la Complétude, il suffit que l'arbre obtenu respecte les règles de tableaux et qu'il soit atomiquement clos.

COMP1 *Ramifications infinies*

Un noeud est *critique* s'il a un nombre infini de successeurs immédiats. Pour chaque noeud critique t dans $\mathfrak{S}$, on partitionne l'ensemble $S(t)$ de ses successeurs immédiats de la manière suivante :

1. Pour chaque prédécesseur t' de t étiqueté avec une expression de la forme **O**-$\exists x\psi$, l'ensemble $S_{t'}$ de tous les successeurs immédiats de t qui résultent de l'application de la règle locale du quantificateur $\exists$ au noeud t',

2. Pour chaque prédécesseur t'' de t étiqueté avec une expression de la forme **P**-$\forall x\psi$, l'ensemble $S_{t''}$ de tous les successeurs immédiats de t qui résultent de l'application de la règle locale du quantificateur $\forall$ au noeud t'',

3. L'ensemble $S'(t)$ de tous les successeurs immédiats de t qui résultent de l'application de toute autre règle locale.

Puis :

(i) Sélectionner exactement un membre de chaque ensemble de type 1, s'il y en a, de sorte que la constante d'individu qui y apparaît soit nouvelle dans la branche ;

(ii) Sélectionner exactement un membre de chaque ensemble de type 2, s'il y en a, de sorte que la constante d'individu qui y apparaît soit nouvelle dans la branche ;

(iii) Garder tous les membres de $S'(t)$, s'il y en a.

Tous les autres successeurs immédiats de t sont supprimés ainsi que les branches qu'ils ouvrent sont enlevées de $\mathfrak{S}$. Puisque t a un nombre fini de prédécesseurs, il y a un nombre fini d'ensembles de type 1 et d'ensembles de type 2, chacun de cardinalité infinie. De plus l'ensemble $S'(t)$ est fini. On obtient donc un fragment de $\mathfrak{S}$ où chaque noeud a un nombre fini de successeurs immédiats. Appelons cet arbre $\mathcal{S}$. Il est immédiat que $\mathcal{S}$ est atomiquement clos puisque chaque branche de $\mathcal{S}$ est une branche de $\mathfrak{S}$ et ce dernier est atomiquement clos.

COMP2 *Ordre des coups*

Considérons l'ensemble des branches de $\mathcal{S}$ et la relation $\sim$: « ... est une **O** permutation de ... » sur cet ensemble. Cette relation est évidemment une relation d'équivalence :

- (réflexivité) chaque branche est une **O** permutation d'elle-même,
- (symétrie) si $\mathcal{B}$ est une **O** permutation de $\mathcal{B}'$ alors $\mathcal{B}'$ est une **O** permutation de $\mathcal{B}$,
- (transitivité) si $\mathcal{B}$ est une **O** permutation de $\mathcal{B}'$ et si $\mathcal{B}'$ et une **O** permutation de $\mathcal{B}''$ alors $\mathcal{B}$ est une **O** permutation de $\mathcal{B}''$.

Pour chaque branche $\mathcal{B}$ de $\mathcal{S}$, on note $\left[\mathcal{B}\right]_{\sim}$ la classe d'équivalence de $\mathcal{B}$ modulo $\sim$. Pour chaque $\mathcal{B}$, on sélectionne exactement un membre $\mathcal{B}' \in \left[\mathcal{B}\right]_{\sim}$ tel que, pour chaque attaque par **P** d'une **O** conditionnelle dans $\mathcal{B}'$, **O** joue la défense seulement quand aucun autre coup ne lui est permis.

On appelle A le fragment de $\mathcal{S}$ ainsi obtenu. Pour ce qui concerne la clôture : puisque chaque branche de A est une branche de $\mathfrak{S}$, et que ce dernier est atomiquement clos, alors S est atomiquement clos.

COMP3 *Expressions qui ne sont pas des formules signées*

On supprime tous les noeuds de A qui ne sont pas étiquetés avec des formules signées, tout en gardant l'ordre relatif des noeuds restants. On supprime donc les noeuds qui sont étiquetés avec les choix de rangs de répétition et les requêtes. Du point de vue de la clôture (atomique) d'un tableau, ces noeuds sont en effet inutiles puisque la clôture concerne les formules signées : puisqu'aucune formule signée n'a été supprimée et que A est atomiquement clos, l'arbre obtenu D est atomiquement clos.

COMP4 *Formules* **O**-$\psi \to \chi$

On prend la branche $\mathcal{B}$ la plus à gauche dans D contenant une **P** attaque contre une **O** conditionnelle. Soit t_1 le noeud de $\mathcal{B}$ étiqueté avec la première **P** attaque de ce genre. On appelle t_0 le prédécesseur immédiat de t_1, t_3 le noeud étiqueté avec la défense par **O** correspondante, t_2 le prédécesseur immédiat de t_3 et t_n la feuille de $\mathcal{B}$. Soit $\mathcal{B}_0$ le segment initial propre de $\mathcal{B}$ dont le dernier membre est t_0. On note σ_1 la séquence de noeuds entre t_1 et t_2, et σ_2 la séquence de noeuds entre t_3 et t_n. La branche $\mathcal{B}$ peut donc être décrite comme la concaténation suivante :

$$\mathcal{B}_0 ^\frown \langle t_1 \rangle ^\frown \sigma_1 ^\frown \langle t_2, t_3 \rangle ^\frown \sigma_2 ^\frown \langle t_n \rangle$$

On remplace $\mathcal{B}$ par les deux branches B_1 et B_2, où :

$$B_1 = \mathcal{B}_0 ^\frown \langle t_1 \rangle ^\frown \sigma_1 ^\frown \langle t_2 \rangle, \text{ et } B_2 = \mathcal{B}_0 ^\frown \langle t_3 \rangle ^\frown \sigma_2 ^\frown \langle t_n \rangle$$

Soit la séquence d'arbres telle que (i) D est son premier membre, (ii) chaque membre sauf D est obtenu à partir du précédent par cette opération de remplacement et (iii) aucune extension de la séquence ne satisfait (i) et (ii). Puisque D a un nombre fini de branches de longueur finie, la séquence est finie. On appelle T le dernier membre de la séquence.

Ceci conclut la procédure de transformation appliquée à la forme extensive d'une **P** stratégie de victoire. Il faut alors montrer que le résultat est une preuve par tableau de φ, c'est-à-dire un tableau clos dont la racine est **P**-φ.

Proposition 3.3. T est un tableau atomiquement clos.

Démonstration. Par construction, T est un tableau. D'une part, la première étape garantit que T respecte la règle pour les formules δ. D'autre part, la dernière étape garantit que la règle pour les **O** implications matérielles est respectée. Pour les autres règles, il y a une correspondance immédiate entre les règles locales et les règles des tableaux, une fois que les requêtes sont ignorées. Pour montrer que T est atomiquement clos, il faut prouver que la création de ramification opérée en traitant les **O** conditionnelles préserve la clôture atomique, de sorte que chaque membre de la séquence d'arbres, y compris T est atomiquement clos.

On considère D et la branche $\mathcal{B}$ sélectionnée par l'opération. Par construction de D, la feuille t_n de $\mathcal{B}$ est étiquetée avec **P**-ψ, où ψ est une phrase atomique. De plus à cause de la Règle Formelle il y a un prédécesseur de t_n étiqueté avec **O**-ψ. On sait aussi que le noeud t_2 est étiqueté avec **P**-χ, avec χ atomique, car c'est le seul cas où la défense par **O** étiquetée sur t_3 est le seul coup autorisé pour **O** — conformément à la sélection des **O** permutations gardées pour D. Donc, en vertu de la Règle Formelle, il y a un prédécesseur de t_2 étiqueté avec **O**-χ.

D'une part, $B_1 = \mathcal{B}_0 ^\frown \langle t_1, \langle \sigma_1, \langle t_n \rangle \rangle \rangle$. Donc, en vertu de notre dernière remarque, B_1 est atomiquement close.

D'autre part, il y a un prédécesseur de t_n dans B_2 étiqueté avec **O**-ψ. Supposons que ce n'est pas le cas. Alors ce n'est pas non plus le cas pour la séquence $B' = B_0^\frown \langle t_1, t_3, \langle \sigma_2, \langle t_n \rangle \rangle \rangle$, puisque B' diffère de B_2 uniquement par le membre t_1 qui est étiqueté avec une formule **P** signée. Ce n'est donc pas le cas non plus dans l'extension suivante de B' : $B'' = B'^\frown \langle \langle \sigma_1 \rangle, t_2 \rangle$. En d'autres termes, B'' enfreint la Règle Formelle et ne représente donc pas une partie. Mais B'' est une **O** permutation de B et appartient donc à S et la forme extensive $\mathfrak{S}$. Donc B'' représente une partie. Contradiction. Par conséquent, notre hypothèse de départ est réfutée : il y a un prédécesseur de t_n dans B_2 étiqueté avec **O**-ψ, et B_2 est donc atomiquement close. ∎

La preuve de la Proposition 3.3 conclut la démonstration de la complétude, et donc celle du Théorème 0.5. La procédure que nous avons décrite tout au long de cette dernière section est une description de la manière dont une preuve par tableau peut littéralement être extraite de la forme extensive d'une **P** stratégie de victoire. Puisque les tableaux de premier ordre sont également corrects et complets par rapport à la notion modèle-théorique de validité, un corollaire immédiat de notre Théorème de Fiabilité et Complétude est :

Corollaire 3.1. Soit φ une phrase de $\mathcal{L}_{LPO}$. Il y a une **P**-stratégie de victoire dans $\mathcal{D}(\varphi)$ si et seulement si φ est valide.

De fait, on parle parfois de *notion dialogique de validité* pour l'existence d'une **P**-stratégie de victoire.

Un Théorème analogue au théorème 0.5 dans le cas de plusieurs autres logiques peut être prouvé simplement en adaptant l'algorithme de traduction que nous venons de présenter. Par exemple, il suffit de supprimer les clauses concernant les quantificateurs, et notamment celles concernant les variantes alphabétiques, pour obtenir la preuve de la Fiabilité et de la Complétude des tableaux vis-à-vis des jeux dialogiques dans le cas de la logique propositionnelle. Dans le chapitre 4, nous considérons les adaptations à effectuer pour prouver le résultat analogue pour la logique modale **K**.

3.4 Remarques finales de chapitre

Nous avons présenté la sémantique dialogique pour les constantes logiques dans la Logique de Premier Ordre. Bien que nous nous soyons borné au fragment phrastique (au sens de la Définition 2.3) de **LPO**, la sémantique des constantes logiques ne change pas quand on étend l'approche aux formules qui ne sont pas des phrases. Outre la question des variables libres, nous avons laissé de côté plusieurs autres aspects importants pour présenter une sémantique dialogique pour un langage de premier ordre arbitraire. En effet, nous avons aussi restreint notre analyse à un langage sans égalité, sans symboles de fonctions et donc sans termes complexes.

Puisque nous endossons l'affirmation selon laquelle le cadre dialogique fournit une théorie de la signification, une sémantique, nous nous sommes attachés à montrer dans la section 3 qu'un système usuel de preuve, les tableaux de premier ordre, est fiable et complet vis-à-vis de la sémantique dialogique. La correspondance entre la notion modèle-théorique de validité et l'existence de **P** stratégies de victoire est un résultat corollaire. La critique parfois soulevée selon laquelle cette correspondance est obtenue indirectement, par transitivité via la Fiabilité et Complétude des Tableaux, nous semble moins gênante dès lors que l'on prend au sérieux l'agenda de la Dialogique de fournir une sémantique et non un système de preuves, même s'il ne s'agit pas de nier l'attrait d'un résultat direct de coïncidence.

Nous avons donné une démonstration inédite du Théorème 0.5 passant par une procédure de traduction entre preuves par tableau et formes extensives de **P** stratégies de victoire. À ce titre, la démonstration participe à l'analyse du rapport entre l'approche dialogique comme sémantique et la méthode de preuve des tableaux. On a ainsi constaté que, dès lors qu'on les considère du point de vue des stratégie, une procédure de preuve peut être extraite de l'approche dialogique. Dans ce chapitre il s'agit de la méthode des tableaux ; dans l'annexe il s'agit de la déduction naturelle. La principale contribution de notre démonstration se trouve dans le fait qu'elle concerne les jeux dialogiques comprenant le mécanisme des rangs de répétition. À ce sujet, nous avons brièvement abordé la relation entre les rangs, surtout celui du Proposant, et la notion de profondeur de quantificateur. Cette relation est développée dans le chapitre qui suit, et est intimement connectée à la manifestation dialogique de la semi-décidabilité de la Logique de Premier Ordre.

CHAPITRE 3

DÉCIDABILITÉ

Dans ce chapitre nous nous intéressons à ce que nous appellerons le problème dialogique de la décidabilité que l'on peut formuler par la question suivante : pour une formule φ quelconque, l'existence d'une **P** stratégie de victoire dans le jeu dialogique $\mathcal{D}(\varphi)$ est-elle décidable ? En d'autres termes, y a t'il une méthode effective qui permette après une durée finie de répondre correctement à la question « est-ce qu'il existe une **P** stratégie de victoire dans ce jeu dialogique ? ».

Notons immédiatement que, dans les cas où l'existence d'une **P** stratégie de victoire coïncide avec la notion de validité, [64] la question n'est rien d'autre que la formulation en termes dialogiques du problème standard de la décidabilité d'une logique donnée. Dans de tels cas, le résultat n'est donc évidemment ni nouveau ni surprenant. Ainsi l'existence d'une **P** stratégie de victoire est décidable dans le cas des jeux dialogiques propositionnels, tandis qu'elle est seulement semi-décidable dans le cas des jeux pour le premier ordre.

C'est peut-être parce que ces résultats ne sont pas surprenants que le sujet de la décidabilité n'a, à notre connaissance, pas été traité dans les divers travaux sur la dialogique. Nous nous proposons donc d'initier l'étude dans ce domaine. En particulier, notre but est de poser les bases à partir desquelles une analyse proprement dialogique peut être effectuée, sans se contenter du caractère évident des résultats obtenus par correspondance avec d'autres résultats connus. Or, il s'avère que la notion de rang de répétition joue un rôle important et éclairant dans ce domaine. Nous verrons qu'en plus des avantages donnés dans les chapitres précédents, l'un des intérêts des rangs est que certaines propriétés métathéoriques des jeux dialogiques les concernant sont directement liées à la question de la décidabilité. Ce fait seul suggère l'intérêt, pour des travaux futurs, de continuer à étudier le mécanisme de la Règle de Déroulement telle que nous l'avons formulée.

---

64. C'est-à-dire quand le Corollaire 3.1 ou un résultat similaire est satisfait. Cette précision est nécessaire puisque rien ne garantit évidemment qu'une telle coïncidence puisse être établie pour n'importe quel type de jeu dialogique.

Dans la section 1 nous adoptons exclusivement la perspective dialogique. Nous nous intéressons à l'existence de **P** stratégies de victoire uniquement, et nous ne nous contentons pas de profiter du Corollaire 3.1 pour énoncer les résultats. De sorte que notre analyse de la question et des moyens pour y répondre s'articule seulement en termes dialogiques. Nous nous attachons ainsi à déterminer les critères auxquels la décidabilité est conditionnée. Dans les cas mentionnés ci-dessus où l'on a une coïncidence avec la notion de validité, cette analyse nous fournit donc les critères dialogiques de la décidabilité ou non d'une logique donnée. Les données du problème qu'on découvre sont qu'il y a une méthode qui *en principe* permet facilement de déterminer si une **P** stratégie est une stratégie de victoire ou non. Il s'agit alors de déterminer si cette méthode est effectivement applicable.

De ce point de vue, deux difficultés apparaissent rapidement. D'une part il y a dans un jeu dialogique donné un nombre infini de **P** stratégies à tester, et d'autre part les **P** stratégies sont des objets infinis. Pour comprendre ce que nous entendons par « objets infinis » on peut se souvenir que la forme extensive d'une stratégie est un arbre infiniment généré, et ce parce qu'en certaines occasions les joueurs ont un nombre infini de choix à leur disposition. Or, les rangs de répétition des joueurs sont choisis parmi les entiers positifs. Par ailleurs, le mécanisme apparaît dans tous les types de jeux dialogiques auxquels nous nous intéressons. Ils constituent donc un aspect très important de l'étude de la question de la décidabilité.

Dans la section 2 nous nous concentrons sur une certaine démonstration de l'indécidabilité des jeux dialogiques de premier ordre. Il s'agit d'adapter une démonstration que l'on trouve dans Boolos *et al.* (2007) en montrant la correspondance entre le problème de l'existence d'une stratégie de victoire pour **P** et un problème de théorie de la récursion appelé le problème de la nullité. La décidabilité du problème dialogique reviendrait alors à montrer que le problème de la nullité peut être résolu. Mais on sait que ceci n'est pas le cas, d'où l'on conclut à l'indécidabilité des jeux dialogiques de premier ordre. Il faut néanmoins préciser que le passage par ce que l'on sait d'un autre problème, externe à la dialogique, constitue un détour au cours duquel la spécificité de la perspective dialogique sur la question de la décidabilité est perdue de vue. Notamment, le rapport avec le mécanisme des rangs dégagé dans la première section est complètement absent de la démonstration de la section 2.

1   Analyse dialogique du problème

L'objectif de cette section est de dégager les critères pertinents pour répondre à la question de la décidabilité d'un système dialogique donné. En guise d'illustration, nous expliquons la décidabilité des jeux dialogiques propositionnels et la semi-décidabilité des jeux de premier ordre.

En vertu du Théorème 2.3, il y a une procédure relativement simple qui permet de déterminer en principe si une **P** stratégie donnée est une stratégie de victoire : il s'agit de considérer la forme extensive de la stratégie et de vérifier si toutes les feuilles sont associées ou non avec une assertion par le Proposant de formule atomique. Ci-après nous nommons cette procédure « Test des feuilles ». La question est alors de savoir dans quelle mesure ce test peut être utilisé dans un type de jeu dialogique donné. Or il est évident que la présence de règles infinitaires — c'est-à-dire qui offrent aux joueurs un nombre infini de coups possibles — est un obstacle de taille à l'applicabilité de cette méthode. En présence d'une telle règle, le Proposant dispose alors d'un nombre infini de stratégies possibles dans le jeu. S'il n'est pas possible de limiter le nombre de stratégies à vérifier sans perdre en généralité, alors aucun test ne permettra de déterminer en un temps fini si l'une d'entre elles est une stratégie de victoire. Une autre difficulté à considérer est qu'à cause d'une règle infinitaire le test des feuilles ne peut même pas être effectivement appliqué à une seule stratégie. La raison en est qu'une **P** stratégie doit tenir compte de toutes les manières possibles de jouer pour **O** et que celles-ci sont en nombre infini.

Ainsi, afin de déterminer si un type de jeu dialogique est décidable ou non, il faut déterminer si l'on peut restreindre le nombre et la taille des stratégies à tester sans pour autant perdre en généralité. Le problème ne se poserait pas si toutes les règles dialogiques étaient finitaires. Mais chaque type de jeu dialogique contient au moins une règle infinitaire, à savoir la Règle structurelle de Déroulement qui stipule que les joueurs choisissent leur rang de répétition parmi les entiers positifs. La question de la décidabilité est donc toujours liée au mécanisme des rangs de répétition. De fait, nous verrons ci-dessous que la différence entre la décidabilité des jeux dialogiques propositionnels et l'indécidabilité des jeux de premier ordre tient à une propriété métathéorique concernant directement les rangs de répétition. Avant de regarder les détails sur ce point, nous insistons sur le fait que les rangs de répétition ne sont pas forcément le seul aspect à considérer pour répondre à la question de la décidabilité. Certains types de jeux dialogiques présentent d'autres règles infinitaires : c'est le cas notamment des jeux de premier ordre et nous analysons ce point aussi en section 1.2.

1.1   Dialogique propositionnelle

Dans les jeux dialogiques propositionnels, seuls les rangs de répétition introduisent une double infinité qu'il faut surmonter pour pouvoir appliquer le test des feuilles. D'une part chaque **P** stratégie doit tenir compte de tous les choix possibles de rang par **O**, d'autre part **P** a lui-même le choix parmi une infinité de rangs et donc de stratégies. La décidabilité des jeux dialogiques propositionnels résulte du Théorème 2.2 qui permet de surmonter cette double difficulté et que nous rappelons ici :

> *Soit φ une formule complexe du langage propositionnel. Il y a une* **P** *stratégie de victoire dans* $\mathcal{D}(\varphi)$ *si et seulement si il y en a une dans* $\mathcal{D}^{1,2}(\varphi)$.

Le théorème stipule que pour savoir s'il y a une **P** stratégie de victoire dans $\mathcal{D}(\varphi)$ il faut et il suffit de considérer le sous-jeu dans lequel l'Opposant choisit rang 1 et le Proposant choisit rang 2. Limiter l'analyse au cas où l'Opposant choisit rang 1 permet de surmonter la première difficulté : dans ce cas, chaque **P** stratégie ne doit prendre en compte qu'un nombre fini de manières possibles pour **O** de joueur, puisque les jeux propositionnels ne présentent aucune autre règle infinitaire. Le test des feuilles peut donc être appliqué pour déterminer en un temps fini si une **P** stratégie donnée est une stratégie de victoire. L'autre difficulté est évitée par la partie du Théorème qui établit que, dans le cas où **O** choisit rang 1, il suffit de considérer le cas où **P** choisit rang 2. Ainsi il n'est pas nécessaire de tester un nombre infini de **P** stratégies pour déterminer s'il y a ou non une **P** stratégie de victoire dans $\mathcal{D}(\varphi)$. Il suffit d'appliquer le test des feuilles aux **P** stratégies pour le sous-jeu $\mathcal{D}^{1,2}(\varphi)$ qui sont en nombre et de taille limités. D'où l'on peut conclure que les jeux dialogiques propositionnels sont décidables.

La situation est très différente pour le cas du premier-ordre : l'indécidabilité est une conséquence de l'absence de résultat similaire au Théorème 2.2 pour les jeux de premier ordre.

1.2   Dialogique de premier ordre

C'est parce qu'il n'y a aucun résultat similaire au Théorème 2.2 pour les jeux de premier ordre que ceux-ci sont indécidables, et le mécanisme des rangs a donc une influence directe sur ce fait. Mais la Règle de Déroulement n'est pas la seule règle infinitaire dans les jeux de premier ordre.

Les règles locales pour les quantificateurs le sont aussi, et nous verrons qu'il est important de les considérer parce que la semi-décidabilité des jeux de premier ordre leur est directement liée.

Indécidabilité

Nous commençons par établir l'indécidabilité des jeux de premier ordre. Ainsi que nous l'avons dit, celle-ci résulte de l'absence de résultat permettant de restreindre la vérification à une seule paire de valeurs pour les rangs de l'Opposant et du Proposant. Pour être plus précis, c'est du côté du rang du Proposant que le problème apparaît. En effet la partie qui concerne le rang de **O** est également valable dans les jeux de premier ordre : aucune contrainte n'est ajoutée sur les coups autorisés pour l'Opposant par rapport aux jeux propositionnels, de sorte que l'on a :

> Soit φ une phrase complexe du langage de premier ordre. Il y a une **P** stratégie de victoire dans $\mathcal{D}(\varphi)$ si et seulement si il y en a une dans $\mathcal{D}^1(\varphi)$.[65]

Pour ce qui est du rang du Proposant, nous montrons d'abord qu'il ne suffit pas de considérer le cas où il choisit rang **2**. Pour cela, nous donnons un exemple pour lequel il y a une **P** stratégie de victoire dans $\mathcal{D}^1(\varphi)$ — et donc dans $\mathcal{D}(\varphi)$ — mais pas dans $\mathcal{D}^{1,2}(\varphi)$. Ensuite, nous expliquons comment on peut, en approfondissant la réflexion sur cet exemple, conclure le résultat suivant :

Proposition 1.1. Il n'y a pas de rang **n** tel que, pour une phrase complexe arbitraire φ du langage de premier ordre, il y a une **P** stratégie de victoire dans $\mathcal{D}(\varphi)$ si et seulement s'il y en a une dans $\mathcal{D}^{1,n}(\varphi)$.

L'exemple montrant qu'il ne suffit pas de considérer le rang **2** pour **P** est celui du jeu pour la thèse de la partie donnée en Table 3.1.[66] Par commodité, nous utilisons ψ comme abréviation pour la thèse.

La longueur de ce dialogue ne doit pas masquer sa simplicité sous-jacente. Tout d'abord, **P** ne peut pas immédiatement répondre à la première attaque de **O** à cause de la Règle Formelle : il ne peut à ce moment là que contre-attaquer. S'ensuit une phase de jeu de 24 coups (jusqu'au coup 27) où le Proposant force l'Opposant à énoncer chacun des membres de la conjonction qui forme l'antécédent. La stratégie du Proposant est claire : après cette phase de jeu sur la conjonction, il s'emploie à utiliser

---

65. $\mathcal{D}^1(\varphi)$ dénote évidemment le sous-jeu de $\mathcal{D}(\varphi)$ dans lequel l'Opposant choisit rang **1**.

66. Je remercie Tiago de Lima et Tero Tulenheimo pour m'avoir rappelé cet exemple, que l'on trouve déjà dans Kleene (1967) §48 (Exemple 4, p. 293).

The game table (read here in its upright orientation). P's thesis is the conditional

$$[\forall x\forall y\forall z((Rxy \wedge Ryz) \to Rxz) \wedge (\forall x\forall y((Rxy \wedge Px) \to Py) \wedge (Rab \wedge (Rbc \wedge (Rcd \wedge (Rde \wedge Pa)))))] \to Pe$$

#	O ($n := 1$)	réf	réf	P ($m := 3$)	#
			(0)	$[\forall x\forall y\forall z((Rxy \wedge Ryz) \to Rxz) \wedge (\forall x\forall y((Rxy \wedge Px) \to Py) \wedge (Rab \wedge (Rbc \wedge (Rcd \wedge (Rde \wedge Pa) \to Pe)))))]$ — Pe	0
1	$[\forall x\forall y\forall z((Rxy \wedge Ryz) \to Rxz) \wedge (\forall x\forall y((Rxy \wedge Px) \to Py) \wedge (Rab \wedge (Rbc \wedge (Rcd \wedge (Rde \wedge Pa)))))]$				2
3	$\forall x\forall y\forall z((Rxy \wedge Ryz) \to Rxz)$		(3)	$?_{\wedge_1}$	4
5	$\forall x\forall y((Rxy \wedge Px) \to Py)$		(3)	$?_{\wedge_2}$	6
7	$\forall x\forall y((Rxy \wedge Px) \to Py) \wedge (Rab \wedge (Rbc \wedge (Rcd \wedge (Rde \wedge Pa))))$		(7)	$?_{\wedge_2}$	8
9	$\forall x\forall y((Rxy \wedge Px) \to Py)$		(7)	$?_{\wedge_1}$	10
11	$Rab \wedge (Rbc \wedge (Rcd \wedge (Rde \wedge Pa)))$		(11)	$?_{\wedge_2}$	12
13	Rab		(11)	$?_{\wedge_1}$	14
15	$Rbc \wedge (Rcd \wedge (Rde \wedge Pa))$		(15)	$?_{\wedge_2}$	16
17	Rbc		(15)	$?_{\wedge_1}$	18
19	$Rcd \wedge (Rde \wedge Pa)$		(19)	$?_{\wedge_2}$	20
21	Rcd		(19)	$?_{\wedge_1}$	22
23	$Rde \wedge Pa$		(23)	$?_{\wedge_2}$	24
25	Rde		(23)	$?_{\wedge_1}$	26
27	Pa		(27)	$?_{\wedge_2}$	28
29	$\forall y\forall z((Ray \wedge Ryz) \to Raz)$		(29)	$?_a$	30
31	$\forall z((Rab \wedge Rbz) \to Raz)$		(29)	$?_b$	32
33	$(Rab \wedge Rbc) \to Rac$		(5)	$?_c$	34
35	Rac	(34)	(29)	$Rab \wedge Rbc$	36
37	Rac		(31)	Rab	38
39	$\forall z((Rac \wedge Rcz) \to Raz)$		(33)	Rac	40
41	$(Rac \wedge Rcd) \to Rad$		(29)	$Rac \wedge Rcd$	42
43	Rad	(42)	(39)	$?_c$	44
45	Rad		(39)	$?_d$	46
47	$\forall z((Rad \wedge Rdz) \to Raz)$		(41)	Rad	48
49	$(Rad \wedge Rde) \to Rae$		(29)	$Rad \wedge Rde$	50
51	Rae	(50)	(47)	$?_d$	52
53	Rae		(49)	$?_e$	54
55	$\forall y((Ray \wedge Pa) \to Py)$		(9)	$Rae \wedge Pa$	56
57	$(Rae \wedge Pa) \to Pe$	(58)	(55)	$?_e$	58
59	Pe	(58)	(57)	$Rae \wedge Pa$	60
61	Pe			Rae	62

Table 3.1: **P** a besoin d'un rang ≥ 3 pour gagner

la transitivité de R (coup 5) et la relation entre R et P (coup 9) pour pouvoir utiliser Rae (coup 53) et Pa (coup 27) afin d'obtenir la concession par $\mathbf{O}$ que Pe (coup 61). Enfin, notons que jusqu'au coup 34 les réactions de l'Opposant sont contraintes. Ce n'est en effet qu'à partir de ce moment de la partie que plusieurs options s'offrent à $\mathbf{O}$: défendre ou contre-attaquer avant et, dans le cas de la contre-attaque, demander l'un ou l'autre des conjoints. Ce phénomène se répète aux coups 42, 50 et 58. Mais il est clair que changer l'ordre de ses coups ou demander l'autre conjoint n'améliore pas les perspectives de $\mathbf{O}$: on peut donc conclure que $\mathbf{P}$ joue selon une stratégie de victoire.

Il est également évident que le Proposant ne peut pas gagner en choisissant rang 2. Afin d'utiliser la transitivité de R pour obtenir Rae, $\mathbf{P}$ doit attaquer le coup 29 au moins trois fois : une première avec le coup 30 pour obtenir Rac, une deuxième fois avec le coup 38 pour obtenir Rad et une fois supplémentaire avec le coup 46 pour obtenir Rae. Or le rang 2 n'est pas suffisant pour le permettre de sorte que le Proposant n'a pas de stratégie de victoire dans $\mathcal{D}^{1,2}(\psi)$ mais en a une dans $\mathcal{D}(\psi)$.

Pour ce qui concerne la Proposition 1.1, nous notons maintenant que ψ est une instance du schéma suivant :

$$\begin{aligned}
&\big[\forall x \forall y \forall z ((Rxy \wedge Ryz) \to Rxz) \wedge \big(\forall x \forall y ((Rxy \wedge Px) \to Py) \\
&\wedge (Ra_1a_2 \wedge (Ra_2a_3 \wedge \ldots (Ra_{n-1}a_n \wedge Pa_1)\ldots))\big] \to Pa_n
\end{aligned}$$

avec $n = 5$ dans notre exemple. Un processus laborieux mais simple permet de constater que plus la valeur de n augmente plus le rang permettant à $\mathbf{P}$ de gagner est grand. Ces éléments indiquent qu'il n'y a pas de rang unique $\mathbf{n}$ pour lequel il suffit, pour n'importe quelle formule φ, de considérer le sous-jeu $\mathcal{D}^{1,\mathbf{n}}(\varphi)$ pour déterminer s'il y a une stratégie de victoire pour $\mathbf{P}$ dans $\mathcal{D}(\varphi)$.

L'indécidabilité des jeux dialogiques de premier ordre s'explique alors par l'une des conséquences de la Proposition 1.1. Celle-ci a pour effet que, dans certains cas où il n'y a pas de $\mathbf{P}$ stratégie de victoire dans le jeu, il n'est jamais possible de le conclure après avoir testé un nombre fini de choix de rang par le Proposant : il faut toujours considérer le rang suivant. Mais ce processus n'a clairement pas de fin. Par conséquent, il y a des cas où le test des feuilles ne peut pas être effectivement appliqué pour déterminer en un temps fini s'il y a ou non une $\mathbf{P}$ stratégie de victoire.

C'est donc une différence métathéorique concernant les rangs de répétition qui explique la différence entre la décidabilité dans le cas propositionnel et l'indécidabilité dans le cas du premier ordre. Pour qu'un type de jeu dialogique donné soit décidable, il faut un résultat tel que le Théorème 2.2 qui permette de restreindre l'analyse à une paire de valeurs pour les rangs des joueurs. Quand il n'y a pas d'autre règle infinitaire, comme dans les jeux dialogiques propositionnels, ce critère est même suffisant. Autrement il faut s'assurer que toutes les règles infinitaires peuvent être contournées pour rendre le test des feuilles applicables.

Semi-décidabilité

Si ce qui se passe avec les rangs de répétition suffit à établir l'indécidabilité des jeux de premier ordre, les règles locales pour les quantificateurs méritent également qu'on s'y intéresse. Puisque l'existence de **P** stratégie de victoire coïncide avec la validité, les jeux de premier ordre doivent être semi-décidables. Or, nous avons seulement établi leur indécidabilité pour l'instant. C'est en nous intéressant aux règles pour les quantificateurs que nous allons pouvoir expliquer pourquoi ils sont semi-décidables. L'idée est que dans les cas où il y a une **P** stratégie de victoire dans un jeu donné $\mathcal{D}(\varphi)$, il est possible de le déterminer en un temps fini. C'est-à-dire qu'il y a un moyen d'appliquer le test des feuilles pour le conclure.

Supposons donc qu'il y a une **P** stratégie de victoire dans $\mathcal{D}(\varphi)$. Alors, conformément au résultat mentionné plus haut, il y a une **P** stratégie de victoire dans $\mathcal{D}^1(\varphi)$. Cela signifie qu'il y a un rang $\mathbf{r}$ tel qu'il y a une **P** stratégie de victoire dans $\mathcal{D}^{1,\mathbf{r}}(\varphi)$. Donc, il est en principe possible de le déterminer après avoir testé les rangs 1 à $\mathbf{r} - 1$ pour le Proposant. Mais pour cela, il reste deux difficultés à surmonter. Premièrement, à cause des règles locales pour les quantificateurs, le Proposant dispose d'un nombre infini de stratégies dans $\mathcal{D}^{1,\mathbf{n}}(\varphi)$ — où $1 < n < \mathbf{r}$. De plus, chacune de ces stratégies doit tenir compte de tous les choix possibles de constantes par l'Opposant.

Il s'agit donc de savoir s'il est possible de passer outre ces deux aspects sans perte de généralité, afin d'être assuré de pouvoir conclure qu'il y a une **P** stratégie de victoire quand il y en a une. Pour cela, nous commençons par noter que chaque fois qu'il peut choisir une constante d'individu, le joueur **X** peut choisir entre deux types de constante : soit une constante nouvelle, soit une constante qui est déjà apparu dans la partie auparavant. Il y a forcément un nombre fini de constantes du deuxième type, puisqu'il y a un nombre fini de coups qui précèdent le moment du choix par **X**. Ce sont les constantes nouvelles qui sont en nombre infini. Mais il n'est pas nécessaire de vérifier chaque choix de constante nouvelle. En effet, tous ces choix mènent à des parties qui sont similaires modulo le nom de la constante (et éventuellement l'ordre des coups). Cela signifie que si **X** peut gagner en choisissant une constante nouvelle, cela peut être n'importe laquelle. De même si choisir une constante nouvelle ne peut pas lui permettre de gagner.

On peut conclure de ce qui précède que l'on peut passer outre l'infinité de choix offerts par les règles de quantificateurs en se contentant, chaque fois qu'un joueur **X** a un tel choix, de considérer un nombre fini de choix : toutes les constantes qui ne sont pas nouvelles plus une constante nouvelle arbitraire.[67] De cette manière on peut appliquer le test des feuilles à chaque sous-jeu $\mathcal{D}^{1,\mathrm{n}}(\varphi)$ jusqu'à arriver au rang r avec lequel **P** peut gagner. Il est donc possible, quand il y a une **P** stratégie de victoire dans $\mathcal{D}(\varphi)$, de le déterminer en un temps fini. Par conséquent les jeux dialogiques de premier ordre sont semi-décidables.

Eclairage par la connexion avec les tableaux

Nous nous sommes attachés dans cette section à fournir une analyse et une explication proprement dialogiques du problème de la décidabilité. Nous avons établi que le mécanisme des rangs a un rôle prépondérant vis-à-vis de ce domaine. En guise d'explication supplémentaire, nous décrivons comment l'influence de ce mécanisme sur l'indécidabilité des jeux de premier ordre peut être rapprochée de la manifestation de l'indécidabilité de la logique de premier ordre dans le cadre de la méthode des tableaux.

Les rangs de répétition fournissent un moyen de compter le nombre d'applications d'une règle face à un certain coup de manière à éviter les répétitions *ad infinitum*. Il est sans doute utile de rappeler qu'il y a un mécanisme de comptage des applications de règles dans les tableaux également, la différence étant que ce mécanisme ne suffit pas à lui seul à éviter les branches infinies. Ce mécanisme entre implicitement en jeu dans l'élaboration de procédures de construction de tableaux. Une telle procédure comprend toujours une clause spécifiant après combien d'applications de règles une formule est dite *utilisée* : par exemple, une formule signée $T\,A \wedge B$ est dite utilisée après que chacune des deux règles possibles[68] aient été appliquées une fois. Cependant, dans les tableaux de premier ordre, les formules de type $T\,\forall x\varphi$ et $F\,\exists x\varphi$ ne sont jamais consi-

---

67. Dans le cas de **O**, on peut même se contenter de considérer à chaque fois le choix d'une constante nouvelle arbitraire, ainsi que le suggère la connexion avec les tableaux (voir section 3.3). Mais le raisonnement que nous avons présenté est suffisant et reste interne à l'approche dialogique.

68. Pour rappel : les formules de ce type peuvent se voir appliquer deux règles différentes. Ici, une pour ajouter $T\,A$ et une pour ajouter $T\,B$.

dérées comme utilisées : c'est la raison pour laquelle les tableaux peuvent se poursuivre sans fin, et pour laquelle il est nécessaire d'appliquer des procédures particulières de construction pour garantir la complétude.

Le fait que leur construction peut se poursuivre sans fin est la manifestation de l'indécidabilité de la logique de premier ordre dans le cadre de la méthode des tableaux. Parce que le processus de construction de tableau ne se termine jamais, on ne peut jamais atteindre le stade où l'on teste si le tableau est clos ou non. La preuve de complétude des tableaux garantit cependant la semi-décidabilité. C'est seulement dans le cas des formules pour lesquelles il n'y a pas de preuve que le stade de test de clôture ne peut jamais être atteint : pour ce qui concerne les formules prouvables, une procédure adéquate de construction de tableau garantit qu'un tableau clos peut être atteint en un temps fini. Dans Fitting (1990), l'auteur explique cette différence en introduisant un mécanisme spécifique pour contrôler le nombre d'applications de la règle γ :

> (...) to limit the number of applications of the γ rule in a tableau proof. We have a user pre-set bound, known as the *Q-depth*, standing for quantifier depth. When the γ rule has been applied the maximum allowed number of times, as specified by the value of Q-depth, it can not be applied any more. In this way a complete tableau expansion *to a given Q-depth* can be constructed in a finite number of steps, and we can then go on to the closure testing stage. Proofs are finite objects so if a sentence X is provable, it has a proof in which some finite number of γ rule applications have been made. Consequently, if X is valid it will be provable at some Q-depth. So in principle, by trying higher and higher values for Q-depth a proof of any valid sentence will eventually be discovered. (...) On the other hand, being invalid is equivalent to being unprovable at *every* Q-depth, and this is something no implementation can discover for us, since infinitely many proof attempts would have to be made. Fitting (1990, pp. 162–163).

Le parallèle entre profondeur de quantificateur et rang de répétition est évident. Bien qu'analogues, ils ne sont pas tout à fait identiques parce que la profondeur de quantificateur concerne le tableau entier tandis que le rang de répétition s'applique à une seule formule dans une partie dialogique. D'autre part les rangs s'appliquent à tout type de formule dans un dialogue, tandis que la profondeur de quantificateur est introduite spécifiquement pour les applications de la règle γ. Mais malgré ces différences, l'idée derrière la manifestation de la semi-décidabilité est la même. Les formules prouvables par la méthode des tableaux sont prouvables pour quelque valeur de profondeur de quantificateur tout comme, quand c'est le cas, c'est pour quelque rang qu'il y a une stratégie de victoire pour **P** pour des formules. Pareillement, toutes les profondeurs de quantificateur — ou tous les rangs possibles pour **P** — devraient être vérifiées pour les formules non prouvables — ou pour lesquelles il n'y a pas de **P** stratégie de victoire.

En conclusion de cette section, l'analyse dialogique du problème de la décidabilité a mis en avant l'influence déterminante de la présence de règles infinitaires et de la possibilité de les contourner ou non pour pouvoir appliquer le test des feuilles. Dans la mesure où tous les types de jeu dialogiques contiennent au moins la règle infinitaire mettant en jeu les rangs de répétition, ceux-ci se sont révélés intimement connectés à la manifestation dialogique de la décidabilité (ou non) d'une logique. Dans la suite de ce chapitre, nous continuons à étudier l'indécidabilité des jeux dialogiques de premier ordre. Cette fois, nous montrons comment le problème de leur décidabilité peut être réduit à un problème de théorie de la récursion dont on sait qu'il n'est pas solvable.

2 Réduction à un problème de théorie de la récursion

Il existe plusieurs approches pour démontrer l'indécidabilité de la logique du premier ordre. Une manière est de montrer que l'ensemble des nombres de Gödel des théorèmes de la logique du premier ordre n'est pas récursif, et donc pas effectivement calculable. Cette méthode passe par un travail important, notamment à propos de la représentabilité des fonctions récursives.[69] Une autre manière standard pour démontrer le résultat est de montrer l'équivalence entre le problème d'une méthode de décision pour la logique du premier ordre et le problème de l'arrêt. Ce problème en théorie de la calculabilité consiste à déterminer, étant donné une machine de Turing quelconque, à déterminer si celui-ci finira par s'arrêter ou continuera sans fin. Si la logique de premier ordre était décidable, le problème de l'arrêt serait solvable. Mais Alan Turing a montré en 1936 que ce dernier n'est pas solvable.[70]

Une autre possibilité est de ramener la question à un problème de théorie de la récursion qui est appelé *problème de la nullité* dans Boolos *et al.* (2007, chapitre 11). Le fait que ce problème est insolvable permet alors de conclure à l'indécidabilité de la logique du premier ordre. Pour opérer cette réduction, il s'agit de montrer que l'on peut simuler la construction de fonctions récursives primitives et ainsi correctement représenter le problème de la nullité. De sorte que si l'on peut décider de la validité de la formule exprimant ce problème alors on peut résoudre le problème.

La démonstration que nous présentons dans cette section est une adaptation directe, assez évidente, de cette méthode de démonstration. Avec

---

69. Voir par exemple les chapitres 16 et 17 de Boolos *et al.* (2007).
70. Turing (1936). Voir aussi Kleene (1952, chapitre 13).

elle, nous montrons du même coup que les jeux dialogiques de premier ordre permettent aussi de manipuler les fonctions récursives et donc de dresser l'équivalence entre le problème de la nullité et celui de l'existence d'une **P** stratégie de victoire. Nous commençons par rappeler quelques éléments relatifs aux fonctions récursives et qui sont nécessaires pour cette section, puis en quoi consiste le problème de la nullité. Nous passons ensuite à l'adaptation de la démonstration de Boolos *et al.* (2007).

2.1 Fonctions récursives primitives et problème de la nullité

Dans ce qui suit, toute fonction mentionnée est une fonction sur les nombres naturels $\mathbb{N}$.

Définition 3.1 (Fonctions récurisives basiques). Les fonctions suivantes sont des fonctions récursives basiques :
- La fonction zéro : $z(x) = 0$ pour tout x,
- La fonction successeur : $s(x) = x'$ pour tout x,
- Les fonctions d'identité : $Id_i^n(x_1, \ldots, x_i, \ldots, x_n)x_i$ pour chaque n.

Nous considérons maintenant les deux opérations suivantes sur des fonctions :
- Composition :

$$h(x_1, \ldots, x_n) = f\big(g_1(x_1, \ldots, x_n), \ldots, g_m(x_1, \ldots, x_n)\big)$$

- Récursion primitive :

$$\begin{aligned} h(x, 0) &= f(x) \\ h(x, y') &= g\big(x, y, h(x, y)\big) \end{aligned}$$

On peut maintenant définir les fonctions récursives primitives comme suit :

Définition 3.2 (Fonctions récursives primitives).

(i) Les fonctions récursives basiques sont récursives primitives.

(ii) Toute fonction obtenue à partir de fonctions récursives basiques par Composition ou Récursion primitive est une fonction récursive primitive.

Le problème de nullité s'énonce alors dans les termes suivants. Soit f une fonction binaire récursive primitive. Le problème consiste à fournir une procédure qui, étant donné un m quelconque, détermine avec justesse en un temps fini s'il y a ou non un n tel que $f(m, n) = 0$. Or, ce problème n'est pas solvable. [71] Ainsi, si l'on prouve que le problème de l'existence de **P** stratégies de victoire en dialogique de premier ordre est équivalent au problème de nullité, il est possible de montrer que le problème dialogique est lui-même indécidable.

2.2   Démonstration

Il s'agit de montrer que le problème de l'existence d'une **P** stratégie de victoire peut se ramener au problème de la nullité. La preuve que nous présentons est une adaptation de celle que l'on trouve dans Boolos *et al.* (2007), chapitre 11. L'idée est de considérer un langage de premier ordre qui soit interprété sur les fonctions récursives, et notamment une des formules de ce langage pour représenter le problème de la nullité. Dès lors, il faut montrer qu'il n'y a pas de **P** stratégie de victoire dans le jeu dialogique pertinent si et seulement s'il n'y a pas de n tel que $f(m, n) = 0$.

Pour commencer, rappelons que la fonction f est récursive primitive. Par la Définition 3.2, il est donc possible de donner une liste finie de fonctions $f_1, \ldots, f_r$ telle que :

- f_r est f,
- Chaque f_i est une fonction récursive basique, ou bien obtenue par composition ou récursion primitive à partir d'une fonction précédente dans la liste.

On considère un langage de premier ordre ayant les symboles non-logiques suivants : 0, ′ et, pour chaque f_i de la liste ci-dessus, un symbole de fonction f^i de l'arité adéquate. L'étape suivante est de considérer, pour chaque fonction f_i de la liste, les phrases suivantes de ce langage :

(1) $\forall x f^i(x) = 0$ si f_i est z,

(2) $\forall x f^i(x) = x'$ si f_i est s,

(3) $\overline{\forall x} f^i(\overline{x}) = x_k$ si f_i est Id_k^n

(4) Si f_i est obtenue par composition à partir de f_k et $f_{j_1}, \ldots, f_{j_p}$:
$$\overline{\forall x} f^i(\overline{x}) = f^k\big(f^{j_1}(\overline{x}), \ldots, f^{j_p}(\overline{x})\big)$$

(5) Si f_i est obtenue par récursion primitive à partir de f_j et f_k :
$$\overline{\forall x} f^i(\overline{x}, 0) = f^j(\overline{x}) \text{ et}$$
$$\overline{\forall x}\forall y f^i(\overline{x}, y') = f^k\big(\overline{x}, y, f^i(\overline{x}, y)\big)$$

Dans ces phrases, $\overline{x}$ est une abréviation pour $x_1, \ldots, x_n$ et $\overline{\forall x}$ pour $\forall x_1, \ldots, \forall x_n$.

---

71. Boolos *et al.* (2007) chapitres 8 et 11.

92

Posons que Γ est l'ensemble de toutes ces phrases, et que φ est la phrase $\exists y f^r(x,y) = 0$. Notre but est de montrer qu'il y a une stratégie de victoire pour $\mathbf{P}$ dans $\mathcal{D}(\Gamma,\varphi)$ si et seulement s'il y a un n tel que $f(m,n) = 0$. En démontrant cela, on ramène le problème de l'existence de $\mathbf{P}$ stratégies de victoire au problème de nullité, ce qui nous permet de conclure que la dialogique de premier ordre est indécidable.

Avant de donner la démonstration de ce résultat, il est utile d'expliquer la notation $\mathcal{D}(\Gamma,\varphi)$ que nous n'avons pas rencontré jusqu'ici. Cette expression dénote le jeu dialogique pour la thèse φ *sous concession* Γ. Dans de tels jeux, l'Opposant commence par jouer chaque membre de l'ensemble Γ comme autant de concessions (ainsi nommées car l'Opposant aura à justifier ces coups). Ensuite le Proposant joue la thèse et le jeu se poursuit selon les règles habituelles. Par rapport aux jeux que nous avons considérés jusqu'ici, ces jeux ne diffèrent que par un seul aspect, à savoir que le Proposant a la possibilité d'attaquer les concessions de l'Opposant. Les jeux de type $\mathcal{D}(\varphi)$ ne sont finalement que des cas particuliers dans lesquels Γ est vide.[72] Nous passons maintenant à la démonstration :

Démonstration. Considérons le jeu $\mathcal{D}(\Gamma,\varphi)$.

Pour raisonner par contraposition, supposons tout d'abord qu'il n'y a pas de n tel que $f(m,n) = 0$. Alors le Proposant n'a pas de défense efficace de la thèse $\exists y f^r(x,y) = 0$. L'Opposant attaque la thèse et, par hypothèse, il n'y a pas de c tel que $f^r(x,c) = 0$. Le Proposant n'a donc pas la possibilité de gagner dans $\mathcal{D}(\Gamma,\varphi)$ en défendant la thèse. Donc toute stratégie de victoire pour lui dans ce jeu consiste à attaquer les concessions de l'Opposant, c'est-à-dire les formules dans Γ. Mais Γ est cohérent par construction, donc l'Opposant est toujours capable de défendre l'ensemble de ses concessions. Il s'ensuit que le Proposant ne peut pas gagner non plus en attaquant les concessions, et donc que $\mathbf{P}$ n'a pas de stratégie de victoire dans $\mathcal{D}(\Gamma,\varphi)$. Par conséquent, si $\mathbf{P}$ a une stratégie de victoire dans $\mathcal{D}(\Gamma,\varphi)$ alors il y a un n tel que $f(m,n) = 0$.

Pour l'autre direction, on dit que Γ est adéquat pour f_i s'il y a une $\mathbf{P}$ stratégie de victoire dans $\mathcal{D}\big(\Gamma, f^i(a_1,\ldots,a_n) = b\big)$ à chaque fois que $f_i(a_1,\ldots,a_n) = b$. Il faut alors montrer que Γ est adéquat pour chaque f_i. Cela est immédiat dans le cas où f_i est une fonction récursive basique, et demande un peu plus de détails pour vérifier que l'adéquation est

---

72. Il est ainsi possible de généraliser les résultats du chapitre précédent : l'algorithme de traduction peut assez facilement être adapté pour la correspondance entre $\mathbf{P}$ stratégies dans $\mathcal{D}(\Gamma,\varphi)$ et tableaux pour $\Gamma \models \varphi$.

conservé par la composition et la récursion primitive. Une démonstration détaillée peut s'obtenir en adaptant celle donnée dans Boolos *et al.* (2007) (voir en particulier le Lemme 11.3). Dans tous les cas, l'idée générale est la suivante : par construction, Γ contient pour chaque f_i qui nous intéresse une phrase du langage du type (1), (2), (3), (4) ou (5) listés ci-dessus. L'Opposant, qui a affirmé ces phrases en concession, doit donc les défendre quand le Proposant les attaque. Le Proposant peut alors copier la manière de jouer de l'Opposant pour défendre avec succès la thèse en question et être ainsi toujours capable de gagner. Ainsi, pour chaque f_i de la liste $f_1, \ldots, f$, il y a une **P** stratégie de victoire dans $\mathcal{D}\big(\Gamma, f^i(a_1, \ldots, a_n) = b\big)$, et Γ est donc adéquat pour chacune de ces f_i.

En particulier, Γ est adéquat pour f. Supposons donc qu'il y a un n tel que $f(m, n) = 0$. Puisque Γ est adéquat pour f, il y a une stratégie de victoire pour **P** dans $\mathcal{D}\big(\Gamma, f^r(x, y) = 0\big)$. Donc il y a une **P** stratégie de victoire dans $\mathcal{D}(\Gamma, \varphi)$. Ceci conclut la démonstration de la deuxième direction et du résultat. ∎

On peut alors conclure, puisque le problème de nullité n'est pas solvable, que le problème de l'existence d'une **P** stratégie de victoire n'est pas décidable en dialogique de premier ordre.

Cette démonstration passe par un rapprochement entre la question de l'existence de **P** stratégies de victoire et un autre problème indépendant de la dialogique, le problème de la nullité. En ce sens, il s'agit donc d'une démonstration indirecte puisqu'on utilise ce que l'on sait sur cet autre problème, c'est-à-dire qu'il n'est pas solvable. L'approche intuitive de la section 1 avait l'avantage de fournir un éclairage interne à la dialogique sur la question de la décidabilité, et il est légitime de chercher à fournir une démonstration détaillée qui fournisse un tel éclairage interne. Nous concluons ce chapitre en proposant une direction à explorer pour obtenir un résultat de ce genre.

Puisque le problème concerne l'existence de stratégies de victoire pour le Proposant, un point de départ évident est de porter d'avantage d'attention à la notion de stratégie dans les jeux dialogiques. Dans les chapitres précédents, nous avons abordé les stratégies du point de vue de leur forme extensive, ce qui est commode pour étudier la relation entre jeux dialogiques et tableaux et prouver des théorèmes de fiabilité et complétude. Ce faisant, on met de côté le fait que les stratégies sont au départ des fonctions qui ont des parties non terminales comme arguments et prennent leurs valeurs dans les coups autorisés aux joueurs. La direction que nous proposons est de nous attacher à approfondir l'étude des stratégies en tant que fonctions plutôt que de passer par leur représentation en arbre.

L'idée est de chercher à caractériser de manière aussi précise que possible le genre de fonctions que sont les stratégies de manière à découvrir dans leurs propriétés une explication de la décidabilité de la dialogique propositionnelle et de l'indécidabilité de la dialogique de premier ordre. Il est difficile de spéculer sur le genre de résultat qu'une telle recherche permettrait de dégager, mais une première voie à suivre est de chercher ce qui diffère entre les stratégies en dialogique propositionnelle et en dialogique de premier ordre qui permette d'expliquer ce que nous avons relevé en section 1, c'est-à-dire que l'on peut réduire l'analyse à $\mathcal{D}^{1,2}(\varphi)$ dans le cas propositionnel et pas dans le cas du premier ordre. Bien que cette direction de recherche soit très générale et imprécise, obtenir un résultat permettrait de donner une perspective formelle précise, complètement interne à la dialogique et mettant directement en jeu les rangs sur la question de la décidabilité.

Deuxième partie

CHAPITRE 4

DIALOGIQUE MODALE BASIQUE

La deuxième partie de ce travail concerne l'approche dialogique de certains langages modaux. Comme dans la première partie, notre propos est d'explorer à la fois les spécificités de la sémantique dialogique et la comparaison avec les tableaux. Les pratiques argumentatives sont au coeur de la théorie dialogique de la signification. Il y a cependant un aspect qui n'est pas pris en compte dans les sémantiques étudiées en première partie, à savoir la contextualisation des arguments et informations apparaissant au cours d'un débat argumentatif. Les sémantiques que nous avons considérées jusqu'ici reposent sur l'hypothèse implicite que le contexte reste unifié tout au long d'un débat, et que tout ce qui se passe durant ce débat se rapporte à une même situation et reste toujours disponible. Par exemple, une formule atomique reste disponible pour le Proposant dès lors qu'elle a été préalablement jouée par l'Opposant.[73] On suppose donc que les circonstances au cours d'un débat ne changent pas, ou que leurs changements n'affectent pas les conditions de justification des énoncés. Il y a cependant plusieurs exemples suggérant que cette hypothèse d'unité contextuelle est trop forte : une argumentation peut être relativisée selon différents types de conditions, par exemple la temporalité. Il paraît alors souhaitable de lever cette hypothèse implicite. Le cadre dialogique permet cela en introduisant ce que nous appellerons dans cette partie des *contextes dialogiques*.

On se donne un ensemble de signes dénotant ces contextes et qui sont partie intégrante des coups des joueurs. L'idée est que les coups sont alors relativisés à un contexte, de sorte qu'il est possible de réguler la manière dont les contextes changent et dont ces changements affectent le processus argumentatif. Maintenant que nous avons introduit l'idée des contextes dialogiques, il est possible de décrire de manière générale la

---

73. En tout cas selon les règles de la dialogique classique. La restriction intuitionniste (chapitre 1) peut avoir pour effet de restreindre cette disponibilité. En ce sens, la dialogique intuitionniste présente une certaine relativité de la disponibilité de l'information. Voir Keiff (2007, chapitre 4).

signification des modalités du point de vue dialogique. Celles-ci se manifestent par l'ajout d'opérateurs modaux dans le langage-objet, dont la signification est donnée par des règles locales. Le point important est que ces règles stipulent qu'attaquer ou défendre une formule dont l'opérateur principal est modal implique un changement de contexte dialogique. Les changements de contextes relèvent d'un choix par les joueurs, et une autre particularité importante des règles locales est qu'elles stipulent lequel des joueurs choisit le contexte pour la suite de l'argumentation. L'importance de la distinction entre règles locales et règles structurelles prend une dimension supplémentaire de le cas de la dialogique modale : nous verrons que dans le cadre dialogique les différences entre logiques modales se manifestent par des différences dans les règles structurelles qui contrôlent les conditions auxquelles les joueurs peuvent ou non changer de contexte durant le débat argumentatif, tandis que les règles locales pour ces opérateurs modaux restent les mêmes.

Le lecteur constatera que la notion de contexte dialogique reste très abstraite dans ce travail. Une raison est que nous nous intéressons à divers concepts dialogiques de validité : tout comme celui des formules du langage-objet, le « contenu » de ce qu'on appelle un contexte dialogique n'est pas pertinent dans cette perspective. Mais au-delà d'une notion dialogique de validité, notre propos est de décrire de manière générale l'approche dialogique de la signification d'énoncés modaux au sein d'une argumentation. On sait que cette approche passe par des règles locales et que celles-ci ont pour fonction de décrire de manière abstraite la façon dont certains énoncés peuvent être attaqués et défendus. Ces règles ne peuvent donc pas être influencées par quelque interprétation sous-jacente de ce qu'est un contexte : elles n'ont pour fonction que de décrire la manière dont la signification des opérateurs modaux est de provoquer des changements de contextes.

Concernant la comparaison avec les tableaux, cette partie contient deux contributions. D'une part, nous mentionnons la manière dont l'algorithme présenté au chapitre 2 peut être adapté pour obtenir une preuve de fiabilité et complétude pour la dialogique modale **K**. D'autre part l'étude des opérateurs dits « globaux » dans le chapitre 5 fournit l'occasion de rapprocher le mécanisme des rangs d'un autre mécanisme utilisable pour garantir la terminaison des tableaux.

Dans ce court chapitre nous rappelons l'approche dialogique pour le langage modal basique. La dialogique modale a été introduite dans Rahman et Rückert (1999). Parmi les autres travaux on peut citer : Keiff

(2007), Fontaine et Redmond (2008) et Keiff (2009). Par rapport à ces travaux, notre approche se distingue principalement une fois de plus par l'utilisation des rangs de répétition. Une autre différence, sur laquelle nous insisterons dans la section 1.1, est que nous décrivons l'usage des contextes dialogiques uniquement en termes d'interaction entre les joueurs, sans utiliser une relation d'accessibilité.[74] Ce chapitre est l'occasion d'introduire des éléments de dialogique modale qui seront également valables pour les chapitres suivants.

Nous nous concentrons sur deux types de jeux dialogiques, respectivement adéquats pour les logiques modales **K** et **S5**. Par adéquats nous voulons dire que les formules pour lesquelles il y a une **P** stratégie de victoire dans $\mathcal{D}^{\mathbf{K}}(\varphi)$ ou $\mathcal{D}^{\mathbf{S5}}(\varphi)$ sont précisément les théorèmes de **K** ou de **S5**. Nous en fournirons la démonstration pour **K** en décrivant la manière dont l'algorithme du chapitre 2 peut être adapté pour obtenir un Théorème de Fiabilité et Complétude des tableaux pour la logique **K**. Nous ne ferons que mentionner les jeux dialogiques pour d'autres logiques modales, qui ont été étudiés dans les travaux que nous avons cités précédemment. Nous nous concentrons sur **K** et **S5** en raison des sujets que nous traitons dans les chapitres suivants : le chapitre 5 traite des jeux dialogiques pour **K** appliqués au langage modal basique enrichi par un opérateur global, tandis que le chapitre 6 traite des jeux dialogiques pour **S5** dans le cas du langage modal basique enrichi par l'opérateur d'actualité.

Pour rappel, le langage modal basique est défini comme suit :

Définition 4.1. Le langage $\mathcal{L}_{LMB}$ est construit sur :
   – Un ensemble dénombrable Φ de lettres propositionnelles : $p, q, r, \ldots$,
   – Les connecteurs propositionnels $\{\wedge, \vee, \rightarrow, \neg\}$,
   – Les opérateurs modaux unaires $\{\Box, \Diamond\}$.

L'ensemble $Form_{LMB}$ des expressions bien formées φ de $\mathcal{L}_{LMB}$ est donné par :

$$\varphi ::= p \mid \varphi \wedge \varphi \mid \varphi \vee \varphi \mid \varphi \rightarrow \varphi \mid \neg\varphi \mid \Box\varphi \mid \Diamond\varphi,$$

où $p \in \Phi$.

1   Jeux dialogiques pour K et S5

Puisque nous considérons maintenant des langages modaux, rappelons que le nom d'un contexte est maintenant ajouté à un acte de langage

---

74. Fontaine et Redmond (2008) et Keiff (2007) décrivent explicitement l'usage des contextes dialogiques en termes de relation d'accessibilité.

comme nous l'avons brièvement mentionné dans le chapitre 1. C'est-à-dire qu'un acte de langage est de la forme $\mathbf{X} \, f \, e : c_i$, où $\mathbf{X}$ est un joueur, f est une force, e est une formule ou une structure d'action et c_i est un nom de contexte tiré d'un ensemble (non-vide, dénombrable) $\mathbb{C}$.

Les changements de contexte dialogique ainsi que les conditions sous lesquelles de tels changements sont effectués font partie de la sémantique des opérateurs modaux. Plus précisément, la sémantique locale des opérateurs modaux stipule que ceux-ci permettent à un l'un des joueurs d'initier un changement de contexte tandis que les conditions sous lesquelles les joueurs peuvent effectuer un tel changement sont définies par une règle structurelle. Si l'on peut considérer diverses alternatives pour cette règle structurelle, la sémantique locale de $\square$ et $\lozenge$ reste la même dans les différents jeux. Encore une fois, la sémantique dialogique se caractérise par une forme d'unité de la signification des constantes logiques au niveau local en même temps que par une flexibilité — via les règles structurelles — propre à faire du cadre dialogique une approche suffisamment riche pour donner des sémantiques pour diverses logiques, ici modales.

1.1 Règles locales et règles structurelles pour K

Les règles locales pour la dialogique modale sont données en Table 4.1. Ces règles sont communes à tous les types de jeux dialogiques que nous étudions dans cette partie. Les règles pour les connecteurs propositionnels sont les règles habituelles, si ce n'est que les contextes dialogiques y ont été ajoutés.

Dans la règle pour l'opérateur $\lozenge$, $[! \, \varphi : c_1]^{\infty}$ est une abréviation pour $[! \, \varphi : c_1, ! \, \varphi : c_2, ! \, \varphi : c_3, \dots]$. C'est donc une structure d'action complexe avec une infinité d'actions parmi lesquelles le défenseur $\mathbf{X}$ choisit d'effectuer une action.

La sémantique locale des opérateurs modaux présente une certaine ressemblance avec celle donnée dans le chapitre 2 pour les quantificateurs. Tout comme l'attaquant choisit une constante d'individu en questionnant un $\forall$, il choisit un contexte pour attaquer un $\square$. De même, le défenseur choisit un contexte pour défendre un $\lozenge$ comme il choisit une constante d'individu pour défendre un $\exists$. Il y a cependant une limite importante à cette ressemblance : dans le cas des quantificateurs le joueur ayant le choix peut sélectionner n'importe quelle constante d'individu, mais dans le cas des opérateurs modaux ses choix sont limités. La disponibilité des contextes est déterminée par une règle structurelle. On peut alors envisager de nombreuses conditions de disponibilité donnant lieu

Affirmation	$\mathbf{X} \,!\, \varphi \vee \psi : c_i$	$\mathbf{X} \,!\, \varphi \wedge \psi : c_i$
Attaque	$\mathbf{Y} \,?\, [!\varphi : c_i, !\psi : c_i] : c_i$	$\mathbf{Y} \,?\, !\varphi : c_i$ ou $\mathbf{Y} \,?\, !\psi : c_i$
Défense	$\mathbf{X} \,!\, \varphi : c_i$ ou $\mathbf{X} \,!\, \psi : c_i$	$\mathbf{X} \,!\, \varphi : c_i$ ou $\mathbf{X} \,!\, \psi : c_i$

Affirmation	$\mathbf{X} \,!\, \varphi \to \psi : c_i$	$\mathbf{X} \,!\, \neg\varphi : c_i$
Attaque	$\mathbf{Y} \,!\, \varphi : c_i \,;\, \mathbf{Y} \,?\, !\psi : c_i$	$\mathbf{Y} \,!\, \varphi : c_i$
Défense	$\mathbf{X} \,!\, \psi : c_i$	$--$

Affirmation	$\mathbf{X} \,!\, \Box\varphi : c_i$	$\mathbf{X} \,!\, \Diamond\varphi : c_i$
Attaque	$\mathbf{Y} \,?\, [!\varphi : c_j] : c_i$	$\mathbf{Y} \,?\, [!\varphi : c_j]^{\infty} : c_i$
Défense	$\mathbf{X} \,!\, \varphi : c_j$	$\mathbf{X} \,!\, \varphi : c_{j=1}^{\infty}$

Où c_j est *disponible* pour $\mathbf{Y}$ dans la règle pour $\Box$, et pour $\mathbf{X}$ dans la règle pour $\Diamond$.

Table 4.1: Règles de particules (Jeux modaux basiques)

à diverses versions de cette règle structurelle et donc à différents jeux dialogiques pour $\mathcal{L}_{LMB}$: c'est à ce niveau que l'on trouve les différences entre différentes logiques modales.

Ainsi, les jeux dialogiques modaux se distinguent par l'ajout d'une règle structurelle régissant les choix de contextes par les joueurs. Les autres règles structurelles sont sensiblement les mêmes que celles que nous avons données pour la logique de premier ordre, si ce n'est qu'elles sont légèrement modifiées pour prendre en compte les contextes dialogiques.

Règle de Départ (RS0) 1. Soit φ une formule complexe de $\mathcal{L}_{LBM}$ et $c_1 \in \mathbb{C}$. Pour toute partie $\Delta \in \mathcal{D}(\varphi)$, on a :

(i) $\mathrm{p}_\Delta(\mathbf{P} \,!\, \varphi : c_1) = 0$,

(ii) $\mathrm{p}_\Delta(\mathbf{O}\,(\mathbf{n} := \mathbf{r}_1) : c_1) = 1$ et $\mathrm{p}_\Delta(\mathbf{P}\,(\mathbf{m} := \mathbf{r}_2) : c_1) = 2$,

(iii) Si $\mathrm{p}_\Delta(M)$ est pair alors M est un coup de $\mathbf{P}$; si $\mathrm{p}_\Delta(M)$ est impair alors M est un coup de $\mathbf{O}$,

(iv) Pour tout $M \in \Delta$ tel que $\mathrm{p}_\Delta(M) > 2$, on a $\mathrm{F}_\Delta(M) = [m', Z]$ tel que $Z \in \{A, D\}$ et $m' < \mathrm{p}_\Delta(M)$.

On appelle c_1 le contexte *initial* du jeu.

Règle Classique de Déroulement (RS1) 1. Soient $\mathbf{r}$ le rang de répétition du joueur $\mathbf{X}$ et Δ une partie dans $\mathcal{D}(\varphi)$ telle que :

– le dernier membre de Δ est un coup de $\mathbf{Y}$,

– $M_0 \in \Delta$ est un coup de $\mathbf{Y}$ quelconque, avec $\mathrm{p}_\Delta(M_0) = m_0$,

– $M_1, \ldots, M_n \in \Delta$ sont n coups de $\mathbf{X}$ tels que $\mathrm{F}_\Delta(M_1) = \mathrm{F}\Delta(M_2) = \ldots = \mathrm{F}_\Delta(M_n) = [m_0, Z]$, où $Z \in \{A, D\}$.

Soit la séquence $\Delta^\frown N$ telle que $N = \mathbf{X}\, f\, e : c_i$ et $\mathrm{F}_{\Delta^\frown N}(N) = [m_0, Z]$. La séquence $\Delta^\frown N$ est une partie dans $\mathcal{D}(\varphi)$ seulement si $n < \mathbf{r}$.

Règle Formelle (RS2) 1. Soient :

– ψ une formule atomique quelconque,

– c_i un contexte dialogique quelconque,

– $N = \mathbf{P}\,!\,\psi : c_i$,

– $M = \mathbf{O}\,!\,\psi : c_i$.

Une séquence Δ est une partie seulement si la condition suivante est respectée : si $N \in \Delta$ alors $M \in \Delta$ et $\mathrm{p}_\Delta(M) < \mathrm{p}_\Delta(N)$.

La Règle de Départ et la Règle Formelle sont donc modifiées pour tenir compte des contextes dialogiques. Le contexte associé à la thèse est le contexte initial du débat. Il s'agit d'un contexte arbitraire dont on sait que le Proposant peut l'utiliser parce que $\mathbb{C}$ est supposé non vide. La restriction formelle est quant à elle circonscrite aux informations élémentaires énoncées dans un même contexte de sorte que le Proposant ne peut reprendre une information introduite par l'Opposant que pour l'énoncer dans les mêmes conditions, c'est-à-dire au même contexte dialogique. C'est évidemment cette version de la règle formelle qui reflète les contraintes sur la disponibilité des informations qui nous intéressent et qui fournissent la motivation des jeux dialogiques modaux.

Ainsi que nous l'avons mentionné, il faut ensuite une règle pour la disponibilité des contextes. Pour la formuler, il est utile d'introduire la convention d'écriture suivante. On dit que $\mathbf{X}$ a choisi c_j à c_i dans la partie Δ dans les cas suivants :

i. Il y a un $M \in \Delta$ tel que $M = \mathbf{X}\,?\,[!\,\psi : c_j] : c_i$,

ii. Il y a $M_1, M_2 \in \Delta$ tels que $M_1 = \mathbf{Y}\,?\,[!\,\psi : c_j]^\infty : c_i$, $M_2 = \mathbf{X}\,!\,\psi : c_j$ et $\mathrm{F}_\Delta(M_2) = [m_1, D]$.

La première version de la Règle de Disponibilité que nous considérons pose de fortes contraintes sur les contextes disponibles pour le Proposant :

Règle K de Disponibilité des Contextes (RS3-K) 4. Soit $\Delta \in \mathcal{D}(\varphi)$ dont le dernier membre est un $\mathbf{O}$ coup.

1. Supposons $M_0 \in \Delta$ avec $M_0 = \mathbf{O}\,!\,\Box\psi : c_i$ et $\mathrm{p}_\Delta(M) = m_0$. Soit $\Delta^\frown N$ la séquence telle que $\mathrm{F}_{\Delta^\frown N}(N) = [m_0, A]$. On a $\Delta^\frown N \in$

$\mathcal{D}(\varphi)$ si et seulement si $RS1$ est respectée et **O** a choisi c_j à c_i dans Δ.

2. Supposons $M_0 \in \Delta$ avec $M_0 = \mathbf{O} \ ? \ [! \ \psi : c_j]^\infty : c_i$ et $\mathrm{p}_\Delta(M) = m_0$. Soit $\Delta^\frown N$ la séquence telle que $\mathrm{F}_{\Delta^\frown N}(N) = [m_0, D]$. On a $\Delta^\frown N \in \mathcal{D}(\varphi)$ si et seulement si $RS1$ est respectée et **O** a choisi c_j à c_i dans Δ.

On dit alors que c_j est disponible à c_i pour **P**.

Le Proposant ne peut donc choisir un contexte c_j à (partir de) c_i pour attaquer un $\square$ ou défendre un $\lozenge$ que si l'Opposant a déjà choisi c_j à c_i auparavant. Contrairement au Proposant, l'Opposant n'est limité par aucune restriction sur la disponibilité des contextes. La règle $RS3$-K établit donc (implicitement) que n'importe quel contexte est disponible à c_i pour **O**. En particulier, l'Opposant a la possibilité d'*introduire* des contextes, c'est-à-dire de choisir des contextes qui sont nouveaux.

La disponibilité ou non de certains contextes n'est définie qu'en vertu de l'interaction entre les joueurs, et notamment à travers les choix qui ont précédé dans la partie. Il n'est pas nécessaire d'alourdir la sémantique en introduisant une relation binaire entre contextes qui intervienne dans les règles du jeu comme dans Fontaine et Redmond (2008) ou Damien *et al.* (2004). Mais bien que superflue, un tel ajout peut se justifier à la lumière de la comparaison entre la sémantique dialogique et la traditionnelle sémantique relationnelle, comparaison que nous mentionnons dans la prochaine section.

Pour finir, la Règle de Victoire est la règle habituelle :

Règle de Victoire (RS4) 1. Soit une partie $\Delta \in \mathcal{D}(\varphi)$. Le joueur **X** gagne Δ si et seulement si Δ est **X**-terminale.

Puisque la sémantique dialogique ainsi définie est censée coïncider avec la sémantique relationnelle pour **K**, il n'est pas étonnant qu'il y ait une **P**-stratégie de victoire dans $\mathcal{D}^K\big(\square(p \to q) \to (\square p \to \square q)\big)$, comme on peut le constater en généralisant sur la partie qui suit.

Exemple 4.1.

		O			**P**		
					$\Box(p \to q) \to (\Box p \to \Box q)$	c_1	0
1	c_1	n := 1			m := 2	c_1	2
3	c_1	$\Box(p \to q)$	(0)		$\Box p \to \Box q$	c_1	4
5	c_1	$\Box p$	(4)		$\Box q$	c_1	6
7	c_1	$?\,[!\,q : c_2]$	(6)		q	c_2	14
9	c_2	$p \to q$		(3)	$?\,[!\,p \to q : c_2]$	c_1	8
11	c_2	p		(5)	$?\,[!\,p : c_2]$	c_1	10
13	c_2	q		(9)	p	c_2	12

Explications. Pour des raisons de lisibilité, il est utile de noter les contextes dans une colonne à part. À partir du moment où **O** choisit c_2 à c_1 au coup 7, le Proposant peut en faire autant pour attaquer les coups 3 et 5 de manière à obtenir les informations élémentaires p puis q au contexte c_2 et ainsi gagner la partie. On constate facilement que ni répétitions ni choix différents de contextes n'amélioreraient les perspectives de l'Opposant. Ceci indique qu'il y a une stratégie de victoire pour **P** dans ce jeu dialogique.

1.2 Règles structurelles pour S5

Les jeux dialogiques pour **S5** sont définis par les mêmes règles que ceux pour **K** à l'exception de *RS3*. Contrairement à *RS3-K* la règle *RS3-S5* est beaucoup plus permissive à propos des contextes disponibles pour **P**. De manière générale, c'est donc sur la disponibilité des contextes pour les joueurs que varient les différentes sémantiques dialogiques modales et par conséquent sur les possibilités d'attaque et de défense des participants au cours d'un débat argumentatif. De nombreuses combinaisons de permissions et interdictions sont possibles, et quelques exemples sont donnés plus loin dans le chapitre. La règle $RS3\text{-}-S5$ est la suivante :

Règle S5 de Disponibilité des Contextes (RS3-S5) 1. Soit $\Delta \in \mathcal{D}(\varphi)$ dont le dernier membre est un **O** coup.

1. Supposons $M_0 \in \Delta$ avec $M_0 = \mathbf{O}\,!\,\Box\psi : c_i$ et $\mathrm{p}_\Delta(M) = m_0$. Soit $\Delta^\frown N$ la séquence telle que $\mathrm{F}_{\Delta^\frown N}(N) = [m_0, A]$. On a $\Delta^\frown N \in \mathcal{D}(\varphi)$ si et seulement si $RS1$ est respectée et l'une des conditions suivantes est vérifiée :
   - **O** a choisi c_j à c_i dans Δ.
   - $c_j = c_i$.
   - **O** a choisi c_i à c_j dans Δ.
   - Il y a un c_k tel que c_k est disponible à c_i et c_j est disponible à c_k pour **P** dans Δ.

2. Supposons $M_0 \in \Delta$ avec $M_0 = \mathbf{O}$? $[!\,\psi : c_j]^\infty : c_i$ et $\mathrm{p}_\Delta(M) = m_0$. Soit $\Delta^\frown N$ la séquence telle que $\mathrm{F}_{\Delta^\frown N}(N) = [m_0, D]$. On a $\Delta^\frown N \in \mathcal{D}(\varphi)$ si et seulement si $RS1$ est respectée et l'une des conditions suivantes est vérifiée :

   - $\mathbf{O}$ a choisi c_j à c_i dans Δ.
   - $c_j = c_i$.
   - $\mathbf{O}$ a choisi c_i à c_j dans Δ.
   - Il y a un c_k tel que c_k est disponible à c_i et c_j est disponible à c_k pour $\mathbf{P}$ dans Δ.

Certaines des conditions posées par $RS3$-$S5$ évoquent les fameuses conditions de cadres fréquemment rencontrées dans la sémantique relationnelle pour $\mathcal{L}_{LMB}$: on y devine les notions de réflexivité, de symétrie et de transitivité. En fait, on peut formuler ces conditions en termes de la relation de disponibilité entre contextes. Dans le cas de $RS3$-$S5$ la règle n'exprime alors rien d'autre que le fait que la disponibilité est une relation d'équivalence. La correspondance avec les propriétés de la relation d'accessibilité entre mondes dans la sémantique relationnelle apparaît alors clairement. [75]

D'après nous il ne faut pourtant pas conclure que, par rapport à la sémantique relationnelle, on n'a finalement rien fait d'autre qu'échanger « mondes » et « accessibilité » contre « contextes » et « disponibilité ». La différence principale entre l'approche dialogique et la sémantique modèle-théorique demeure, à savoir que la signification des énoncés ne repose pas sur la notion de vérité. Dans le cadre de la dialogique, l'affirmation par exemple d'une nécessité $\Box\varphi$ signifie un engagement à affirmer φ dans toute circonstance. Les contextes dialogiques et la notion de disponibilité ne sont au fond qu'un moyen abstrait pour implémenter cette idée dans les jeux dialogiques. Il s'agit bien de conditions de justification de certaines affirmations, qui passent par une règle locale définissant une interaction en termes d'attaques et de défenses. Il faut aussi rappeler que, tandis qu'un modèle fournit préalablement les mondes, les relations d'accessibilité et la valuation, [76] ce n'est pas le cas des jeux dialogiques. Les informations apparaissent au cours des parties, tandis que le débat argumentatif progresse. C'est seulement quand une partie est terminée qu'on

---

75. Cette lecture facilite grandement le travail de démonstration d'équivalence entre validité et existence de stratégies de victoire pour $\mathbf{P}$, dans un grand nombre de cas standards — typiquement, les systèmes dialogiques considérés dans Rahman et Rückert (1999) ou Keiff (2009). Voir aussi Keiff (2007).

76. Voir fin de chapitre.

peut facilement établir une comparaison avec un modèle : les formules atomiques et les contextes auxquelles elles sont affirmées par l'Opposant fournissent une valuation, les disponibilités de contextes déterminent une relation d'accessibilité, etc. Mais il faut pour cela considérer une partie terminée, figée, en mettant de côté tous les aspects fondamentaux de la théorie dialogique de la signification : les forces illocutoires, la notion de choix, et le fait même que la partie représente un *débat* argumentatif.

Nous donnons maintenant un exemple de partie dialogique jouée selon les règles pour **S5**. La formule que nous avons choisie est un théorème bien connu de cette logique, et il est facile de constater par généralisation que le Proposant dispose d'une stratégie de victoire.

Exemple 4.2.

		O			**P**		
					$\Diamond p \to \Box \Diamond p$	c_1	0
1	c_1	n := 1			m := 2	c_1	2
3	c_1	$\Diamond p$	(0)		$\Box \Diamond p$	c_1	4
5	c_1	? $[!\,\Diamond p : c_2]$	(4)		$\Diamond p$	c_2	6
7	c_2	? $[!\,p : c_j]^\infty$	(6)		p	c_3	10
9	c_3	p		(3)	? $[!\,p : c_j]^\infty$	c_1	8

Explications. Après le coup 9, il est évidemment intéressant pour le Proposant de choisir le contexte c_3 pour répondre à l'attaque du coup 7. Or, c_1 est disponible à c_2 pour **P** dans cette partie puisque **O** a choisi c_2 à c_1 au coup 5. Par ailleurs, c_3 est disponible à c_1 de par le coup 9. De sorte que la règle *RS3-S5* autorise le Proposant à choisir c_3 à c_2. Évidemment, cela ne lui serait pas possible dans une partie dialogique jouée selon les règles pour **K**.

Pour finir, remarquons que la règle *RS3-S5* est différente de celle donnée pour **S5** dans Rahman et Rückert (1999) et dans Keiff (2009) où on trouve plutôt la version suivante :

Version alternative pour RS3-S5. Soit $\Delta \in \mathcal{D}(\varphi)$ dont le dernier membre est un **O** coup.

1. Supposons $M_0 \in \Delta$ avec $M_0 = \mathbf{O} \,!\,\Box\psi : c_i$ et $\mathrm{p}_\Delta(M) = m_0$. Soit $\Delta^\frown N$ la séquence telle que $\mathrm{F}_{\Delta^\frown N}(N) = [m_0, A]$. On a $\Delta^\frown N \in \mathcal{D}(\varphi)$ si et seulement si *RS1* est respectée et c_j n'est pas nouveau.

2. Supposons $M_0 \in \Delta$ avec $M_0 = \mathbf{O} \,?\,[!\,\psi : c_j]^\infty : c_i$ et $\mathrm{p}_\Delta(M) = m_0$. Soit $\Delta^\frown N$ la séquence telle que $\mathrm{F}_{\Delta^\frown N}(N) = [m_0, D]$. On a

$\Delta^\frown N \in \mathcal{D}(\varphi)$ si et seulement si $RS1$ est respectée et c_j n'est pas nouveau.

Ces deux versions sont en fait équivalentes dans un certain nombre de cas, dont celui du langage modal basique. En effet soit un contexte c_j. Il est immédiat que s'il respecte l'une des conditions de $RS3\text{-}S5$ alors il n'est pas nouveau : soit c'est le même que le contexte en cours, soit il a été choisi auparavant par l'Opposant, etc. De manière converse, supposons que c_j n'est pas nouveau. S'il s'agit du contexte en cours, alors il observe la deuxième condition de $RS3\text{-}S5$.[77] Sinon, alors soit il a été choisi à un contexte c_i soit un contexte c_i a été choisi à c_j. Dans les deux cas, il obéit à au moins une condition de $RS3\text{-}S5$. Un cas simple où l'équivalence entre les deux règles ne tient pas est celui du langage modal basique enrichi avec un opérateur d'actualité, que nous considérons dans le chapitre 6.

Nous terminons cette section par une rapide présentation d'un résultat de Fiabilité et Complétude comparable à celui du chapitre 2.

1.3 Fiabilité et Complétude

La procédure que nous avons présentée dans le chapitre 2 est assez facilement adaptée aux jeux modaux que nous avons introduits dans cette section. On peut ainsi prouver un résultat de Fiabilité et Complétude des tableaux modaux par rapport aux jeux dialogiques pour **K** et **S5**. À vrai dire la procédure s'applique à un grand nombre de jeux dialogiques, y compris ceux que nous introduirons dans la section suivante.

Nous nous contentons de présenter les grandes lignes de la procédure de traduction entre tableaux pour **K** et **P** stratégies dans les jeux dialogiques pour **K**. Celle-ci est en fait commune à tous les jeux dialogiques décrits dans ce chapitre, si ce n'est qu'il faut prêter attention aux différentes règles pour les opérateurs modaux dans les tableaux. Outre la présence de règles pour les opérateurs $\Box$ et $\Diamond$, les tableaux modaux diffèrent de ceux que nous avons déjà rencontrés par la présence, en plus des signatures **O** et **P**, de chaînes d'entiers positifs de la forme $i.j...n$ qui dénotent des contextes et sont associées aux formules signées. Pour une formulation générale des règles, nous utilisons la lettre σ pour désigner une telle chaîne, tandis que l'expression $\sigma.n$ dénote la chaîne obtenue en étendant σ avec l'entier positif n. Sans surprises, la traduction entre tableaux et stratégies passera par l'association entre chaînes d'entiers positifs et contextes dialogiques.

---

77. Ceci concerne en particulier le contexte initial.

En ce qui concerne les connecteurs propositionnels, les règles des tableaux que nous considérons ici sont finalement les mêmes que celles que nous avons déjà rencontrées dans le chapitre 2. La seule différence est qu'il faut ajouter des contextes.

– Formules (de type) α :

$$\frac{\sigma\,\mathbf{O}\text{-}\varphi \wedge \psi}{\sigma\,\mathbf{O}\text{-}\varphi} \qquad \frac{\sigma\,\mathbf{O}\text{-}\varphi \wedge \psi}{\sigma\,\mathbf{O}\text{-}\psi} \qquad \frac{\sigma\,\mathbf{P}\text{-}\varphi \vee \psi}{\sigma\,\mathbf{P}\text{-}\varphi} \qquad \frac{\sigma\,\mathbf{P}\text{-}\varphi \vee \psi}{\sigma\,\mathbf{P}\text{-}\psi}$$

$$\frac{\sigma\,\mathbf{P}\text{-}\varphi \rightarrow \psi}{\sigma\,\mathbf{O}\text{-}\varphi} \qquad \frac{\sigma\,\mathbf{P}\text{-}\varphi \rightarrow \psi}{\sigma\,\mathbf{P}\text{-}\psi} \qquad \frac{\sigma\,\mathbf{O}\text{-}\neg\varphi}{\sigma\,\mathbf{P}\text{-}\varphi} \qquad \frac{\sigma\,\mathbf{P}\text{-}\neg\varphi}{\sigma\,\mathbf{O}\text{-}\varphi}$$

– Formules β :

$$\frac{\sigma\,\mathbf{O}\text{-}\varphi \vee \psi}{\sigma\,\mathbf{O}\text{-}\varphi \mid \sigma\,\mathbf{O}\text{-}\psi} \qquad \frac{\sigma\,\mathbf{P}\text{-}\varphi \wedge \psi}{\sigma\,\mathbf{P}\text{-}\varphi \mid \sigma\,\mathbf{P}\text{-}\psi} \qquad \frac{\sigma\,\mathbf{O}\text{-}\varphi \rightarrow \psi}{\sigma\,\mathbf{P}\text{-}\varphi \mid \sigma\,\mathbf{O}\text{-}\psi}$$

Les contextes ne changent pas dans ces règles. C'est évidemment avec les règles pour les opérateurs modaux que de tels changements interviennent.

– Formules π :

$$\frac{\sigma\,\mathbf{O}\text{-}\Diamond\varphi}{\sigma.n\,\mathbf{O}\text{-}\varphi} \qquad \frac{\sigma\,\mathbf{P}\text{-}\Box\varphi}{\sigma.n\,\mathbf{P}\text{-}\varphi}$$

où $\sigma.n$ est nouveau dans la branche en cours.

– Formules ν :

$$\frac{\sigma\,\mathbf{P}\text{-}\Diamond\varphi}{\sigma.n\,\mathbf{P}\text{-}\varphi} \qquad \frac{\sigma\,\mathbf{O}\text{-}\Box\varphi}{\sigma.n\,\mathbf{O}\text{-}\varphi}$$

où $\sigma.n$ apparaît déjà dans la branche en cours.

Il s'agit là des règles pour $\mathbf{K}$. Pour obtenir les méthodes de tableaux adéquates pour d'autres logiques modales, il faut modifier les règles pour les opérateurs modaux. On peut trouver les règles pour différentes logiques modales normales par exemple dans Fitting et Mendelsohn (1998).

Du côté des jeux dialogiques, mentionnons simplement que du point de vue des formes extensives, les opérateurs modaux se comportent de manière assez similaire aux quantificateurs : l'un des joueurs choisit un contexte, et la multiplicité des choix disponibles se traduit par une multiplicité de branches dans la forme extensive. Tout comme c'est le cas avec les constantes d'individus dans les jeux de premier ordre, l'Opposant a le choix entre un nombre infini de contextes dialogiques de sorte que les formes extensives contiennent un nombre infini de branches. Par contre le Proposant est limité dans les contextes dialogiques qu'il peut choisir par la règles structurelle de disponibilité des contextes. Quoiqu'il en soit, les règles de tableau pour les opérateurs modaux ne donnent lieu à aucune ramification et la procédure de traduction devra traiter cette différence.

Contrairement aux tableaux pour la logique de premier ordre, les **K**-tableaux ne peuvent pas être de longueur infinie. Il n'est donc pas nécessaire de forunir une méthode de construction particulière pour garantir celle-ci. Cependant, ce n'est pas le cas pour toutes les logiques modales : dans le cas de celles dont la formule $\Box p \rightarrow \Box\Box p$ est un théorème, la terminaison des tableaux n'est pas garantie et il faut en passer par une méthode systématique de construction.

La procédure de traduction entre tableaux atomiquement clos et **P** stratégie de victoire est facilement obtenue en modifiant légèrement celle donnée au chapitre 2. Les deux différences notables sont la présence des contextes et le cas des opérateurs modaux. La procédure associe les contextes dialogiques et les chaînes d'entiers positifs $i...n$ dans les tableaux comme suit. Le contexte dialogique initial est associé à l'entier positif 1 présent à la racine du tableau ; de plus, l'association entre contextes et chaînes d'entiers est telle que la disponibilité entre contextes et l'ajout d'un entier à une chaîne correspondent : si c est associé à la chaîne σ et c' est disponible à c, alors c' est associé à une chaîne $\sigma.n$. Avec ce rapport entre contextes et chaînes d'entier à l'esprit, la transformation d'un tableau atomiquement clos à la forme extensive d'une **P** stratégie de victoire se fait selon les étapes suivantes :

- Substituer les chaînes d'entiers positifs par des contextes dialogiques de la manière adéquate.
- Insérer des noeuds pour les choix de rangs et les requêtes.
- Modifier l'ordre des coups pour respecter la Règle Formelle.
- Modifier les ramifications pour respecter la règle locale de l'implication matérielle.
- Ajouter des branches représentant les autres ordres de coups de l'Opposant.
- Ajouter des branches pour les autres choix possibles de contextes par l'Opposant.

Tout comme dans les chapitres précédents, on peut fixer le rang de **O** à 1. En ce qui concerne le rang de **P**, on peut utiliser une méthode similaire à celle utilisée dans le chapitre 2 et choisir le plus grand nombre total d'applications de la règle π à un même noeud. Un peu de pratique semble indiquer que dans la plupart des jeux dialogiques modaux il est possible, comme dans les jeux dialogiques propositionnels, de se contenter de considérer le cas où le Proposant choisit rang 2. Mais il faudrait le démontrer. De plus, il n'est pas évident que n'importe quelle méthode de construction de tableau permette de limiter le nombre d'applications de la règle π sans perte de complétude. Ce qui signifie qu'il faudrait probablement déterminer une telle méthode et prouver qu'elle reste fiable et complète. Ces points sont certainement des résultats intéressants à explorer, mais ces complications ne sont pas nécessaires pour l'objet de cette section.

La dernière étape est tout à fait semblable à celle décrite pour le premier ordre à la fin de la section 3.2, si ce n'est que les branches ajoutées concernent les choix de contextes par l'Opposant et non des constantes d'individus. Les branches ajoutées sont donc des copies des branches présentent qui ne diffèrent que par les noms des contextes introduits par l'Opposant. On peut s'assurer que toutes les branches de l'arbre obtenu représentent des parties **P** terminales de manière tout à fait similaire à celle que nous avons donnée dans le cas du premier ordre.

La transformation dans l'autre direction, à partir de la forme extensive d'une **P** stratégie de victoire à un tableau atomiquement clos, se fait évidemment de manière converse :

- Supprimer les branches qui ne diffèrent que par les choix de contextes de l'Opposant
- Supprimer les branches représentant d'autres ordres de coups de l'Opposant.
- Supprimer les noeuds étiquetés avec les rangs et les requêtes.
- Modifier les ramifications pour respecter la règle de tableau de l'implication matérielle.
- Substituer les contextes par des chaînes d'entiers positifs de la manière adéquate.

Ici aussi, la méthode pour démontrer que l'arbre obtenu est un tableau clos ne diffère pas beaucoup de celle donnée au chapitre 2. La seule difficulté est encore une fois de vérifier que les modifications apportées dans les ramifications ne provoquent pas d'entorses aux règles des tableaux.

Cette procédure de traduction entre preuves par tableau et **P** stratégies de victoire constitue la démonstration de la Fiabilité et de la Complétude de la méthode des tableaux pour **K** par rapport à l'existence de **P** stratégies de victoire dans un jeu dialogique pour **K**. Par corollaire, on obtient donc une correspondance entre l'existence de ces stratégie et la notion modèle-théorique de validité sur tous les cadres.[78] Les résultats similaires pour le cas de **S5**, ainsi que ceux que nous mentionnons dans la section suivante, s'obtiennent assez facilement par quelques variations sur la procédure de traduction.

2 Quelques autres sémantiques dialogiques

Cette section est consacrée à l'exposé sommaire des sémantiques dialogiques pour les logiques **T**, **D**, **KB**, **B**, **K4** et **S4**. À chaque fois, nous donnons simplement la règle structurelle de disponibilité, puisque les autres règles sont les mêmes que dans la section 1. Nous donnons également dans certains cas un exemple : une partie dans le jeu dialogique pour une formule bien connue pour être un théorème de la logique en question.

2.1 Jeux dialogiques pour T et D

Règle T de Disponibilité des Contextes (RS3-T) . Soit $\Delta \in \mathcal{D}(\varphi)$ dont le dernier membre est un **O** coup.

1. Supposons $M_0 \in \Delta$ avec $M_0 = \mathbf{O} \,!\,\Box\psi : c_i$ et $\mathrm{p}_\Delta(M) = m_0$. Soit $\Delta^\frown N$ la séquence telle que $\mathrm{F}_{\Delta^\frown N}(N) = [m_0, A]$. On a $\Delta^\frown N \in \mathcal{D}(\varphi)$ si et seulement si $RS1$ est respectée et :
   - **O** a choisi c_j à c_i dans Δ, ou
   - $c_j = c_i$

2. Supposons $M_0 \in \Delta$ avec $M_0 = \mathbf{O} \,?\,[!\,\psi : c_j]^\infty : c_i$ et $\mathrm{p}_\Delta(M) = m_0$. Soit $\Delta^\frown N$ la séquence telle que $\mathrm{F}_{\Delta^\frown N}(N) = [m_0, D]$. On a $\Delta^\frown N \in \mathcal{D}(\varphi)$ si et seulement si $RS1$ est respectée et :
   - **O** a choisi c_j à c_i dans Δ, ou
   - $c_j = c_i$.

Exemple 4.3.

		O				**P**		
						$\Box p \to p$	c_1	0
1	c_1	n := 1				m := 2	c_1	2
3	c_1	$\Box p$	(0)			p	c_1	6
5	c_1	p			(3)	$?\,[!\,p : c_1]$	c_1	4

Explications. Pour pouvoir répondre à l'attaque 3, le Proposant doit affirmer p au contexte c_1. Son seul coup possible à

---

78. Les notions basiques de la sémantique modèle-théorique pour la logique modale sont rappelées en fin de chapitre.

ce stade de la partie est une attaque contre le coup 3. Or, la règle *RS3-D* l'autorise à choisir le contexte même en cours. Il force ainsi l'Opposant à affirmer lui-même la formule atomique dont il a besoin pour gagner. Il est clair que la capacité de **P** à gagner dépend du fait que la règle lui permet de ne pas changer de contexte.

Règle D de Disponibilité des Contextes (RS3-D) . Soit $\Delta \in \mathcal{D}(\varphi)$ dont le dernier membre est un **O** coup.

1. Supposons $M_0 \in \Delta$ avec $M_0 = $ **O** $! \Box \psi : c_i$ et $\mathrm{p}_\Delta(M) = m_0$. Soit $\Delta^\frown N$ la séquence telle que $\mathrm{F}_{\Delta^\frown N}(N) = [m_0, A]$. On a $\Delta^\frown N \in \mathcal{D}(\varphi)$ si et seulement si $RS1$ est respectée et :
   - **O** a choisi c_j à c_i dans Δ, ou
   - Aucun contexte n'a été choisi à c_i et c_j est nouveau, ou
   - **P** a choisi c_j à c_i conformément à la clause précédente.

2. Supposons $M_0 \in \Delta$ avec $M_0 = $ **O** $? [! \psi : c_j]^\infty : c_i$ et $\mathrm{p}_\Delta(M) = m_0$. Soit $\Delta^\frown N$ la séquence telle que $\mathrm{F}_{\Delta^\frown N}(N) = [m_0, D]$. On a $\Delta^\frown N \in \mathcal{D}(\varphi)$ si et seulement si $RS1$ est respectée et :
   - **O** a choisi c_j à c_i dans Δ, ou
   - Aucun contexte n'a été choisi à c_i et c_j est nouveau, ou
   - **P** a choisi c_j à c_i conformément à la clause précédente.

Ces jeux dialogiques présentent une différence majeure avec tous les autres jeux que nous étudions dans cette partie. En effet, dans les jeux dialogiques pour **D** le Proposant a le droit, sous certaines conditions, à introduire de nouveaux contextes dialogiques tandis que dans les autres seul l'Opposant est autorisé à le faire. Les droits de **P** restent cependant moindres que ceux de **O** puisque la possibilité d'introduire un nouveau contexte reste soumise à une condition assez contraignante pour le Proposant, tandis que l'Opposant peut le faire n'importe quand.

Exemple 4.4.

		O					**P**	
						$\Box p \to \Diamond p$	c_1	0
1	c_1	n := 1				m := 2	c_1	2
3	c_1	$\Box p$	(0)			$\Diamond p$	c_1	4
5	c_1	$? [! p : c_j^\infty]^\infty$	(4)			p	c_2	8
7	c_2	p		(3)		$? [! p : c_2]$	c_1	6

Explications. Au moment du coup 5, l'Opposant n'a choisi aucun contexte à c_1 : rappelons que ce n'est pas l'attaquant qui choisit le contexte dans le cas de l'opérateur $\Diamond$, donc le coup 5 ne constitue pas un choix de contexte. Ainsi, le Proposant est autorisé à introduire un nouveau contexte. Il force ainsi l'Opposant à affirmer la formule atomique, ce qui lui permet de gagner la partie avec le coup 8.

2.2 Jeux dialogiques pour KB et B

Règle KB de Disponibilité des Contextes (RS3-KB) . Soit $\Delta \in \mathcal{D}(\varphi)$ dont le dernier membre est un **O** coup.

1. Supposons $M_0 \in \Delta$ avec $M_0 = \mathbf{O}\ !\,\Box\psi : c_i$ et $\mathrm{p}_\Delta(M) = m_0$. Soit $\Delta^\frown N$ la séquence telle que $\mathrm{F}_{\Delta^\frown N}(N) = [m_0, A]$. On a $\Delta^\frown N \in \mathcal{D}(\varphi)$ si et seulement si $RS1$ est respectée et :
   – **O** a choisi c_j à c_i dans Δ, ou
   – **O** a choisi c_i à c_j dans Δ.

2. Supposons $M_0 \in \Delta$ avec $M_0 = \mathbf{O}\ ?\,[!\,\psi : c_j]^\infty : c_i$ et $\mathrm{p}_\Delta(M) = m_0$. Soit $\Delta^\frown N$ la séquence telle que $\mathrm{F}_{\Delta^\frown N}(N) = [m_0, D]$. On a $\Delta^\frown N \in \mathcal{D}(\varphi)$ si et seulement si $RS1$ est respectée et :
   – **O** a choisi c_j à c_i dans Δ, ou
   – **O** a choisi c_i à c_j dans Δ.

Exemple 4.5.

		O		**P**		
				$p \to \Box\Diamond p$	c_1	0
1	c_1	n := 1		m := 2	c_1	2
3	c_1	p	(0)	$\Box\Diamond p$	c_1	4
5	c_1	$?\,[!\,\Diamond p : c_2]$	(4)	$\Diamond p$	c_2	6
7	c_2	$?\,[!\,p : c_j]^\infty$	(6)	p	c_1	8

Explications. Puisque l'Opposant a chois c_2 à c_1 au coup 5, le Proposant est autorisé à choisir c_1 à c_2 pour sa défense au coup 8.

Règle B de Disponibilité des Contextes (RS3-B) . Soit $\Delta \in \mathcal{D}(\varphi)$ dont le dernier membre est un **O** coup.

1. Supposons $M_0 \in \Delta$ avec $M_0 = \mathbf{O}\ !\,\Box\psi : c_i$ et $\mathrm{p}_\Delta(M) = m_0$. Soit $\Delta^\frown N$ la séquence telle que $\mathrm{F}_{\Delta^\frown N}(N) = [m_0, A]$. On a $\Delta^\frown N \in \mathcal{D}(\varphi)$ si et seulement si $RS1$ est respectée et :

– **O** a choisi c_j à c_i dans Δ, ou

– $c_j = c_i$, ou

– **O** a choisi c_i à c_j dans Δ.

2. Supposons $M_0 \in \Delta$ avec $M_0 = $ **O** $?\,[!\,\psi : c_j]^\infty : c_i$ et $\mathrm{p}_\Delta(M) = m_0$. Soit $\Delta^\frown N$ la séquence telle que $\mathrm{F}_{\Delta^\frown N}(N) = [m_0, D]$. On a $\Delta^\frown N \in \mathcal{D}(\varphi)$ si et seulement si $RS1$ est respectée et :

– **O** a choisi c_j à c_i dans Δ, ou

– $c_j = c_i$, ou

– **O** a choisi c_i à c_j dans Δ.

La sémantique dialogique pour **B** est donc le résultat de l'association des sémantiques dialogiques pour **T** et **KB**.

2.3 Jeux dialogiques pour K4 et S4

Règle K4 de Disponibilité des Contextes (RS3-K4) 1. Soit $\Delta \in \mathcal{D}(\varphi)$ dont le dernier membre est un **O** coup.

1. Supposons $M_0 \in \Delta$ avec $M_0 = $ **O** $!\,\Box\psi : c_i$ et $\mathrm{p}_\Delta(M) = m_0$. Soit $\Delta^\frown N$ la séquence telle que $\mathrm{F}_{\Delta^\frown N}(N) = [m_0, A]$. On a $\Delta^\frown N \in \mathcal{D}(\varphi)$ si et seulement si $RS1$ est respectée et :

– **O** a choisi c_j à c_i dans Δ, ou

– Il y a un c_k tel que c_k est disponible à c_i et c_j est disponible à c_k pour **P** dans Δ.

2. Supposons $M_0 \in \Delta$ avec $M_0 = $ **O**$;\,?\,[!\,\psi : c_j]^\infty : c_i$ et $\mathrm{p}_\Delta(M) = m_0$. Soit $\Delta^\frown N$ la séquence telle que $\mathrm{F}_{\Delta^\frown N}(N) = [m_0, D]$. On a $\Delta^\frown N \in \mathcal{D}(\varphi)$ si et seulement si $RS1$ est respectée et :

– **O** a choisi c_j à c_i dans Δ, ou

– Il y a un c_k tel que c_k est disponible à c_i et c_j est disponible à c_k pour **P** dans Δ.

Exemple 4.6.

		O			**P**		
					$\Box p \to \Box\Box p$	c_1	0
1	c_1	n := 1			m := 2	c_1	2
3	c_1	$\Box p$	(0)		$\Box\Box p$	c_1	4
5	c_1	$?\,[!\,\Box p : c_2]$	(4)		$\Box p$	c_1	6
7	c_2	$?\,[!\,p : c_3]$	(6)		p	c_3	10
9	c_3	p		(3)	$?\,[!\,p : c_3]$	c_1	8

Explications. La règle *RS3-K4* stipule que la disponibilité est transitive. De sorte que le contexte c_3 est disponible pour le Proposant au coup 8 pour attaquer le coup 3. De cette manière, le Proposant obtient la formule atomique dont il a besoin pour gagner.

Règle S4 de Disponibilité des Contextes (RS3-S4) 1. Soit $\Delta \in \mathcal{D}(\varphi)$ dont le dernier membre est un **O** coup.

1. Supposons $M_0 \in \Delta$ avec $M_0 = \mathbf{O} \; ! \square \psi : c_i$ et $\mathrm{p}_\Delta(M) = m_0$. Soit $\Delta^\frown N$ la séquence telle que $\mathrm{F}_{\Delta^\frown N}(N) = [m_0, A]$. On a $\Delta^\frown N \in \mathcal{D}(\varphi)$ si et seulement si $RS1$ est respectée et :
   - **O** a choisi c_j à c_i dans Δ, ou
   - $c_j = c_i$, ou
   - Il y a un c_k tel que c_k est disponible à c_i et c_j est disponible à c_k pour **P** dans Δ.

2. Supposons $M_0 \in \Delta$ avec $M_0 = \mathbf{O} \; ? \, [! \psi : c_j]^\infty : c_i$ et $\mathrm{p}_\Delta(M) = m_0$. Soit $\Delta^\frown N$ la séquence telle que $\mathrm{F}_{\Delta^\frown N}(N) = [m_0, D]$. On a $\Delta^\frown N \in \mathcal{D}(\varphi)$ si et seulement si $RS1$ est respectée et :
   - **O** a choisi c_j à c_i dans Δ, ou
   - $c_j = c_i$, ou
   - Il y a un c_k tel que c_k est disponible à c_i et c_j est disponible à c_k pour **P** dans Δ.

De manière similaire à ce que nous avons écrit pour **B**, la sémantique dialogique pour **S4** résulte de l'association des versions pour **T** et **K4** de la Règle de Disponibilité des Contextes.

Rappels : éléments de sémantique relationnelle pour logique modale

Nous rappelons ici brièvement les définitions des notions de modèle, de satisfaction et de validité pour la logique modale. [79]

Définition 4.2. Un *modèle* est un triple $\mathfrak{M} = (W, R, V)$ où W est un ensemble non-vide dont les éléments sont appelés « mondes », R est une relation binaire sur W et $V : \Phi \longrightarrow \wp(W)$ est une fonction de valuation. On dit que $\mathfrak{M}$ est basé sur le *cadre* $\mathfrak{F} = (W, R)$.

Définition 4.3. Soient $\mathfrak{M}$ un modèle, w un monde dans $\mathfrak{M}$ et φ une formule. On note $\mathfrak{M}, w \models \varphi$ pour « φ est satisfaite à w dans $\mathfrak{M}$ ». La

---

79. Plusieurs manuels peuvent être consultés pour d'avantage de détails, notamment Blackburn *et al.* (2001).

notion de satisfaction est définie comme suit :

$$
\begin{aligned}
\mathfrak{M}, w &\models p &\Leftrightarrow\quad& w \in V(p)\\
\mathfrak{M}, w &\models \neg\varphi &\Leftrightarrow\quad& \text{Il n'est pas le cas que } \mathfrak{M}, w \models \varphi\\
\mathfrak{M}, w &\models \varphi \vee \psi &\Leftrightarrow\quad& \mathfrak{M}, w \models \varphi \text{ ou } \mathfrak{M}, w \models \psi\\
\mathfrak{M}, w &\models \varphi \wedge \psi &\Leftrightarrow\quad& \mathfrak{M}, w \models \varphi \text{ et } \mathfrak{M}, w \models \psi\\
\mathfrak{M}, w &\models \varphi \to \psi &\Leftrightarrow\quad& \mathfrak{M}, w \not\models \varphi \text{ ou } \mathfrak{M}, w \models \psi\\
\mathfrak{M}, w &\models \Diamond\varphi &\Leftrightarrow\quad& \text{Il y a un } w' \in \mathfrak{M} \text{ tel que } wRw' \text{ et } \mathfrak{M}, w' \models \varphi\\
\mathfrak{M}, w &\models \Box\varphi &\Leftrightarrow\quad& \text{Pour tout } w \in \mathfrak{M} \text{ tel que } wRw' : \mathfrak{M}, w' \models \varphi
\end{aligned}
$$

On dit que φ est *valide* (sur cadre **K**) si pour tout cadre on a φ satisfaite à tout point de tout modèle basé sur le cadre. On dit que φ est valide sur cadre **S5**, ou **S5**-valide si pour tout cadre où R est une relation d'équivalence on a φ satisfaite à tout point de tout modèle basé sur le cadre.

CHAPITRE 5

OPÉRATEURS GLOBAUX ET SATISFIABILITÉ UNIVERSELLE

Dans ce chapitre nous considérons une sémantique dialogique pour $\mathcal{L}_{LME}$, le langage modal basique enrichi avec un opérateur global unaire E. L'appellation « global » est due à la sémantique modèle-théorique de cet opérateur : il s'agit d'un diamant ($\diamond$) dont la signification n'est pas limitée à l'effet local de scanner seulement certains mondes (ceux qui sont accessibles) mais qui scanne au contraire tous les points du modèle considéré.

Plusieurs éléments expliquent notre intérêt à considérer une sémantique dialogique pour $\mathcal{L}_{LME}$. La première raison est qu'il s'agit d'une occasion d'illustrer la manière dont le cadre dialogique se comporte dans le cas de langages à plusieurs opérateurs modaux. On mettra en lumière ce que tous les types d'opérateurs modaux ont en commun, c'est-à-dire leurs règles locales. On verra donc que leurs différences se trouvent au niveau des conditions d'utilisation des contextes dialogiques, c'est-à-dire au niveau des règles structurelles. La sémantique dialogique à laquelle nous nous intéressons dans ce chapitre fournit ainsi un exemple d'interaction entre les opérateurs modaux usuels $\square$ et $\diamond$ d'une part, et l'opérateur global d'autre part. La question précise qui se pose en rapport à cette interaction est la manière dont la présence de plusieurs opérateurs modaux affecte la gestion des informations, et notamment de leur disponibilité au fil des changements de contextes.

Le deuxième point qui nous intéresse dans ce chapitre est lié à la relation entre tableau et jeux dialogiques. Les tableaux standards pour $\mathcal{L}_{LME}$ ont pour caractéristique de ne pas forcément terminer, c'est-à-dire de pouvoir contenir des branches de longueur infinie. C'était également le cas pour les tableaux de premier ordre. Mais contrairement à ceux-ci, il est possible d'utiliser une méthode de tableaux pour $\mathcal{L}_{LME}$ qui garantisse la terminaison tout en permettant de prouver exactement les mêmes formules. Il s'agit là d'une occasion de comparer le procédé dialogique des rangs, qui garantit la terminaison des parties, avec le mécanisme utilisé

118

pour garantir la terminaison des tableaux. On verra que ce mécanisme concerne les conditions sous lesquelles les noeuds sont utilisés, ainsi qu'il est fréquent dans la méthode des tableaux : ce genre de détail dans la procédure de construction est après tout le seul aspect sur lequel il est possible d'intervenir, à part modifier les règles de génération elles-mêmes. Il s'agira donc de déterminer à quel point le mécanisme employé, que nous trouvons dans Bolander et Blackburn (2007), est comparable à celui des rangs, et si besoin de proposer une autre méthode se prêtant mieux à la comparaison.

Sur un autre plan, la sémantique dont il est ici question offre la possibilité de fournir une approche dialogique d'une notion modale plus faible que la validité, mais plus forte que la simple satisfiabilité et que nous nommerons *satisfiabilité universelle*. Dans les termes de la sémantique modèle-théorique, la satisfiabilité universelle se définit comme *vérité à au moins un monde dans tout modèle*. Cette notion est plus faible que la validité puisqu'on n'exige pas qu'une formule soit vraie à tout monde de tout modèle, mais elle est plus forte que la satisfiabilité puisque la formule doit être vraie à au moins un monde de *tout* modèle. L'ensemble des formules qui sont universellement satisfiables a été axiomatiquement caractérisé dans Humberstone (2008), où elles sont plutôt appelées ∃-valides. C'est dans Tulenheimo (2009), que l'on trouve l'appellation de satisfiabilité universelle, ainsi que la remarque rapprochant satisfiabilité universelle et opérateur E sur laquelle se fonde notre approche dialogique. Quoi qu'indirecte, cette approche a l'avantage de s'appuyer sur la combinaison entre la sémantique pour l'opérateur E et le mécanisme des rangs. Cette combinaison permet aux joueurs, et plus particulièrement au Proposant, d'effectuer un type de répétitions que nous n'avons pas rencontré jusqu'à présent.

Ces répétitions constituent un cas particulier de pratiques argumentatives dont la dialogique modale standard ne permet pas de rendre compte. Même si l'on verra que la sémantique pour $\mathcal{L}_{LME}$ ne permet pas de capturer le type de pratique en question dans sa totalité, il s'agit quand même d'un élargissement des actions à la disposition des joueurs. Dans la dialogique modale standard, une même affirmation ne reste pas disponible au fur et à mesure que les circonstances du débat, les contextes, changent : elle reste attaquable et défendable dans la mesure où les règles l'autorisent, mais l'affirmation en elle-même reste fort strictement attachée à un seul contexte. Mais plusieurs situations appellent à un affaiblissent de cette étanchéité entre contextes. Un joueur devrait par exemple pouvoir être autorisé à réitérer certaines affirmations dans le cadre des nouvelles circonstances du débat, que ce soit parce qu'il les estime toujours justifiées ou inversement pour tenter de les justifier après avoir échoué la première fois. Nous l'avons dit, la sémantique que nous considérons ici ne permettra pas de prendre totalement en charge ce type de pratiques, mais les répétitions qui y sont autorisées constituent un premier pas dans cette direction.

1 Jeux dialogiques avec opérateurs globaux

L'approche dialogique pour les opérateurs globaux a été évoquée dans Keiff (2007, section 4.3.7). Dans cette section nous revenons de manière détaillée sur les jeux dialogiques pour $\mathcal{L}_{LME}$. La règle locale pour l'opérateur E s'avère être complètement semblable à celle pour $\Diamond$ et c'est donc au niveau des règles structurelles que les opérateurs sont différenciés. Dans le cas qui nous occupe, l'une des différences est que contrairement à $\Box$ et $\Diamond$, il n'y a pas plusieurs règles de disponibilité des contextes pour E : il faut une règle bien spécifique pour rendre compte du caractère global voulu pour cet opérateur.

1.1 Règles de particules pour les opérateurs globaux

Définition 5.1 (Le langage). Le langage $\mathcal{L}_{LME}$ est une extension de $\mathcal{L}_{LMB}$ avec l'opérateur E. De sorte que l'ensemble $Form_{LME}$ est donné par :

$$\varphi ::= p \mid \varphi \wedge \varphi \mid \varphi \vee \varphi \mid \varphi \rightarrow \varphi \mid \neg\varphi \mid \Box\varphi \mid \Diamond\varphi \mid E\,\varphi,$$

où $p \in Prop$.

Les règles locales pour $\vee$, $\wedge$, $\rightarrow$, $\neg$, $\Diamond$ et $\Box$ sont les mêmes que dans le chapitre précédent. Pour l'opérateur E, la règle est :

Énoncé	$\mathbf{X} \,!\, E\,\varphi : c_i$
Attaque	$\mathbf{Y} \,?[!\varphi : c_j]^\infty : c_i$
Défense	$\mathbf{X} \,!\, \varphi : c_j$

Exception faite du nom des opérateurs, la règle pour E est donc identique à celle pour $\Diamond$. Leur signification locale est la même en ce qu'un changement de contexte a lieu et que c'est le joueur qui défend qui choisit le contexte dans lequel la partie se poursuivra. En fait, tous les opérateurs modaux unaires partagent cette signification locale qui se distingue par la spécification du joueur qui choisit le contexte, l'attaquant dans le cas des opérateurs universels tels que le $\square$ et le défenseur dans le cas des opérateurs existentiels tels que le $\lozenge$ ou E.[80] C'est au niveau des règles structurelles que les opérateurs globaux se différencient des opérateurs habituels.

1.2 Règles structurelles et exemples

Les règles de départ, de déroulement, de victoire et la règle formelle sont les règles usuelles, c'est-à-dire celles de la section 1.1 du chapitre 4. Se pose alors la question de la règle de disponibilité des contextes. Puisque nous traitons avec deux types d'opérateurs modaux — $\square$ et $\lozenge$ d'une part, et E d'autre part — il faut une règle pour chacun de ces types. Nous savons par le chapitre précédent que plusieurs versions sont possibles pour $\square$ et $\lozenge$. Dans ce chapitre, nous choisissons la règle $RS3\text{-}K$ que nous rappelons ici :

Règle K de Disponibilité des Contextes (RS3-K) 4. Soit $\Delta \in \mathcal{D}(\varphi)$ dont le dernier membre est un **O** coup.

1. Supposons $M_0 \in \Delta$ avec $M_0 = \mathbf{O}\,!\,\square\psi : c_i$ et $\mathrm{p}_\Delta(M) = m_0$. Soit $\Delta^\frown N$ la séquence telle que $\mathrm{F}_{\Delta^\frown N}(N) = [m_0, A]$. On a $\Delta^\frown N \in \mathcal{D}(\varphi)$ si et seulement si $RS1$ est respectée et **O** a choisi c_j à c_i dans Δ.

2. Supposons $M_0 \in \Delta$ avec $M_0 = \mathbf{O}\,?\,[!\,\psi : c_j]^\infty : c_i$ et $\mathrm{p}_\Delta(M) = m_0$. Soit $\Delta^\frown N$ la séquence telle que $\mathrm{F}_{\Delta^\frown N}(N) = [m_0, D]$. On a $\Delta^\frown N \in \mathcal{D}(\varphi)$ si et seulement si $RS1$ est respectée et **O** a choisi c_j à c_i dans Δ.

On dit alors que c_j est disponible à c_i pour **P**.

Évidemment, on peut obtenir de nombreuses autres sémantiques en choisissant d'autres règles à la place de celle-ci. La règle de disponibilité de contextes dans le cas de E est la suivante :

Règle de Disponibilité des Contextes pour E (RS3-E) . Soit $\Delta \in \mathcal{D}(\varphi)$ dont le dernier membre est un **O** coup. Supposons $M_0, M_1 \in \Delta$ avec :

- $M_0 = \mathbf{O}\,?\,[!\,\psi : c_j]^\infty : c_i$
- $M_1 = \mathbf{P}\,!\,\mathrm{E}\,\psi : c_i$
- $\mathrm{F}_\Delta(M_0) = [m_0, A]$

---

80. Ceci s'applique aussi aux opérateurs d'arité supérieure à 1 qui peuvent aussi être classés selon qu'ils sont existentiels ou universels. Dans Blackburn *et al.* (2001), ils sont écrits respectivement $\triangle$ et $\triangledown$. Mais nous ne considérons dans ce travail que des opérateurs unaires.

Soit $\Delta^\frown N$ la séquence telle que $F_{\Delta^\frown N}(N) = [m_0, D]$. On a $\Delta^\frown N \in \mathcal{D}(\varphi)$ si et seulement si $RS1$ est respectée et c_j n'est pas nouveau.

Nous avons déjà rencontré cette règle comme part de la règle alternative à $RS3$-$S5$ mentionnée en section 1.2. Elle stipule que le Proposant peut choisir n'importe quel contexte qui est déjà apparu au cours de la partie pour répondre à une attaque contre une affirmation $E\,\psi$. Ceci inclut les contextes apparus précédemment en vertu de la règle $RS3$-K. Autrement dit, les contextes introduits par **O** en appliquant une règle pour $\Diamond$ ou $\Box$ sont aussi disponibles pour **P** pour appliquer la règle pour E.

Le point important est que la réciproque n'est pas vraie. En effet, les conditions pour que le Proposant puisse choisir un contexte donné c_j sont bien plus strictes dans le cas de $\Diamond$ (et de $\Box$) que dans le cas de E, et les contextes éventuellement introduits par **O** quand il applique la règle pour E ne peuvent pas être utilisés par **P** pour appliquer les règles pour $\Box$ et $\Diamond$. C'est justement l'intérêt d'étudier $\mathcal{L}_{LME}$ (et de manière générale des langages comprenant plusieurs types d'opérateurs) que de considérer la manière dont des contraintes plus ou moins fortes sur l'usage des contextes dialogiques se combinent et interfèrent.

Pour illustrer la différence entre $\Diamond$ et E, considérons les Exemples 5.1 et 5.2.

Exemple 5.1.

		O				**P**		
						$\Diamond p \to E\,p$	c_1	0
1	c_1	n := 1				m := 2	c_1	2
3	c_1	$\Diamond p$	(0)			$E\,p$	c_1	4
5	c_1	$?\,[!p : c_j]^\infty$	(4)			p	c_2	8
7	c_2	p			(3)	$?\,[!p : c_j]^\infty$	c_1	6

Exemple 5.2.

		O				**P**		
						$E\,p \to \Diamond p$	c_1	0
1	c_1	n := 1				m := 2	c_1	2
3	c_1	$E\,p$	(0)			$\Diamond p$	c_1	4
5	c_1	$?\,[!p : c_j]^\infty$	(4)					
7	c_2	p			(3)	$?\,[!p : c_j]^\infty$	c_1	6

Explications. Dans l'Exemple 5.1, **O** introduit le contexte c_2 en défendant l'énoncé $\Diamond p$, et **P** peut donc choisir ce contexte pour défendre $\text{E} p$ et gagner la partie avec le coup 8. Dans l'Exemple 5.2, au contraire, le contexte c_2 est choisi en vertu des règles pour l'opérateur E, et non en vertu des règles pour $\Diamond$. De sorte que la règle *RS3-K* n'autorise pas **P** à utiliser ce contexte pour défendre $\Diamond p$. On a ici encore une fois affaire à une question de disponibilité de l'information : n'importe quelle information n'est pas disponible pour le Proposant, quand bien même il s'agit d'une information introduite dans le débat par l'autre joueur. En l'occurrence, **P** ne peut pas utiliser une information pour attaquer ou justifier un énoncé modal standard si cette information n'a pas été spécifiquement introduite en rapport avec une modalité standard. En revanche, le Proposant a accès à d'avantage d'information quand il s'agit de défendre un coup de la forme $\text{E}\,\varphi$.

Au-delà de l'exemple particulier de $\mathcal{L}_{LME}$, les jeux dialogiques que nous avons présentés ici fournissent l'idée générale de l'approche dialogique des langages contenant plusieurs types de modalité. Pour résumer, les règles locales des opérateurs modaux présentent toutes une certaine uniformité en ce qu'elles déterminent qui parmi les joueurs choisit les contextes dialogiques utilisés. C'est au niveau des règles structurelles que les opérateurs se différencient et que leur interaction se définit. La différenciation peut être telle que l'interaction est nulle, et qu'il n'y a aucune interaction entre les contextes disponibles vis-à-vis de certains opérateurs et ceux disponibles vis-à-vis d'autres opérateurs. Ce serait par exemple le cas entre opérateurs épistémiques et opérateurs temporels. À cause de l'utilisation très abstraite des contextes dialogiques que nous avons faite, de telles différenciations manquent évidemment de caractère concret. Mais si des précisions peuvent être apportées pour rendre les jeux dialogiques plus fidèles aux pratiques argumentatives effectives, les éléments que nous venons de donner n'en restent pas moins la base de la théorie dialogique de la signification pour le cas de multiples modalités.

2 Tableaux

2.1 Règles et tableaux systématiques

Les tableaux que nous considérons dans cette section obéissent aux règles que les tableaux pour **K** présentées au chapitre 4 auxquelles on ajoute des règles pour les formules dont l'opérateur principal est E :

– Formules α :

$$\frac{\sigma\,\mathbf{O}\text{-}\varphi \wedge \psi}{\sigma\,\mathbf{O}\text{-}\varphi} \qquad \frac{\sigma\,\mathbf{O}\text{-}\varphi \wedge \psi}{\sigma\,\mathbf{O}\text{-}\psi} \qquad \frac{\sigma\,\mathbf{P}\text{-}\varphi \vee \psi}{\sigma\,\mathbf{P}\text{-}\varphi} \qquad \frac{\sigma\,\mathbf{P}\text{-}\varphi \vee \psi}{\sigma\,\mathbf{P}\text{-}\psi}$$

$$\frac{\sigma\,\mathbf{P}\text{-}\varphi \to \psi}{\sigma\,\mathbf{O}\text{-}\varphi} \qquad \frac{\sigma\,\mathbf{P}\text{-}\varphi \to \psi}{\sigma\,\mathbf{P}\text{-}\psi} \qquad \frac{\sigma\,\mathbf{O}\text{-}\neg\varphi}{\sigma\,\mathbf{P}\text{-}\varphi} \qquad \frac{\sigma\,\mathbf{P}\text{-}\neg\varphi}{\sigma\,\mathbf{O}\text{-}\varphi}$$

– Formules β :

$$\frac{\sigma\,\mathbf{O}\text{-}\varphi \vee \psi}{\sigma\,\mathbf{O}\text{-}\varphi \mid \sigma\,\mathbf{O}\text{-}\psi} \qquad \frac{\sigma\,\mathbf{P}\text{-}\varphi \wedge \psi}{\sigma\,\mathbf{P}\text{-}\varphi \mid \sigma\,\mathbf{P}\text{-}\psi} \qquad \frac{\sigma\,\mathbf{O}\text{-}\varphi \to \psi}{\sigma\,\mathbf{P}\text{-}\varphi \mid \sigma\,\mathbf{O}\text{-}\psi}$$

– Formules π :

$$\frac{\sigma\,\mathbf{O}\text{-}\Diamond\varphi}{\sigma.n\,\mathbf{O}\text{-}\varphi} \qquad \frac{\sigma\,\mathbf{P}\text{-}\Box\varphi}{\sigma.n\,\mathbf{P}\text{-}\varphi}$$

où $\sigma.n$ est nouveau dans la branche en cours.

– Formules ν :

$$\frac{\sigma\,\mathbf{P}\text{-}\Diamond\varphi}{\sigma.n\,\mathbf{P}\text{-}\varphi} \qquad \frac{\sigma\,\mathbf{O}\text{-}\Box\varphi}{\sigma.n\,\mathbf{O}\text{-}\varphi}$$

où $\sigma.n$ apparaît déjà dans la branche en cours.

– Formules $\mathbf{O}\,\mathrm{E}$:

$$\frac{\sigma\,\mathbf{O}\,\mathrm{E}\,\varphi}{\tau\,\mathbf{O}\varphi}$$

où τ est nouveau dans la branche.

– Formules $\mathbf{P}\,\mathrm{E}$:

$$\frac{\sigma\,\mathbf{P}\,\mathrm{E}\,\varphi}{\tau\,\mathbf{P}\varphi}$$

où τ apparaît déjà dans la branche.

Un tableau construit d'après ces règles est appelé un $\mathbf{K}_E$-tableau. Le point qu'il faut retenir est que dans les règles concernant l'opérateur E le contexte τ n'est pas forcément de la forme $\sigma.n$ ou, en d'autres termes, n'est pas forcément un successeur de σ. Pour cette raison, un $\mathbf{K}_E$-tableau ne *termine* pas forcément, c'est-à-dire peut contenir des branches infinies. Pour le constater, considérons par exemple le tableau suivant :

I	1	$\mathbf{P}\,\mathrm{E}\,\Box p$	
II	1	$\mathbf{P}\Box p$	(I)
III	1.1	$\mathbf{P}p$	(II)
IV	1.1	$\mathbf{P}\Box p$	(I)
V	1.1.1	$\mathbf{P}p$	(IV)
VI	1.1.1	$\mathbf{P}\Box p$	(I)
VII	1.1.1.1	$\mathbf{P}p$	(VI)

$$\vdots$$

Explications. En III, le nouveau contexte 1.1 est introduit, de sorte qu'il est possible d'appliquer la règle $\mathbf{P}$ E sur la racine en IV. Une sorte de boucle est alors entamée : un autre contexte est introduit (1.1.1) et la racine peut de nouveau être utilisée en VI, et ainsi de suite. À chaque fois, un nouveau contexte est introduit (en vertu de la règle pour les formules π) et peut être utilisé pour appliquer la règle $\mathbf{P}$ E, générant ainsi une branche infinie. Insistons sur le fait qu'à part 1.1, aucun des contextes introduits par la suite n'est un successeur du contexte 1. Si les règles pour l'opérateur E étaient restreintes aux successeurs de σ, la construction du tableau s'arrêterait à l'étape IV et une branche infinie ne serait pas produite.

Nous avons déjà rencontré des systèmes dans lesquels la terminaison des tableaux n'est pas garantie. C'est le cas des tableaux de premier ordre (chapitre 2) et des $\mathbf{K4}$ ou $\mathbf{S4}$-tableaux (chapitre 4, section 2.3). Tout comme c'était le cas pour ces systèmes, le fait que les $\mathbf{K}_E$-tableaux puissent ne pas terminer n'est pas un problème du point de vue de l'algorithme de traduction entre preuve et forme extensive de $\mathbf{P}$ stratégie de victoire, puisqu'un tableau clos (une preuve) ne contient aucune branche infinie : toute branche close ferme forcément après un nombre fini d'étapes dans la construction de la branche. Il faut pour cela que les tableaux soient construits d'une manière systématique garantissant que l'on obtienne un tableau clos quand un tel tableau existe. La procédure brièvement décrite en section 3.1 peut facilement être adaptée pour obtenir une telle procédure pour construire des $\mathbf{K}_E$-tableaux systématiques :

- On place d'abord $1\,\mathbf{P}$-φ à l'origine du tableau, ce qui conclut la première étape. Supposons qu'on ait conclut la n-ème étape. On s'arrête seulement si l'un des deux cas de figure suivants se présente :

i) Le tableau obtenu est atomiquement clos et il n'y a pas de formule complexe **P**-signée à laquelle une règle n'a pas été appliquée,

ii) Chaque noeud étiqueté avec une formule complexe, quelque soit sa signature, a été utilié dans l'arbre obtenu.

– Dans les autres cas, on applique une règle de génération sur chaque branche qui n'est pas atomiquement close en respectant n'importe quel ordre de priorité selon lequel les formules **P** E ont la priorité la plus faible. Par exemple : les formules β ont la priorité sur les formules ν. Ces dernières ont la priorité sur les formules α, qui sont elles-mêmes prioritaires sur les formules **O** E. Puis viennent les formules π et enfin les formules **O** E.

L'application d'une règle de génération conclut l'étape $n + 1$.

On repousse le traitement des formules **P** E autant que possible de manière à ce que, tant que ces formules ne génèrent pas elles-mêmes l'apparition de nouveaux contextes, une branche infinie ne puisse pas être produite. De cette manière, si le tableau doit clore il le fera forcément avant qu'une telle branche ne soit générée.

La procédure de traduction entre preuves par $\mathbf{K}_E$-tableau et forme extensive d'une **P** stratégie de victoire est une simple extension de celle donnée au chapitre 4 pour le cas de la logique **K**, où les choix de contextes de **O** pour l'opérateur E sont traités de manière similaire à ceux pour l'opérateur $\Diamond$. Le point important est que cette procédure de traduction permet de démontrer que les $\mathbf{K}_E$-tableaux sont fiables et complets vis-à-vis de l'existence de **P** stratégies de victoire dans les jeux dialogiques que nous avons définis. Or, il a été démontré que ces tableaux sont également fiables et complets pour la notion modèle-théorique de validité pour $\mathcal{L}_{LME}$.[81] Par conséquent, l'existence de **P** stratégie de victoire coïncide avec la notion de validité encore une fois dans le cas de $\mathcal{L}_{LME}$.

Ainsi que nous l'avons mentionné en introduction de ce chapitre, une conséquence de ce résultat est que les jeux dialogiques que nous avons définis sont adéquats pour capturer une notion affaiblie de validité appelée satisfiabilité universelle puisque, comme nous l'avons expliqué, ces formules sont les formules φ telles que E φ est valide. Nous reviendrons sur cette notion dans la dernière section de ce chapitre. Avant cela, nous explorons un autre point intéressant de comparaison entre les $\mathbf{K}_E$-tableaux et nos jeux dialogiques qui concerne la terminaison pour les premiers et les rangs pour les seconds.

---

81. Voir Bolander et Blackburn (2007).

2.2 Terminaison des tableaux et rangs

Il est possible de garantir que tout $\mathbf{K}_E$-tableau termine après un nombre fini d'étapes, tout en préservant la complétude de la méthode. La règle $\mathbf{P}\,\mathrm{E}$ est susceptible de provoquer une branche infinie en combinaison avec les règles pour les formules π ou $\mathbf{O}\,\mathrm{E}$: tant que de nouveaux contextes sont introduits par application de l'une de ces règles, ceux-ci peuvent être utilisés pour appliquer de nouveau la règle $\mathbf{P}\,\mathrm{E}$. Pour bloquer la création de branches infinies, une solution est donc de limiter le nombre de nouveaux contextes introduits. C'est la méthode choisie dans Bolander et Blackburn (2007) : une règle appelée $\mathcal{R}$ pose des contraintes additionnelles sur l'application des règles pour les formules π et $\mathbf{O}\,\mathrm{E}$ de façon à garantir que l'introduction de nouveaux contextes s'arrête finalement et que la règle $\mathbf{P}\,\mathrm{E}$ ne soit appliquée qu'un nombre fini de fois. Il faut alors prouver que les $\mathbf{K}_{E\mathcal{R}}$-tableaux, c'est-à-dire les $\mathbf{K}_E$-tableaux construits en respectant la règle $\mathcal{R}$, restent complets. Ce résultat est démontré dans dans Bolander et Blackburn (2007, Theorem 5.5, pp.536–7).

La règle $\mathcal{R}$ est formée à partir de la notion d'« ancêtre inclusif » (*inclusion urfather*). Soit σ un contexte apparaissant dans une branche Θ d'un tableau. L'ancêtre inclusif de σ est le contexte σ' apparaissant le plus haut dans Θ tel que l'ensemble des formules signées associées à σ dans la branche est inclus dans celui des formules signées associées à σ'. On note $\sigma' = \mathfrak{u}\,\sigma$. La règle $\mathcal{R}$ est :

> La règle pour une formule π ou $\mathbf{O}\,\mathrm{E}$ peut être appliquée à une formule signée $\sigma\,\mathbf{X}\varphi$ dans une branche Θ seulement s'il y a un contexte τ apparaissant dans Θ tel que $\sigma = \mathfrak{u}\,\tau$.

On peut formuler l'action de $\mathcal{R}$ de la manière suivante. Un contexte σ' est une copie d'un contexte σ apparaissant précédemment dans une même branche quand les formules associées à σ' sont aussi associées à σ. Supposons maintenant que parmi ces formules associées aux deux contextes, certaines soient de type π ou $\mathbf{O}\,\mathrm{E}$. Il est inutile d'appliquer les règles pertinentes sur les copies (celles associées à σ') parce qu'elles peuvent déjà être appliquées à celles associées à σ : si on appliquait les règles dans les deux cas, on obtiendrait simplement deux contextes τ (généré à partir de σ) et τ' (généré à partir de σ') qui sont des copies l'un de l'autre. Du point de vue de la clôture ou non de la branche, considérer les deux copies est inutile. La règle $\mathcal{R}$ exclut une telle perte de temps en bloquant la génération de τ', c'est-à-dire en bloquant l'application des règles pour π et $\mathbf{O}\,\mathrm{E}$ sur les formules associées à σ'.

Pour une illustration, comparons le $\mathbf{K}_E$-tableau donné plus haut avec le $\mathbf{K}_{E\mathcal{R}}$-tableau suivant :

I	1	$\mathbf{P}\,E\,\square p$	
II	1	$\mathbf{P}\square p$	(I)
III	1.1	$\mathbf{P}p$	(II)
IV	1.1	$\mathbf{P}\square p$	(I)
V	1.1.1	$\mathbf{P}p$	(IV)
VI	1.1.1	$\mathbf{P}\square p$	(I)

> *Explications.* Dans la version sans la règle $\mathcal{R}$, le tableau se poursuit après l'étape VI, mais pas ici. En effet, après cette étape il apparaît clairement que le contexte 1.1.1 n'est rien d'autre qu'une copie du contexte 1.1. Il est donc inutile de poursuivre la branche en appliquant la règle pour $\mathbf{P}\square p$ et en introduisant un nouveau contexte 1.1.1.1. En termes d'ancêtre inclusif la situation est la suivante : à part lui-même, il n'y a pas d'autre contexte dont 1.1.1 puisse être ancêtre inclusif, puisque c'est le dernier contexte apparaissant dans la branche. Or, il n'est même pas son propre ancêtre inclusif car cette place est déjà prise par 1.1 car les formules associées à 1.1.1 sont aussi associées à 1.1.1. De sorte que la règle $\mathcal{R}$ interdit d'utiliser le noeud VI pour introduire un nouveau contexte à partir de 1.1.1.

Quand elle est associée aux autres règles pour les opérateurs modaux, la règle $\mathbf{P}\,E$ est susceptible de provoquer la construction d'une branche infinie. La solution de Bolander et Blackburn (2007) est d'intervenir sur ces autres règles qui, en combinaison avec la règle $\mathbf{P}\,E$, peuvent provoquer cela. D'une certaine manière, la règle $\mathcal{R}$ opère une modification de la définition de ce qu'est un noeud utilisé. C'est même une modification radicale puisqu'elle consiste à considérer comme utilisés certains noeuds auxquels aucune règle n'a pourtant été appliquée ; dans notre exemple, c'est le cas du noeud VI. C'est parce que cette règle repose sur une notion très particulière d'identité qui concerne les contextes et non les formules ou même les noeuds.

Il s'agit donc d'une approche fort différente de celle des rangs dans les jeux dialogiques, qui ont pourtant une fonction similaire en rendant impossibles les parties infinies. le mécanisme des rangs repose sur le comptage du nombre d'applications d'une règle sur une *même* formule. Pour saisir cette différence, considérons la méthode de Bolander et Blackburn

(2007) du point de vue dialogique. Dans nos jeux, l'introduction de nouveaux contextes est l'apanage de l'Opposant. Cela signifie qu'en termes dialogiques la règle $\mathcal{R}$ a pour effet d'interdire, dans certains cas, à l'Opposant de répondre (attaquer ou défendre) à des coups du Proposant. Or, rien dans les jeux dialogiques tels que nous les avons définis dans la section précédente ne limite ainsi les coups autorisés à l'Opposant. Il faudrait donc ajouter une règle structurelle supplémentaire qui aurait un effet similaire à la règle $\mathcal{R}$ pour obtenir des jeux dialogiques qu'on puisse comparer immédiatement aux $\mathbf{K}_{\mathrm{E}\,\mathcal{R}}$-tableaux.

Si rien n'empêche de chercher à formuler une telle règle, il n'est pas inutile de remarquer qu'on aboutirait à une sémantique dialogique différente de celle que nous avons considérée auparavant. Bien sûr, la différence ne portera pas sur la classe des formules pour lesquelles il y a une $\mathbf{P}$ stratégie de victoire : le Théorème 5.5 de Bolander et Blackburn (2007) et les algorithmes de traduction nous le garantissent en principe. Pour être plus précis, la différence porterait sur la signification des opérateurs modaux. Bien que leur signification locale resterait la même dans les deux types de jeu dialogique, la règle structurelle supplémentaire restreignant les possibilités de l'Opposant n'en demeure pas moins une modification importante de l'usage des opérateurs $\square$ et $\lozenge$. On peut douter du bien-fondé d'un tel changement de sémantique quand l'effet est de faciliter une comparaison avec les $\mathbf{K}_{\mathrm{E}\,\mathcal{R}}$-tableaux tandis que le point essentiel, à savoir empêcher la présence de branches infinies dans les formes extensives, est déjà assuré par le mécanisme des rangs.

Une comparaison entre la règle $\mathcal{R}$ et les rangs semble donc compromise. L'équivalent dialogique de la règle $\mathcal{R}$ semble passer par une modification des règles du jeu. La comparaison passe par cette modification et laisse complètement de côté le mécanisme des rangs. Il y a un autre motif d'insatisfaction à vouloir prendre la règle $\mathcal{R}$ comme point de départ. Que ce soit dans le cas des tableaux ou dans le cas des jeux dialogiques, le risque de poursuite à l'infini semble provoqué par le cas des expressions $\mathbf{P}\,\mathrm{E}\,\varphi$. Dans le cas des tableaux, c'est l'interaction de la règle $\mathbf{P}\,\mathrm{E}$ avec d'autres règles qui rend possibles les branches infinies. Dans le cas des jeux dialogiques, seul le rang du Proposant l'empêche de défendre indéfiniment une formule $\mathrm{E}\,\varphi$ en changeant encore et encore de contexte. Or la règle $\mathcal{R}$ n'agit pas directement sur la règle pour les formules $\mathbf{P}\,\mathrm{E}$ mais sur d'autres règles. Bien sûr, l'efficacité de $\mathcal{R}$ est indéniablement démontrée dans Bolander et Blackburn (2007). Mais les quelques éléments que nous venons d'évoquer nous incitent à chercher une alternative à cette règle qui concerne plus spécifiquement les formules **P** E, qui garantisse la terminaison des tableaux sans perte de complétude, et que l'on puisse tenter de comparer aux rangs dans les jeux dialogiques.

Nous proposons la règle $\mathcal{R}'$ suivante :

> Soit σ **P** E φ un noeud dans une branche Θ. La règle adéquate peut être appliquée pour ajouter un noeud τ **P**φ seulement si τ n'a pas d'ancêtre inclusif autre que lui-même dans la branche.

Il s'agit là clairement de limiter le nombre d'applications de la règle pour les formules **P** E à un même noeud. En effet, un contexte est toujours ancêtre inclusif de lui-même s'il n'en a pas d'autres. Ceci garantit donc que la règle peut se trouver être appliquée un certain nombre de fois. En revanche, l'application de la règle se bloque dès lors qu'il s'agit d'un contexte qui a un ancêtre inclusif différent et n'est donc qu'une copie de cet ancêtre. Pour illustrer le fonctionnement de $\mathcal{R}'$, nous reprenons notre exemple précédent :

I	1	**P** E $\Box p$	
II	1	**P**$\Box p$	(I)
III	1.1	**P**p	(II)
IV	1.1	**P**$\Box p$	(I)
V	1.1.1	**P**p	(IV)

Explications. La règle peut être appliquée à la racine en II parce que le contexte 1 n'a évidemment pas d'autre ancêtre inclusif que lui-même. Il en va de même pour le contexte 1.1 en IV. Par contre, il est clair que le contexte 1.1 est l'ancêtre inclusif du contexte 1.1.1. Donc, en vertu de $\mathcal{R}'$, ce dernier contexte ne peut pas être utilisé pour appliquer une nouvelle fois la règle à la racine.

Il n'est pas très difficile de vérifier que la règle $\mathcal{R}'$ ne provoque aucune perte de complétude pour les tableaux. Au fond son effet reste le même que la règle alternative $\mathcal{R}'$, à savoir empêcher la prolifération de copies de contexte qui n'apportent aucune contribution à la question de la clôture du tableau. La seule différence est que l'action de $\mathcal{R}'$ est légèrement plus précoce que celle de $\mathcal{R}$. Quoiqu'il en soit, la démonstration du Théorème 5.5 de Bolander et Blackburn (2007) peut ici être reprise avec quelques modifications pour vérifier que la complétude n'est pas perdue. Notre règle $\mathcal{R}'$ remplit donc deux des objectifs que nous nous étions fixés : elle concerne en particulier les formules **P** E et ne provoque pas de perte de complétude.

Le bilan n'est pas aussi complètement positif en ce qui concerne le troisième objectif. Il est clair que la règle $\mathcal{R}'$ ne constitue pas une implémentation du mécanisme des rangs au sein des tableaux. En effet, la règle ne fixe pas un nombre unique d'applications autorisées de la règle pour les formules **P** E. En ce sens elle est plus permissive que les rangs ne le sont dans les jeux dialogiques. Mais même si le nombre n'en est pas préalablement défini, la règle $\mathcal{R}'$ a bien pour effet de limiter le nombre d'applications de la règle pour les formules **P** E *à un même noeud* sans les interdire. Il est donc possible de *compter* le nombre de ces applications pour chaque noeud une fois le tableau terminé. La règle $\mathcal{R}$, elle, ne permettait pas un tel comptage puisqu'elle interdisait l'application de certaines règles. De sorte que notre règle $\mathcal{R}'$ peut plus facilement être mise en relation avec les rangs, celui du Proposant pour être précis. Cette relation apparaîtra alors, comme on peut s'y attendre, dans l'algorithme de traduction entre preuves par tableau et formes extensives de **P** stratégie. L'idée est similaire à ce que nous avons rencontré dans le cas du premier-ordre et de la logique modale : le plus grand nombre d'application de la règle **P** E à un même noeud détermine le rang du Proposant. En d'autres termes, la preuve par tableau fournit une indication concernant la stratégie de victoire du Proposant, à savoir le nombre minimal de répétitions dont il a besoin pour pouvoir gagner.

Ces remarques concluent notre exploration de la relation entre tableaux et jeux dialogiques dans le cas de $\mathcal{L}_{LME}$. Dans ce chapitre, notre intérêt à ce sujet a été plus particulièrement de comparer le mécanisme des rangs à des solutions différentes conçues pour garantir des effets semblables au sein de la méthode des tableaux. Nous passons maintenant aux autres raisons pour lesquelles nous nous intéressons aux jeux dialogiques définis dans ce chapitre : les pratiques argumentatives dont ils permettent de rendre compte, ainsi que la notion particulière de validité qu'on peut capturer grâce à eux.

3   Déplacement du contexte et satisfiabilité universelle

Nous regroupons dans cette dernière section quelques remarques ayant trait aux autres raisons de nous intéresser à la sémantique dialogique de l'opérateur global E. Ces remarques constituent autant de point de départ pour des sujets qui pourraient sans doute être approfondis dans des travaux futurs.

3.1 Modification de contexte

Il est une pratique qui peut survenir au cours d'un débat et dont les sémantiques dialogiques modales usuelles ne peuvent pas vraiment rendre compte. Ainsi que nous l'avons dit, nous nous intéressons à ces débats au cours duquel les circonstances changent et où ces changements peuvent être pris en compte. C'est là le rôle de l'approche dialogique des modalités. Mais dans les sémantiques telles que celles décrites au chapitre 4, le processus de contextualisation est extrêmement strict et il y a une certaine étanchéité entre les contextes au sens suivant : une affirmation ou une requête y est à ce point liée à un contexte dialogique qu'elle est pour ainsi dire mise entre parenthèse en cas de changement de contexte, et y revenir (si c'est autorisé) signifie fialement revenir au moins temporairement au contexte auquel elle est liée. Quoiqu'il en soit, l'affirmation ou la requête en question n'est alors jamais disponible à d'autres contextes que celui auquel elle est liée.

Mais il s'agit là d'une lecture très forte de ce que signifie un changement de circonstances, et il peut être pertinent de vouloir une lecture un peu moins stricte. Il est en effet concevable qu'au cours d'un débat les participants puissent « exporter » certaines de leurs affirmations, par exemple, après un changement de circonstance. Ils peuvent par exemple vouloir réaffirmer des positions précédentes dans ces nouvelles circonstances, comme une manière d'affirmer que le changement de circonstances n'affecte pas leurs affirmations passées, ou au contraire tenter de profiter du changement de circonstance pour justifier une affirmation qu'ils n'ont pas réussi à défendre avant ce changement de circonstances. En d'autres termes, les participants peuvent vouloir ou avoir intérêt à *répéter* certaines de leurs affirmations dans les nouvelles circonstances qui ont surgi au cours du débat.

De tels comportements ne peuvent être représentés dans les jeux dialogiques modaux usuels que dans la limite du critère de disponibilité entre contextes. Quand celles-ci sont aussi strictes que dans le cas de la logique **K**, un joueur ne peut guère faire plus par exemple qu'affirmer une même formule φ à tous les contextes disponibles à partir de celui où il a affirmé $\Diamond\varphi$, pour autant que son rang de répétition lui permette. L'utilisation de l'opérateur E élargit considérablement les possibilités des joueurs en augmentant considérablement le nombre de contextes qu'un joueur peut choisir pour répéter certaines de ses affirmations. Considérons la partie (non-terminale) suivante :

		O		P		
				$E\,\Box(\Box p \to p)$	c_1	0
1	c_1	$n := 1$		$m := 3$	c_1	2
3	c_1	$?\,[!\Box(\Box p \to p) : c_j]^{\infty}$	(0)	$\Box(\Box p \to p)$	c_1	4
5	c_1	$?\,[!\Box p \to p : c_2]$	(4)	$\Box p \to p$	c_2	6
7	c_2	$\Box p$	(6)			
				$\Box(\Box p \to p)$	c_2	8
9	c_2	$?\,[!\Box p \to p : c_3]$	(8)			
				$\Box(\Box p \to p)$	c_3	10

Si l'opérateur principal était un $\Diamond$ au lieu d'un E, alors le Proposant ne pourrait pas jouer le coup 10 en l'absence de transitivité de la disponibilité. Mais puisque les conditions sont si permissives dans le cas de E, le Proposant a l'occasion de répéter une même affirmation jusqu'à trois fois à trois contextes dialogiques différents dans cette partie. Cette partie n'est pas terminée, et on verra plus bas qu'il y a une manière plus efficace de jouer pour le Proposant, mais son propos est simplement d'illustrer l'apport de l'approche dialogique de $\mathcal{L}_{LME}$ par rapport à celle du langage modale basique.

La sémantique dialogique que nous avons présentée dans ce chapitre ouvre donc la voie à la représentation de débats argumentatifs au sein desquels les joueurs peuvent tout à fait librement réitérer certaines de leurs affirmations au fur et à mesure que les circonstances changent. Mais même cette sémantique ne permet pas tout à fait de capturer le genre de pratiques que nous avons décrit. Les possibilités de répétition restent limitées aux formules qui sont dans la portée d'un opérateur E, et il ne faut pas oublier qu'elles le sont aussi par les rangs des joueurs. De plus, cette possibilité ne se révèle intéressante que pour le Proposant dans l'état actuel des choses, puisque les jeux dialogiques avec lesquels nous travaillons sont tels que les répétitions, même de ce genre, ne permettent pas à l'Opposant d'améliorer ses possibilités de victoire. On est donc encore loin d'avoir à disposition des jeux dialogiques qui offrent la liberté voulue aux joueurs à propos de la disponibilité de leurs affirmations précédentes, même si les jeux pour $\mathcal{L}_{LME}$ offrent un point de départ.

Outre cette perspective très programmatique, la sémantique dialogique pour $\mathcal{L}_{LME}$ a une autre application intéressante que nous décrivons maintenant brièvement.

3.2   Satisfiabilité universelle

Dans un article récent consacré à la logique indienne (Priest, 2008), G. Priest introduit une relation peu commune de conséquence, définissant une formule φ comme étant une conséquence d'un ensemble Γ de formules si et seulement si chaque modèle dans lequel chaque formule de Γ est vraie *tout court* est un modèle où φ est vraie *tout court*. La spécificité de cette relation de conséquence est la notion de vérité tout court : une formule est vraie tout court dans un modèle $\mathcal{M}$ si elle est satisfaite à au moins un point de ce modèle. Dans un article paru la même année, L. Humberstone donne une axiomatisation de l'ensemble des formules qui sont conséquences de l'ensemble vide selon cette relation de conséquence (Humberstone, 2008). Humberstone appelle $\exists$-valides ces formules, qui sont vraies à au moins un point dans chaque modèle. Nous suivons plutôt la terminologie de T. Tulenheimo et disons de ces formules qu'elles sont universellement satisfiables. [82]

Les formules suivantes sont des exemples de formules universellement satisfiables :

Exemple 5.3.
  – $\Box(\Box p \to p)$,
  – $p \to \Box p$,
  – $\Box(p \to q) \to (\Box p \to \Box q)$

Ainsi que le suggère le troisième exemple, une formule valide est forcément universellement satisfiable : si une formule est vraie à tout point de tout modèle alors elle l'est *a fortiori* à au moins un point de tout modèle. Les deux premiers exemples sont tirés de Humberstone (2008).

La notion de satisfiabilité universelle a la particularité d'être aussi bien plus faible que celle de validité, puisqu'il suffit d'un monde dans tout modèle, que plus forte que celle de satisfiabilité puisqu'il faut considérer tous les modèles. On sait que la notion de satisfiabilité n'a aucune place dans la théorie dialogique de la signification. Mais on sait aussi, à travers les différents théorèmes de fiabilité et complétude et leurs corollaires, que l'approche dialogique possède une notion équivalente à celle de validité, à savoir l'existence de stratégies de victoire pour le Proposant. On peut se poser la question de la manière dont l'approche dialogique peut être liée à la notion plus faible de satisfiabilité universelle. Or, les jeux dialogiques que nous avons étudiés dans ce chapitre permettent de rendre indirectement compte de cette notion.

82. Tulenheimo (2009).

En effet, T. Tulenheimo a également remarqué que l'on peut rapprocher la notion de satisfiabilité universelle telle qu'appliquée au langage
modal basique de celle de validité dans le cas de $\mathcal{L}_{LME}$. Étant donnée
la sémantique modèle-théorique de l'opérateur E, il n'est pas difficile de
constater que :

Lemme 3.1. Soit φ une formule du langage modal basique : φ est universellement satisfiable si et seulement si E φ est valide.

En effet, la validité de E φ n'a d'autre signification que la suivante : dans
tous les modèles, il y a au moins un monde où φ est satisfaite. Et il s'agit
là précisément de la définition de la satisfiabilité universelle.

À partir de là, il est facile de voir comment les jeux dialogiques de ce
chapitre permette d'avoir une prise sur la notion de satisfiabilité universelle. Comme nous l'avons vu en section 2, les $\mathbf{K}_E$-tableaux sont fiables
et complets par rapport à l'existence de **P** stratégies de victoire dans ces
jeux dialogiques. Par corollaire, on obtient donc que pour toute formule
φ de $\mathcal{L}_{LME}$, il y une stratégie de victoire pour le Proposant dans $\mathcal{D}(\varphi)$
si et seulement si φ est valide. Étant donné le Lemme 3.1, on conclut
facilement qu'il y a une stratégie de victoire pour le Proposant de $\mathcal{D}(E\,\varphi)$
si et seulement si φ est universellement satisfiable.

À titre d'exemple, nous considérons une partie tirée de $\mathcal{D}(\,E\,\Box(\Box p \to p))$. Celle-ci indique que le Proposant dispose d'une stratégie de victoire
dans ce jeu, car il est assez aisé de constater que les répétitions et les
changements d'ordre de coups n'améliorent pas les perspectives de l'Opposant.

Exemple 5.4.

		O				P		
						$E\,\Box(\Box p \to p)$	c_1	0
1	c_1	n := 1				m := 2	c_1	2
3	c_1	$? [!\Box(\Box p \to p) : c_j]^\infty$	(0)			$\Box(\Box p \to p)$	c_1	4
5	c_1	$? [!\Box p \to p : c_2]$	(4)			$\Box p \to p$	c_2	6
7	c_2	$\Box p$	(6)					
						$\Box(\Box p \to p)$	c_2	8
9	c_2	$? [!\Box p \to p : c_3]$	(8)			$\Box p \to p$	c_3	10
11	c_3	$\Box p$	(10)			p	c_3	14
13	c_3	p			(7)	$? [!p : c_3]$	c_2	12

Explications. Le Proposant ne peut pas défendre face à l'attaque 7 à cause de la Règle Formelle. Il ne peut pas non plus

contre-attaquer puisqu'aucun contexte dialogique ne lui est disponible pour attaquer un $\square$: l'Opposant n'a, à ce moment du débat, choisi aucun contexte à c_2. Mais contrairement à la situation au coup 4 il y a maintenant un autre contexte disponible, c_2, dans le débat. Le Proposant peut donc défendre une nouvelle fois la thèse, mais en choisissant cette fois le contexte c_2. Par la suite, l'Opposant choisit c_3 à c_2 au coup 9. De sorte que, pour répondre à l'attaque 11, le Proposant peut dans un premier temps (coup 12) attaquer le coup 7 en choisissant le contexte c_3 puis affirmer p à c_3 au coup 14 pour gagner la partie.

On peut regretter que ce traitement dialogique de la satisfiabilité universelle soit indirecte, parce qu'elle passe par l'ajout de l'opérateur E et le Lemme 3.1. L'enrichissement du langage et le passage par la notion de validité ne sont pas nécessaires pour définir cette notion. D'où la perspective d'une approche différente pour déterminer une notion dialogique à laquelle la satisfiabilité universelle corresponde, s'il y a une telle notion. La première étape de cette approche consisterait à se limiter au langage modal basique, et donc à se cantonner à une sémantique dialogique standard tirée du chapitre 4. On sait que l'existence d'une **P** stratégie de victoire y est l'équivalent de la notion de validité. Puisque la satisfiabilité universelle est plus faible que la validité, il s'agirait donc de trouver une notion plus faible que l'existence d'une **P** stratégie de victoire qui y correspondrait. Il pourrait s'agir de considérer un certain type de **P** stratégies qui, bien que n'étant pas des stratégies de victoire à part entière, concernerait une forme affaiblie de victoire. La difficulté, et donc le projet, étant alors de déterminer cette forme affaiblie et de démontrer la correspondance avec la satisfiabilité universelle. Un tel résultat permettrait de donner une perspective sur la satisfiabilité universelle qui soit tirée du domaine des jeux, et qui permettrait d'en évaluer la pertinence en termes de pratiques et débats argumentatifs.

CHAPITRE 6

LA DIALOGIQUE D'« ACTUELLEMENT »

Une partie de ce chapitre reprend la section 3 de Clerbout (2012b), dont il tire également son titre. Nous nous intéressons ici à ces débats argumentatifs dans lesquels une situation donnée est reconnue comme situation « de référence », à laquelle certaines affirmations ou requêtes peuvent se rapporter. L'idée est de pouvoir séparer distinctement ce qui relève de la situation de référence et ce qui n'en relève pas. Encore une fois, il s'agit au fond d'une question de disponibilité de l'information : si l'un des participants au débat en vient à utiliser une situation (un contexte) particulier, il convient de distinguer les cas où l'information liée à la situation de référence est disponible dans cet autre contexte et les cas où elle ne l'est pas.

Des jeux dialogiques permettant ce genre de gestion de l'information sont obtenus en enrichissant le langage modal basique avec l'opérateur d'actualité[83] $\mathcal{A}$ et en ajoutant des règles pour l'usage de cet opérateur. La première tâche est de donner une règle de particule pour cette nouvelle constante logique. Dans ce but il faut répondre à la question suivante : quel est le contexte de référence ? On peut considérer qu'il s'agit du contexte initial. Une autre possibilité, plutôt que de supposer que le contexte initial du débat est forcément le contexte de référence, consiste à laisser aux joueurs le soin de *choisir* le contexte de référence. Ainsi, nous considérons deux sémantiques locales pour l'opérateur d'actualité $\mathcal{A}$. Se pose ensuite la question des règles structurelles. Quelle que soit la règle de particule préférée pour l'opérateur d'actualité, il faut adapter les règles structurelles pour prendre en charge la différence entre cet opérateur et les opérateurs modaux du langage. Par ailleurs, dans le cas où le contexte de référence est choisi par les joueurs, il faut introduire une règle régissant ce choix. Ainsi, nous allons considérer deux types de sémantique dialogique pour le langage modal avec opérateur d'actualité

---

83. Voir par exemple Crossley et Humberstone (1977), Hazen (1978), Hughes et Cresswell (1996).

138

et l'un des enjeux de ce chapitre sera d'étudier les différences entre ces deux alternatives.

Mais puisqu'il y a de nombreuses règles différentes possibles pour l'usage des contextes relativement aux opérateurs □ et ◇, on obtient autant de sémantiques dialogiques différentes pour le langage avec l'opérateur $\mathcal{A}$. Parmi toutes ces possibilités nous ne mentionnerons que le cas de règles adéquates pour la logique modale **S5**. L'une des raisons pour ce choix est que l'ajout de l'opérateur $\mathcal{A}$ au langage fournit une illustration des limites de l'équivalence entre les règles $RS3\text{-}S5$ et $RS3\text{-}S5'$ discutées dans la section 1.2.

1 Contexte de référence et règles locales pour $\mathcal{A}$

Le langage $\mathcal{L}_{LM\mathcal{A}}$ résulte de l'ajout à $\mathcal{L}_{LMB}$ de l'opérateur unaire $\mathcal{A}$ de sorte que si φ est une formule alors $\mathcal{A}\varphi$ est une formule. Les règles locales pour les connecteurs propositionnels et □ et ◇ sont les règles habituelles données dans le chapitre 4. Les deux différentes règles locales que nous avons mentionnées en introduction sont données en Figure 6.1.

Affirmation	$\mathbf{X}\,!\,\mathcal{A}\varphi : c_i$	$\mathbf{X}\,!\,\mathcal{A}\varphi : c_i$
Attaque	$\mathbf{Y}\,?\,[!\varphi : c_1] : c_i$	$\mathbf{Y}\,?\,[!\varphi : \eta] : c_i$
Défense	$\mathbf{X}\,!\,\varphi : c_1$	$\mathbf{X}\,!\,\varphi : \eta$

Table 6.1: Les règles RP$\mathcal{A}$1 (à gauche) et RP$\mathcal{A}$2 (à droite)

Dans les deux cas, l'attaquant requiert de l'autre joueur qu'il affirme φ au contexte de référence, et la défense est d'exécuter la requête. La différence porte sur le contexte de référence : c'est le contexte initial c_1 dans la première règle tandis que dans la deuxième règle il s'agit d'un contexte dénoté par la variable η possiblement différent de c_1 mais fixe tout au long de la partie. L'opérateur $\mathcal{A}$ a ceci de commun avec les opérateurs modaux que nous avons étudiés jusqu'ici qu'un changement de contexte peut survenir si c_i est différent de c_1 ou bien de η. Cependant, l'usage de $\mathcal{A}$ reste fondamentalement différent de l'usage des opérateurs □ et ◇ parce que les joueurs n'ont localement pas le choix à propos du contexte. Ni l'attaquant ni le défenseur ne peuvent choisir un contexte quelconque : celui-ci doit être le contexte de référence.

Il convient d'insister cependant que, dans le cas où la règle locale choisie est RP$\mathcal{A}$2, il faut fixer la valeur de η. La seule possibilité pour cela est de laisser les joueurs choisir le contexte qui fera office de contexte de référence au cours du débat. Mais puisque le Proposant n'est initialement pas autorisé à faire des hypothèses sur les contextes susceptibles d'apparaître durant la partie, c'est à l'Opposant que doit revenir la possibilité de fixer le contexte de référence. C'est pourquoi, dans le cadre d'une sémantique dialogique qui donne $\mathrm{RP}\mathcal{A}2$ comme sémantique locale de l'opérateur $\mathcal{A}$, la règle de départ est modifiée pour inclure une étape au cours de laquelle **O** choisit la valeur de η.[84] Une sémantique de ce genre met donc bien en jeu un choix relatif à l'usage de l'opérateur $\mathcal{A}$, quoique le choix n'intervienne pas au niveau de la sémantique locale. Par contre, si la signification locale de $\mathcal{A}$ est donnée par la règle $\mathrm{RP}\mathcal{A}1$, aucun choix n'entre en ligne de compte tant au niveau local qu'au niveau structurel.

Nous avons fourni deux règles locales possibles pour l'opérateur $\mathcal{A}$ et donc deux interprétations possibles pour celui-ci. Une question légitime est de chercher à déterminer si l'une ou l'autre des sémantiques locales est meilleure, ou plus fidèle, pour capturer l'usage d'« actuellement » au cours d'un dialogue argumentatif. Il s'avère cependant que cette question n'est guère facile à trancher. Tout d'abord, il est clair que $\mathrm{RP}\mathcal{A}1$ est le cas particulier de $\mathrm{RP}\mathcal{A}2$ où η est c_1 et l'on peut être tenté de préférer cette deuxième règle dans l'intérêt de la généralité. Mais se cantonner au cas spécial de $\mathrm{RP}\mathcal{A}1$ n'est pas sans attrait : établir que le contexte de référence au cours d'un débat est donné par les conditions initiales du dialogue paraît raisonnable et en accord avec la pratique effective du dialogue d'argumentation, surtout par comparaison à l'alternative. Il semble en effet à première vue peu convaincant que l'affirmation examinée au cours du débat, la thèse, ne soit pas liée au contexte de référence comme si elle n'était pas affirmée « ici et maintenant ». Mais cet argument repose sur une mauvaise analyse de la fonction des contextes dialogiques dans les jeux que nous considérons. Leur rôle est de désigner les conditions auxquelles les affirmations se rapportent : toute affirmation, toute requête, est toujours effectuée ici et maintenant et les joueurs ne voyagent pas dans des « ailleurs » de quelque sorte pour mener un débat. L'exemple du contrefactuel est ici éclairant : une affirmation peut à la fois être avancée ici et maintenant tout en se rapportant à des conditions totalement étrangères. Quand j'affirme « Aristote aurait pu ne pas être le disciple de Platon », ce n'est pas parce que l'affirmation se rapporte à des circonstances contraires aux faits, ou au « monde actuel », que celle-ci n'est pas effectuée ici et maintenant.

---

84. Voir la section suivante.

Il semble donc exagéré de supposer que le contexte auquel la thèse se rapporte désigne forcément ce contexte de référence auquel on fait parfois référence au cours d'une argumentation. Bien sûr, il y a des cas où cette hypothèse est parfaitement justifiée. Une thèse modale se rapporte par définition à des circonstances différentes du monde actuel, mais un grand nombre d'affirmation n'ont pas de composante modale et se rapportent donc au contexte de référence. Mais cela ne suffit pas pour faire du cas particulier la norme. L'exemple du contrefactuel montre clairement que les circonstances auxquelles la thèse se rapporte ne constitue pas nécessairement le contexte de référence auquel l'usage de « actuellement » est lié. Ainsi, et quoique la question mérite une réflexion plus approfondie, il paraît justifié de travailler de préférence avec le cas plus général, c'est-à-dire avec la règle RP$\mathcal{A}$2.

Pourtant, dans ce chapitre, nous nous attacherons à présenter des sémantiques dialogiques obtenues à partir de chacune des deux possibilités. Deux raisons motivent ce choix. La première concerne la comparaison entre les deux versions de la règle de disponibilité des contextes que nous avons données pour **S5** dans le chapitre 4. Nous y avons mentionné que ces deux versions sont équivalentes quand on considère le langage modal basique, mais que leur équivalence ne tenait pas dans d'autres cas. Nous verrons dans la prochaine section que c'est ce qui se passe quand on prend RP$\mathcal{A}$2 comme règle locale pour l'opérateur d'actualité : selon que l'on choisisse l'une ou l'autre version de la règle structurelle, les formules pour lesquelles le Proposant dispose d'une stratégie de victoire ne sont pas les mêmes. Or, nous verrons également que l'équivalence entre les deux versions de la règle structurelle se maintient quand la règle locale utilisée pour l'opérateur d'actualité est RP$\mathcal{A}$, c'est-à-dire que les formules pour lesquelles il y a une **P** stratégie de victoire sont les mêmes. Il s'avère donc que le rapport entre les deux types de sémantiques locales pour $\mathcal{A}$ n'est pas un simple rapport de cas général et de cas particulier. Choisir l'une ou l'autre règle a une autre conséquence, plus profonde, en ce que cela introduit une différence au niveau de la règle structurelle de disponibilité des contextes. Cela signifie que l'interaction entre l'opérateur $\mathcal{A}$ et les opérateurs standards $\square$ et $\lozenge$ diffère grandement selon la sémantique locale donnée à $\mathcal{A}$.

De plus, nous verrons que la sémantique dialogique mettant en jeu la règle RP$\mathcal{A}$1 permet de donner l'approche dialogique d'une notion de validité plus faible que la notion habituelle de validité en logique modale. On a déjà vu un effet de ce genre dans le chapitre précédent à propos d'une autre notion sémantique, la satisfiabilité universelle. La notion de validité capturée par la sémantique dialogique comprenant RP$\mathcal{A}$1 est appelée « validité au monde réel ».[85] Ce point est assez intéressant pour ne pas se contenter de mentionner RP$\mathcal{A}$1 comme un simple cas particulier et accorder un minimum d'attention aux sémantiques dialogiques dans lesquelles c'est cette règle qui détermine la signification locale de l'opérateur d'actualité.

Entre les deux règles locales auxquelles nous avons consacré cette section et les deux versions de la règle de disponibilité des contextes que nous allons considérer, ce sont donc quatre sémantiques dialogiques pour $\mathcal{L}_{LM\mathcal{A}}$ que nous allons présenter et explorer dans la suite de ce chapitre.

2   Quatre sémantiques dialogiques pour $\mathcal{L}_{LM\mathcal{A}}$

Nous présentons dans cette section les quatre sémantiques dialogiques que l'on peut donner à $\mathcal{L}_{LM\mathcal{A}}$ selon les combinaisons possibles quand on a à disposition les deux règles locales pour $\mathcal{A}$ et deux différentes versions de la règle structurelle de disponibilité des contextes.

2.1   Les sémantiques comprenant RP$\mathcal{A}$1

Nous commençons par considérer le cas où la règle locale utilisée pour l'opérateur d'actualité est celle dans laquelle le contexte de référence est fixé comme étant le contexte initial c_1. Le premier cas que nous considérons est celui où les règles structurelles sont celles de la dialogique modale standard où la règle de disponibilité des contextes est la règle $RS3$-$S5$ donnée en section 1.2 du chapitre 4. Pour rappel, ces règles sont les suivantes :

Règle de Départ (RS0) 2. Soit φ une formule complexe de $\mathcal{L}_{LBM}$ et $c_1 \in \mathbb{C}$. Pour toute partie $\Delta \in \mathcal{D}(\varphi)$, on a :

(i) $p_\Delta(\mathbf{P} \, ! \, \varphi : c_1) = 0$,

(ii) $p_\Delta(\mathbf{O} \, (\mathtt{n} := \mathtt{r}_1) : c_1) = 1$ et $p_\Delta(\mathbf{P} \, (\mathtt{m} := \mathtt{r}_2) : c_1) = 2$,

(iii) Si $p_\Delta(M)$ est pair alors M est un coup de $\mathbf{P}$; si $p_\Delta(M)$ est impair alors M est un coup de $\mathbf{O}$,

(iv) Pour tout $M \in \Delta$ tel que $p_\Delta(M) > 2$, on a $F_\Delta(M) = \big[m', Z\big]$ tel que $Z \in \{A, D\}$ et $m' < p_\Delta(M)$.

On appelle c_1 le contexte *initial* du jeu.

Règle Classique de Déroulement (RS1) 2. Soient $\mathtt{r}$ le rang de répétition du joueur $\mathbf{X}$ et Δ une partie dans $\mathcal{D}(\varphi)$ telle que :

---

85. *real-world validity* (Crossley et Humberstone, 1977).

- le dernier membre de Δ est un coup de $\mathbf{Y}$,
- $M_0 \in \Delta$ est un coup de $\mathbf{Y}$ quelconque, avec $\mathrm{p}_\Delta(M_0) = m_0$,
- $M_1, \ldots, M_n \in \Delta$ sont n coups de $\mathbf{X}$ tels que $\mathrm{F}_\Delta(M_1) = \mathrm{F}\Delta(M_2) = \ldots = \mathrm{F}_\Delta(M_n) = [m_0, Z]$, où $Z \in \{A, D\}$.

Soit la séquence $\Delta^\frown N$ telle que $N = \mathbf{X}\, f\, e : c_i$ et $\mathrm{F}_{\Delta^\frown N}(N) = [m_0, Z]$. La séquence $\Delta^\frown N$ est une partie dans $\mathcal{D}(\varphi)$ seulement si $n < \mathbf{r}$.

Règle Formelle (RS2) 2. Soient :

- ψ une formule atomique quelconque,
- c_i un contexte dialogique quelconque,
- $N = \mathbf{P}\,!\,\psi : c_i$,
- $M = \mathbf{O}\,!\,\psi : c_i$.

Une séquence Δ est une partie seulement si la condition suivante est respectée : si $N \in \Delta$ alors $M \in \Delta$ et $\mathrm{p}_\Delta(M) < \mathrm{p}_\Delta(N)$.

Règle S5 de Disponibilité des Contextes (RS3-S5) 2. Soit $\Delta \in \mathcal{D}(\varphi)$ dont le dernier membre est un $\mathbf{O}$ coup.

1. Supposons $M_0 \in \Delta$ avec $M_0 = \mathbf{O}\,!\,\Box\psi : c_i$ et $\mathrm{p}_\Delta(M) = m_0$. Soit $\Delta^\frown N$ la séquence telle que $\mathrm{F}_{\Delta^\frown N}(N) = [m_0, A]$. On a $\Delta^\frown N \in \mathcal{D}(\varphi)$ si et seulement si $RS1$ est respectée et l'une des conditions suivantes est vérifiée :
   - $\mathbf{O}$ a choisi c_j à c_i dans Δ.
   - $c_j = c_i$.
   - $\mathbf{O}$ a choisi c_i à c_j dans Δ.
   - Il y a un c_k tel que c_k est disponible à c_i et c_j est disponible à c_k pour $\mathbf{P}$ dans Δ.

2. Supposons $M_0 \in \Delta$ avec $M_0 = \mathbf{O}\,?\,[!\,\psi : c_j]^\infty : c_i$ et $\mathrm{p}_\Delta(M) = m_0$. Soit $\Delta^\frown N$ la séquence telle que $\mathrm{F}_{\Delta^\frown N}(N) = [m_0, D]$. On a $\Delta^\frown N \in \mathcal{D}(\varphi)$ si et seulement si $RS1$ est respectée et l'une des conditions suivantes est vérifiée :
   - $\mathbf{O}$ a choisi c_j à c_i dans Δ.
   - $c_j = c_i$.
   - $\mathbf{O}$ a choisi c_i à c_j dans Δ.
   - Il y a un c_k tel que c_k est disponible à c_i et c_j est disponible à c_k pour $\mathbf{P}$ dans Δ.

Règle de Victoire (RS4) 2. Soit une partie $\Delta \in \mathcal{D}(\varphi)$. Le joueur $\mathbf{X}$ gagne Δ si et seulement si Δ est $\mathbf{X}$-terminale.

Pour désigner un jeu dialogique joué selon ces règles, nous utilisons la notation $\mathcal{D}_{\mathcal{A}1}(\varphi)$. On constate qu'il n'y a pas de règle structurelle spécifique concernant l'opérateur $\mathcal{A}$: la règle locale suffit à réguler l'usage de l'opérateur d'actualité. Il n'y a pas de condition particulière de disponibilité de contexte ajoutée : le contexte initial est toujours considéré comme disponible pour appliquer la règle pour $\mathcal{A}$. Cela signifie que l'interaction entre $\mathcal{A}$ et les autres opérateurs modaux est minimale : les disponibilités de contexte entrant en jeu vis-à-vis de $\square$ et $\lozenge$ n'ont aucune importance pour l'usage de l'opérateur d'actualité. En revanche, le fait que c_1 soit toujours disponible pour appliquer la règle RP$\mathcal{A}$1 ne signifie pas qu'il le soit toujours pour appliquer les règles pour $\square$ et $\lozenge$, qui restent soumis à la règle $RS3$-$S5$. Enfin, soulignons que ce n'est pas parce que le contexte c_1 est toujours disponible que les joueurs peuvent toujours efficacement défendre une formule $\mathcal{A}\psi$: ils restent soumis aux autres règles, notamment la Règle Formelle pour le Proposant.

Toutes ces remarques sont valables pour la deuxième sémantique que nous présentons maintenant. Les règles en sont exactement les mêmes que la première, sauf en ce qui concerne la règle de disponibilité des contextes. Dans cette sémantique, c'est la règle que nous avons présentée comme alternative à $RS3$-$S5$ dans le chapitre 4 qui est utilisée. Cette règle est la suivante :

Règle S5' de Disponibilité des Contextes (RS3-S5') . Soit $\Delta \in \mathcal{D}(\varphi)$ dont le dernier membre est un **O** coup.

1. Supposons $M_0 \in \Delta$ avec $M_0 = \mathbf{O} \,!\,\square\psi : c_i$ et $\mathrm{p}_\Delta(M) = m_0$. Soit $\Delta^\frown N$ la séquence telle que $\mathrm{F}_{\Delta^\frown N}(N) = [m_0, A]$. On a $\Delta^\frown N \in \mathcal{D}(\varphi)$ si et seulement si $RS1$ est respectée et c_j n'est pas nouveau.

2. Supposons $M_0 \in \Delta$ avec $M_0 = \mathbf{O} \,?\,[!\psi : c_j]^\infty : c_i$ et $\mathrm{p}_\Delta(M) = m_0$. Soit $\Delta^\frown N$ la séquence telle que $\mathrm{F}_{\Delta^\frown N}(N) = [m_0, D]$. On a $\Delta^\frown N \in \mathcal{D}(\varphi)$ si et seulement si $RS1$ est respectée et c_j n'est pas nouveau.

Pour désigner un jeu dialogique joué selon ce deuxième ensemble de règles, nous utilisons la notation $\mathcal{D}_{\mathcal{A}1'}(\varphi)$.

La partie de l'Exemple 6.1 obéit aux règles des deux sémantiques.

Exemple 6.1. Une partie dans $\mathcal{D}_{\mathcal{A}1}\big(\mathcal{A}p \to p\big)$ et $\mathcal{D}_{\mathcal{A}1'}\big(\mathcal{A}p \to p\big)$.

		O				**P**		
						$\mathcal{A}p \to p$	c_1	0
1	c_1	n := 1				m := 2	c_1	2
3	c_1	$\mathcal{A}p$	(0)			p	c_1	6
5	c_1	p			(3)	? $[!p : c_1]$	c_1	4

> *Explications.* Dans la mesure où les opérateurs $\Box$ et $\Diamond$ n'apparaissent pas dans la formule en jeu, cette partie obéit aux deux ensembles de règles que nous avons présentés.

Bien que la différence entre $RS3$-$S5$ et $RS3$-$S5'$ puisse donner lieu à des déroulements différents des parties, il y a un aspect sur lequel les deux sémantiques considérées jusqu'ici se rejoignent et qui justifie qu'on les considère comme équivalentes. C'est au niveau des formules pour lesquelles il y a une stratégie de victoire pour le Proposant que les deux sémantiques se révèlent équivalentes. La raison en est que les règles $RS3$-$S5$ et $RS3$-$S5'$ s'avèrent équivalentes dans le cas où la sémantique locale de $\mathcal{A}$ est donnée par RP$\mathcal{A}1$. En effet, le contexte de référence n'est jamais nouveau puisque la règle locale stipule qu'il s'agit du contexte initial. Pour cette raison, l'argument que nous avons donné dans la section 1.2 du chapitre 4 s'applique encore dans le cadre qui nous occupe : tout contexte non nouveau est obtenu en accord avec les clauses spécifiées par $RS3$-$S5$ et la converse demeure aussi évidente. Par conséquent, les deux règles de disponibilité de contextes sont interchangeables sans conséquence sur les formules pour lesquelles le Proposant a une stratégie de victoire :

THÉORÈME 2.1. Il y a une **P** stratégie de victoire dans $\mathcal{D}_{\mathcal{A}1}(\varphi)$ si et seulement si il y en a une dans $\mathcal{D}_{\mathcal{A}1'}(\varphi)$.

Nous passons maintenant à l'autre sujet qui nous intéresse en rapport avec les sémantiques dialogiques comprenant la règle locale RP$\mathcal{A}1$, à savoir la relation avec la notion restreinte de validité au monde réel. Plutôt que de développer une démonstration formelle détaillée, il nous paraît plus fructueux d'exposer l'idée sous-jacente : on évitera ainsi une digression technique aride de manière à pouvoir dresser une comparaison avec la situation rencontrée dans les prochains jeux dialogiques que nous présenterons. Nous commençons par une brève présentation de la notion de validité au monde réel telle qu'elle se définit dans les termes de la sémantique relationnelle habituellement utilisée pour la logique modale.

Définition 6.1. Soit $\mathfrak{M} = (W, w_0, R, V)$ un **S5**-modèle — c'est-à-dire où R est une relation d'équivalence sur l'ensemble W des mondes — tel que $w_0 \in W$ est le monde dit « actuel », ou « de référence » dans $\mathfrak{M}$. La relation de satisfaction entre un modèle et un monde d'une part et une formule d'autre part est définie de manière standard[86] avec en plus la clause suivante :

$$\mathfrak{M}, w \models \mathcal{A}\varphi \text{ ssi } \mathfrak{M}, w_0 \models \varphi.$$

---

86. Voir la fin du chapitre 4.

On dit que φ est *valide au monde réel* ssi pour tout **S5**-modèle $\mathfrak{M}$ on a $\mathfrak{M}, w_0 \models \varphi$.

Pour résumer, la validité au monde réel est donc une forme de validité restreinte à un monde par modèle qui est désigné comme le monde de référence dans ce modèle. On peut noter en lien avec le chapitre 5 que la validité au monde réel est une forme particulière de satisfiabilité universelle : celle-ci concerne la satisfaction d'une formule à au moins un monde dans tout modèle, tandis que la validité au monde réel impose en plus la condition que ce monde soit celui qui est désigné comme le monde actuel dans le modèle en question. Cette remarque ouvre immédiatement la perspective d'étudier des jeux dialogiques combinant l'opérateur global E du chapitre précédent et l'opérateur d'actualité pour tenter de construire une sémantique où l'on puisse rendre compte des différentes formes de validité que nous avons évoqués dans cette partie. Au-delà de ces exemples particuliers de notions tirées de la sémantique modèle-théorique, un champ d'étude plus général et plus proprement dialogique se profile, dans lequel l'existence de stratégies de victoire pour **P** n'est pas le seul aspect considéré comme important.

Pour en revenir au sujet qui nous occupe ici, le point que nous voulons mettre en avant est que l'existence de **P** stratégies de victoire dans des jeux $\mathcal{D}_{A1}(\varphi)$ — ou $\mathcal{D}_{A1'}(\varphi)$ — coïncide avec la notion de validité au monde réel.

THÉORÈME 2.2. Il y a une **P** stratégie de victoire dans $\mathcal{D}_{A1}(\varphi)$ ssi φ est valide au monde réel.

Étant donnée l'équivalence entre $RS3$-$S5$ et $RS3$-$S5'$, un corollaire évident de ce Théorème est qu'il y a une **P** stratégie de victoire dans $\mathcal{D}_{A1'}(\varphi)$ ssi φ est valide au monde réel.

Plutôt que de donner une démonstration détaillée, nous nous contentons de donner la raison sous-jacente expliquant cette coïncidence. Pour comparer l'approche dialogique de la logique modale et l'habituelle sémantique relationnelle, il suffit d'associer les contextes dialogiques aux mondes, la relation de disponibilité des contextes à la relation d'accessibilité, tandis que les formules atomiques et les contextes auxquelles elles sont affirmées déterminent une valuation. Ayant ces associations en tête, la raison pour laquelle l'existence de **P** stratégies de victoire coïncide avec la notion habituelle de validité dans le cas de la logique modale basique est que le contexte initial auquel la thèse d'un jeu dialogique est associée est arbitraire. De sorte que le monde auquel on associe le contexte initial est lui aussi arbitraire : ceci permet de conclure en cas d'existence de **P** stratégie de victoire que la thèse est satisfaite à n'importe quel monde de n'importe quel modèle, c'est-à-dire qu'elle est valide.

Or, le contexte initial n'a plus ce caractère arbitraire dans les jeux dialogiques que nous avons définis jusqu'ici dans ce chapitre : en vertu de la règle RP$\mathcal{A}$1, le contexte c_1 obtient le statut spécifique de contexte de référence. Par conséquent, l'existence d'une **P** stratégie de victoire dans un jeu $\mathcal{D}_{\mathcal{A}1}(\varphi)$ ou $\mathcal{D}_{\mathcal{A}1'}(\varphi)$ se trouve relativisé à ce contexte spécifique. De la même manière, quand vient le moment de la comparaison avec la sémantique relationnelle, le contexte initial ne peut plus être associé à n'importe quel monde : il se trouve associé, quel que soit le modèle, au monde qui est désigné comme actuel dans ce modèle. C'est la raison pour laquelle la notion de validité capturée dans nos deux premiers types de jeux dialogiques est la notion restreinte de validité au monde actuel.

2.2 Les sémantiques comprenant RP$\mathcal{A}$2

Les sémantiques comprenant la règle locale RP$\mathcal{A}$2 diffèrent des deux sémantiques que nous avons présentées jusqu'ici aussi bien en ce qui concerne la notion de validité capturée que de l'interaction entre l'opérateur d'actualité et les autres opérateurs modaux. Ainsi que nous l'avons mentionné, ces sémantiques reposent sur l'idée que le contexte dit de référence n'est pas nécessairement le contexte initial du dialogue, et il faut ajouter un mécanisme pour fixer le contexte de référence dans les règles structurelles. Pour cela, les deux sémantiques sur lesquelles nous allons maintenant nous concentrer comprennent la règle suivante en lieu et place de l'habituelle règle de départ $RS0$:

Règle de Départ (RS0') . Soit φ une formule complexe de $\mathcal{L}_{LBM}$ et $c_1 \in \mathbb{C}$. Pour toute partie $\Delta \in \mathcal{D}(\varphi)$, on a :

(i) $p_\Delta(\mathbf{P} \, ! \, \varphi : c_1) = 0$,

(ii) $p_\Delta(\mathbf{O} \, (\mathtt{n} := \mathtt{r}_1) : c_1) = p_\Delta(\mathbf{O} \, \eta := c_i : c_1) = 1$ et $p_\Delta(\mathbf{P} \, (\mathtt{m} := \mathtt{r}_2) : c_1) = 2$,

(iii) Si $p_\Delta(M)$ est pair alors M est un coup de $\mathbf{P}$; si $p_\Delta(M)$ est impair alors M est un coup de $\mathbf{O}$,

(iv) Pour tout $M \in \Delta$ tel que $p_\Delta(M) > 2$, on a $F_\Delta(M) = [m', Z]$ tel que $Z \in \{A, D\}$ et $m' < p_\Delta(M)$.

On appelle c_1 le contexte *initial* du jeu.

Par rapport à la Règle de Départ habituelle, cette version stipule que l'Opposant choisit un contexte dialogique comme valeur de η en plus de choisir son rang au cours de son premier coup. L'Opposant choisit ainsi le contexte qui sera le contexte de référence au cours de la partie et qui devra être utilisé en appliquant la règle locale pour l'opérateur d'actualité. Les autres règles structurelles sont celles que nous avons données pour les deux sémantiques étudiées précédemment. On obtient donc une sémantique dialogique comprenant RP$\mathcal{A}$2, RS0$'$ et RS3-S5 d'une part, et une autre comprenant RP$\mathcal{A}$2, RS0$'$ et RS3-S5$'$ d'autre part. Dans le premier cas, nous utilisons la notation $\mathcal{D}_{\mathcal{A}2}(\varphi)$ pour désigner un jeu dialogique et nous utilisons $\mathcal{D}_{\mathcal{A}2'}(\varphi)$ dans le deuxième cas.

Le premier point que nous relevons est que les règles RS3-S5 et RS3-S5$'$ ne peuvent plus être interchangées sans effet : contrairement aux deux premières sémantiques, les deux sémantiques comprenant RP$\mathcal{A}$2 ne sont pas équivalentes. Autrement dit, le Théorème 2.1 ne s'applique pas au cas qui nous occupe : il n'est pas le cas qu'il y a une **P** stratégie de victoire dans $\mathcal{D}_{\mathcal{A}2}(\varphi)$ si et seulement si il y en a une dans $\mathcal{D}_{\mathcal{A}2'}(\varphi)$. Un contre-exemple parmi d'autre est le cas où φ est la formule $\Box p \to \mathcal{A}p$.

D'une part, la partie suivante indique qu'il n'y a pas de stratégie de victoire pour le Proposant dans $\mathcal{D}_{\mathcal{A}2}(\Box p \to \mathcal{A}p)$:

Exemple 6.2.

		O			**P**		
					$\Box p \to \mathcal{A}p$	c_1	0
1	c_1	$\eta := c_2$ $n := 1$			$m := 1$	c_1	2
3	c_1	$\Box p$	(0)		$\mathcal{A}p$	c_1	4
5	c_1	? $[!p : c_2]$	(4)				
7	c_1	p		(3)	? $[!p : c_1]$	c_1	6

Explications. Au coup 6, le seul contexte disponible à c_1 pour **P** est c_1 lui-même. Le contexte de référence c_2 ne satisfait en effet aucune des conditions de RS3-S5 de sorte qu'il n'est pas disponible à c_1 pour le Proposant pour appliquer la règle locale de $\Box$. On constate que le Proposant n'a pas d'autre possibilité que d'augmenter son rang et de jouer des répétitions qui n'améliorent pas ses perspectives : il n'a pas de stratégie de victoire dans ce jeu.

D'autre part, on constate par généralisation sur la partie suivante qu'il y a une **P** stratégie de victoire dans $\mathcal{D}_{\mathcal{A}2'}(\Box p \to \mathcal{A}p)$.

Exemple 6.3.

		O			**P**		
					$\Box p \to \mathcal{A}p$	c_1	0
1	c_1	$\eta := c_2$ $\mathtt{n} := 1$			$\mathtt{m} := 2$	c_1	2
3	c_1	$\Box p$	(0)		$\mathcal{A}p$	c_1	4
5	c_1	? $[!p : c_2]$	(4)		p	c_2	8
7	c_2	p		(3)	? $[!p : c_2]$	c_1	6

Explications. Sous la règle $RS3$-$S5'$, le Proposant peut choisir le contexte c_2 pour son attaque au coup 6 : puisque l'Opposant a choisi c_2 comme contexte de référence, celui-ci n'est pas nouveau et donc disponible pour le Proposant pour appliquer la règle locale pour $\Box$. Or, **P** peut jouer ainsi quelque soit le contexte choisi par **O** comme contexte de référence.K Par ailleurs, répéter des attaques ou défenses ne permet pas à l'Opposant d'améliorer ses possibilités de victoire, de sorte qu'il y a une stratégie de victoire pour **P** dans ce jeu.

Avec ces exemples, nous avons à la fois l'illustration de la manière dont les deux sémantiques comprenant RP$\mathcal{A}$2 fonctionnent ainsi que la démonstration qu'elles ne définissent pas les mêmes ensembles de formules pour lesquelles il y a un **P** stratégie de victoire. Dans la comparaison entre les deux exemples, on constate que les jeux dialogiques comprenant la règle RP$\mathcal{A}$2 constituent un cas dans lequel les règles $RS3$-$S5$ et $RS3$-$S5'$ ne sont pas équivalentes, même si nous les avons décrites comme alternatives par commodité. La raison en est que le choix par l'Opposant du contexte désigné comme contexte de référence interfère avec les disponibilités régulées par la règle structurelle de disponibilité de contextes, ce qui ne peut pas être le cas quand la règle locale pour $\mathcal{A}$ est RP$\mathcal{A}$1. C'est parce qu'en fixant la valeur de η en début de partie, l'Opposant peut introduire un contexte qui n'est pas pris en compte par $RS3$-$S5$ parce qu'il n'apparaît pas par application des règles pour $\Box$ ou $\Diamond$ mais qui n'est néanmoins pas nouveau et donc pris en compte par $RS3$-$S5'$. Il n'est alors pas étonnant que les coups autorisés au Proposant s'avèrent en principe plus nombreux dans les jeux dialogiques $\mathcal{D}_{\mathcal{A}2'}(\varphi)$ que dans les jeux $\mathcal{D}_{\mathcal{A}2}(\varphi)$ de sortes que les formules pour lesquelles il a la possibilité de gagner quelle que soit la manière de jouer de l'Opposant soient différentes dans les deux types de jeux dialogiques.

Pour finir, il est facile de comprendre pourquoi l'existence de **P** stratégies de victoire capture de nouveau des notions[87] de validité plus larges
que la validité au monde réel à cause de la différence entre RP$\mathcal{A}$1 et
RP$\mathcal{A}$2. Puisque dans les sémantiques comprenant RP$\mathcal{A}$2 le contexte initial n'est plus nécessairement désigné comme le contexte de référence, il
récupère cet aspect arbitraire qui le caractérise habituellement en dialogique modale. De cette manière, il peut de nouveau être associé à un
monde arbitraire quand on veut passer de la sémantique dialogique à la
sémantique relationnelle. Ainsi, l'existence d'une **P** stratégie de victoire
peut de nouveau être comparée à la vérité de la thèse dans tout monde
de tout modèle et non plus au seul monde actuel.

Nous avons pris comme point de départ de ce chapitre le projet d'utiliser des jeux dialogiques pour fournir une approche de débats dans lesquels un contexte est considéré d'une manière particulière, comme un
contexte de référence. Avec un tel mécanisme, il devient possible de distinguer les informations, affirmations et justifications selon qu'elles se
rapportent ou non au contexte de référence, et selon qu'elles soient disponibles ou non aux autres contextes. La méthode évidente est de passer
par l'introduction d'un opérateur d'actualité auquel il faut donner une
sémantique. Sur les deux possibilités de règle locale que nous avons présentées, nous avons vu qu'il est pertinent de retenir la deuxième qui se
trouve être plus générale du point de vue technique et plus souple pour
rendre compte de pratiques concrètes au sein de débats argumentatifs.
Malgré cela, nous avons donné des raisons de prendre le temps de porter
une attention particulière à la première possibilité de règle locale. La
raison principale est de mettre en avant la notion restreinte de validité
que l'on peut associer aux jeux dialogiques correspondants.

Au cours de ce chapitre, nous avons également eu l'occasion de revenir
sur le rapport entre deux règles structurelles, *RS*3-*S*5 et *RS*3-*S*5′, et de
fournir un cas dans lequel ces règles ne sont pas équivalentes. Il s'agit
au fond d'un résultat qui est mineur, mais qui à notre avis participe à
une meilleure compréhension de l'approche dialogique pour les langages
modaux puisqu'il dissipe de possibles confusions entre ces règles. Au-
delà de cet aspect, démontrer un résultat général spécifiant les conditions

---

87. Ce pluriel est justifié par le fait que les formules pour lesquelles il existe une **P**
stratégie de victoire ne sont pas les mêmes dans les deux sémantiques. Par conséquent,
les notions de validité capturées ne peuvent être que différentes selon la sémantique
appliquée. Brièvement, les deux notions diffèrent à propos du type de relation d'accessibilité en jeu et donc de la classe de modèles concernée. Mais bien que le sujet ne soit
pas anodin, ces précisions ne sont pas pertinentes dans le cadre de nos occupations.

sous lesquelles les deux règles sont ou non équivalentes constituerait un résultat technique appréciable pour notre connaissance de la metathéorie des jeux dialogiques modaux.

En plus de ces perspectives, les éléments que nous avons présentés dans ce chapitre peuvent servir de premier pas vers l'analyse de diverses questions fort importantes du point de vue philosophique qui apparaissent dans le cadre de l'étude de la logique modale. Il y a au moins deux directions pour lesquelles il est intéressant d'étudier l'approche dialogique :

- Parmi les questions apparaissant quand on ajoute l'opérateur d'actualité au langage, on trouve le problème de savoir si l'opérateur □ est le meilleur candidat pour représenter la notion de nécessité. Avec la présence d'un opérateur supplémentaire, de nouvelles possibilités peuvent être considérées, notamment celle d'utiliser une combinaison d'opérateurs pour représenter la nécessité. [88] Il serait intéressant de chercher si l'approche dialogique avec son emphase sur les pratiques argumentatives contribue à éclairer cette question.

- Pour le philosophe qui est familier avec la logique modale, le cas propositionnel s'avère moins riche en problèmes importants que le cas de la logique modale de premier ordre. Nous nous sommes limités dans ce livre à différents langages modaux propositionnels. En effet, l'approche dialogique n'échappe pas à l'importante complication technique accompagnant le passage au premier ordre. Or, cette complexité accrue ne pouvait guère être traitée efficacement quand tant d'éléments méritaient d'être éclaircis d'abord, que ce soit au niveau conceptuel ou technique. Il n'empêche que le passage au premier ordre dans les différents cas que nous avons étudiés dans cette deuxième partie constitue un important et intéressant défi à relever pour le logicien et le philosophe.

---

88. Voir Crossley et Humberstone (1977) et Davies et Humberstone (1980).

Annexes

DIALOGUES ET DÉDUCTION NATURELLE

Le texte ci-dessous est un article co-écrit avec Shahid Rahman et Laurent Keiff, publié en 2009 dans un volume dédié au Pr. Sundholm.[89] L'article étudie la relation entre dialogique et déduction naturelle en fournissant un algorithme de traduction permettant de passer d'une **P** stratégie de victoire à une preuve en déduction naturelle. Du fait de son antériorité, la présentation des jeux dialogiques dans cet article est assez différente de celle adoptée dans le corps de ce livre. Parmi d'autres aspects intéressants, cet article énonce l'argument de l'immunité des jeux dialogiques face au connecteur *tonk*, dont il est question dans le chapitre 1.

On dialogues and natural deduction
Shahid Rahman, Nicolas Clerbout & Laurent Keiff

Abstract. The dialogical approach to logic has well known relations with other proof methods, like sequent calculi and semantic tableaux. In this paper we explore the connection between dialogues and natural deduction, an area that is much less understood. We define a system of dialogical games that captures the notion of validity of Johansson's minimal logic, and show how to extend the system for intuitionistic logic and classical logic. Then we describe an algorithm that transforms a dialogical proof into a Fitch-style natural deduction proof, and discuss the relation between the two approaches.

For you, dear Herr Urteil

1 Dialogue Games and Dialogical Logic

The dialogical tradition, as it stems from Lorenzen et Lorenz (1978) aimed at providing a new approach to the notion of *meaning* in logic

---

89. Rahman *et al.* (2009).

that should build a conceptual link between languages games, argumentation and validity. The point was to understand logic as a special kind of linguistic interaction. Nowadays, a very dynamic and powerful stream of research explores this notion of interaction in the interface between mathematical game theory and logic. In our paper we place dialogical logic in the framework of what are called in mathematical game theory "extensive games" in order to develop some points that were not systematically clarified in the dialogical tradition. It should be noted that such games are not a proof system proper. They are meant to give an account of how a rational argumentation about a given (logically complex) claim should be conducted, in the sole virtue of its logical form. The system assumes a notion of justification for logically elementary statements, then proceeds in showing how these elementary justifications can be used in the construction of a justification for complex statements. In this section we present the basic game system [90], then show how the usual notion of validity of a formula A (in minimal, intuitionistic and classical logic) can be expressed in terms on the existence of a certain kind of strategy in the game associated with A.

1.1 Speech Acts

The fundamental idea behind the dialogical approach to logic is that a proof is a certain kind of very simple language game. Such games are built out of two fundamental types of speech act, namely *assertion* and *request*. The first can be thought, as for instance in Sellars (1997) and Brandom (2000), as a commitment to provide justifications of a certain kind, and the latter as an imperative to fulfill an assertive commitment. The dialogical tradition takes it that speech acts, and consequently proofs, are best understood when conceived as fundamental forms of *interaction*. This idea is the very core of the growing influence of game-theoretical ideas in logic, witnessed for instance by active research programs such as Hintikka-style Game-Theoretical Semantics, of e.g. Hintikka et Sandu (1997), the computation oriented Game Semantics of, e.g., Abramsky (1997), Blass (1992), Hyland et Ong (2000), Japaridze (2003), Girard's new research program called Ludics, in e.g. Girard (2003), and the dialogical tradition steming from Lorenzen et Lorenz (1978).

Let us first define a language the well-formed formulas (wff) of which are an adequate content for the assertions in our dialogical games.

---

90. For a textbook presentation (in French), see Fontaine et Redmond (2008)

Définition .1 (The assertive language). Our language $\mathcal{L}$ is built upon a countable set of elementary formulas $\mathbb{P} = \{p_0, p_1, ...\}$ together with a set of connectives $\{\wedge, \vee, \rightarrow\}$, and a couple of brackets (and). Let $\bot \in \mathbb{P}$ be a distinguished elementary formula. Assume $p \in \mathbb{P}$. The set of wff is as usual freely generated over $\mathbb{P}$ by the grammar :

$$A \quad := \quad p \quad | \quad \bot \quad | \quad (A \vee B) \quad | \quad (A \wedge B) \quad | \quad (A \rightarrow B)$$

We sometimes write $\neg A$ as a shorthand for $A \rightarrow \bot$

Moves in a dialogical game are speech acts, and are referred to by expressions specifying an *agent* (i.e. the player making the move), a *force* of the move that can be either an assertion (for which we use the fregean notation $\vdash$) or a request (noted ?), and a *content*. Formally :

Définition .2 (Dialogical expressions). A *dialogical expression* is an instance of $\langle \mathbf{X} f e \rangle$ where $\mathbf{X} \in \{\mathbf{O}, \mathbf{P}\}$, $f \in \{\vdash, ?\}$ and $e \in \{L, R, \vee\} \cup \mathcal{L}$.

We will now define the rules for a system of dialogical games that we call *minimal dialogues*, which we will use as a basis for expressing the notions of validity in Johansson's minimal logic, and for the translation algorithm into Fitch-style natural deduction proofs.

1.2 Local Semantics

Argumentation forms (or particle rule) give the dialogical semantics of the connectives. Such forms give an abstract description of the way a formula, according to its outmost form, can be criticized, and how to answer the critique. The description is abstract or *local* in the sense that it can be carried out without reference to the context other than the presence of an assertion of a given formula in it. Informally, a *dialogical history* is the history of the dialogue, i.e. a sequence of dialogical expressions, together with an indication of the player who is to play. We give first two general definitions.

Définition .3 (Dialogical History). A dialogical history $\mathbb{H}$ is a tuple $\langle \Sigma, \mathbf{X} \rangle$ where Σ is a set of dialogical expressions and $\mathbf{X} \in \{\mathbf{O}, \mathbf{P}\}$.

Définition .4 (argumentation Form). An *argumentation form* is an ordered triple (p, c, d) of dialogical expressions where p is the *precondition*, c the *challenge* and d the *defence*.

argumentation forms should be understood as follows. In any history $\mathbb{H} = \langle \Sigma, \mathbf{Y} \rangle$ in which player $\mathbf{X}$ asserted the precondition p, player $\mathbf{Y}$ [91]

---

91. Through the whole paper we assume $\mathbf{X} \in \{\mathbf{O}, \mathbf{P}\}$, $\mathbf{Y} \in \{\mathbf{O}, \mathbf{P}\}$ and $\mathbf{X} \neq \mathbf{Y}$. We will often refer to dialogical moves as $\mathbf{X}$-moves, or when suitable as $\mathbf{X}$-assertions.

may challenge this assertion, yielding a new history $\mathbb{H}' = \langle \Sigma \frown c, \mathbf{X} \rangle$. In a history $\mathbb{H}$, where a $\mathbf{X}$-assertion has been challenged according to some argumentation form (p, c, d), $\mathbf{X}$ may answer to the challenge, yielding a new history $\mathbb{H}'' = \langle \Sigma \frown d, \mathbf{Y} \rangle$.

Precondition	$\langle \mathbf{X} \vdash A \wedge B \rangle$	$\langle \mathbf{X} \vdash A \wedge B \rangle$	$\langle \mathbf{X} \vdash A \to B \rangle$
Challenge	$\langle \mathbf{Y} \, ? \, L \rangle$	$\langle \mathbf{Y} \, ? \, R \rangle$	$\langle \mathbf{Y} \vdash A \rangle$
Defence	$\langle \mathbf{X} \vdash A \rangle$	$\langle \mathbf{X} \vdash B \rangle$	$\langle \mathbf{X} \vdash B \rangle$

Precondition	$\langle \mathbf{X} \vdash A \vee B \rangle$	$\langle \mathbf{X} \vdash A \vee B \rangle$
Challenge	$\langle \mathbf{Y} \, ? \, _\vee \rangle$	$\langle \mathbf{Y} \, ? \, _\vee \rangle$
Defence	$\langle \mathbf{X} \vdash A \rangle$	$\langle \mathbf{X} \vdash B \rangle$

Local semantics and choice : Let $\#$ be a propositional connective. The set of the argumentation forms the precondition of which is an assertion of a formula with $\#$ as the main connective is the dialogical local semantics for $\#$. There are two rules for conjunction and for disjunction, and players may choose which one they will use. In a history where a conjunction has been asserted by $\mathbf{X}$, $\mathbf{Y}$ may request any of the conjuncts and in a history where his assertion of a conjunction has been challenged by such a request, $\mathbf{X}$ may assert the relevant conjunct. In the case of disjunction, both rules admit the same challenge, so $\mathbf{X}$ will have the choice of the rule he wants to follow in order to defend, which amounts to choose and assert one of the disjuncts. There is only one rule for the conditional, but notice that in a history where $\mathbf{Y}$ asserted a complex formula (say A) in order to challenge the $\mathbf{X}$-assertion of a conditional (say $A \to B$), $\mathbf{X}$ has a choice between defending the conditional according to the rule, and challenging the antecedent according to the rule that corresponds to A's main connective.

1.3 Structural Rules

The dialogical games are meant to capture situations where a protagonist in a language-game commits himself to justify a claim (that we call the *thesis*) in a context where his opponent is committed to the justification of a set of *initial hypotheses*. The following structural rules define the two main aspects of the game :

- what a game is, i.e. the way argumentation forms may be used in order to produce a dialogue ;
- the payoff function of the game, i.e. a winning criterion for game histories : a player who must move and can not has lost.

In order to deal with both aspects, we first need a couple of definitions. As most other games, dialogical games should prevent loops, i.e. the indefinite repetition of the same situation. We call a move initiating a loop a redundant move. Formally, redundancy is defined with respect to types of moves : repetition of a challenge is not redundant if a new type of move has been made between the first and the second occurences.

Définition .5 (Redundant Moves). We distinguish between redundancy of a challenge and redundancy of a defence :

Challenge Let $A, B \in \mathcal{L}$. Let $\mathbb{H} = \langle \Sigma, \mathbf{X} \rangle$ be a dialogical history such that $\langle \mathbf{Y} \vdash A \rangle \in \Sigma$. Let $\langle \mathbf{X} \ f \ e \rangle \in \Sigma$ be a challenge against $\langle \mathbf{Y} \vdash A \rangle$. Let $\mathbb{H}_0$ be the prefix of $\mathbb{H}$ with $\langle \mathbf{X} \ f \ e \rangle$ as last element. We say that challenge $\langle \mathbf{X} \ f \ e \rangle$ is *redundant in* $\mathbb{H}$ iff there is no assertion $\langle \mathbf{Y} \vdash B \rangle \in \mathbb{H} - \mathbb{H}_0$ such that $\langle \mathbf{Y} \vdash B \rangle \notin \mathbb{H}_0$. [92]

Defence Any repetition of a defense is redundant.

We also need the following terminology :

Définition .6. Let $\mathbb{H} = \langle \Sigma, \mathbf{X} \rangle$ be a dialogical history. We say that $\mathbb{H}$ is $\mathbf{X}$-*terminal* with game rules $\mathbf{D}$ iff there is no move available to $\mathbf{X}$ according to the rules in $\mathbf{D}$.

[SR-0] (Initial History) Let $\Delta \subset \mathcal{L}$ be a finite set of formulas and $A \in \mathcal{L}$ a formula. The *initial position* of a dialogue for A under hypotheses Δ (notation : $\mathcal{D}(\Delta, A)$) is a history $\mathbb{H}_0 = \langle ((\langle \mathbf{O} \vdash \Delta \rangle, \langle \mathbf{P} \vdash A \rangle), \mathbf{O} \rangle$. [93]

[SR-1] (Gameplay) Let $\mathbb{H} = \langle \Sigma, \mathbf{X} \rangle$ be a dialogical history. $\mathbf{X}$ is to play in $\mathbb{H}$. The set of available moves for player $\mathbf{X}$ in history $\mathbb{H}$ is the set of non-redundant challenges specified by argumentation forms applicable to the $\mathbf{Y}$-assertions in $\mathbb{H}$, together with the set of non-redundant defences against $\mathbf{Y}$'s *last* challenge in $\mathbb{H}$, as specified by the argumentation forms. No other move is allowed.

[SR-2] (Winning) Player $\mathbf{Y}$ wins in a terminal history $\mathbb{H}$ iff $\mathbb{H}$ is $\mathbf{X}$-terminal. In a terminal history where $\mathbf{X}$ wins, $\mathbf{Y}$ looses.

Let $\mathbb{AF}$ denote the set of argumentation forms given in the previous section. The game system for minimal dialogues is the set of rules

$$\mathbf{D}_{min} = \mathbb{AF} \cup \{\mathbf{SR\text{-}0}, \mathbf{SR\text{-}1}, \mathbf{SR\text{-}2}\}.$$

---

92. That is, if there is no new assertion by $\mathbf{Y}$ after challenge $\langle \mathbf{X} \ f \ e \rangle$, where an assertion is new only if it did not occur in $\mathbb{H}_0$

93. For any finite set of formula $\Delta = \{A_0, ..., A_n\}$, we write $\langle \mathbf{X} \vdash \Delta \rangle$ as a shorthand for the sequence $(\langle \mathbf{X} \vdash A_0 \rangle, ..., \langle \mathbf{X} \vdash A \rangle)$.

Définition .7. A dialogue $\mathcal{D}(\Delta, A)$ in a rule system **D** is the set of all terminal histories with the initial position of $\mathcal{D}(\Delta, A)$ as a prefix and such that any dialogical expression in it is legal in virtue of the rules of **D**.

Histories of the game correspond to what one understands as dialogues in the usual (non logical) sense of the term. Terminal histories are (usual) dialogues which are complete as far as the logical form of the thesis is concerned. Dialogues as defined here contain all possible complete (usual) dialogues. We discuss our motivations in the following section.

Notice that the argumentation forms as we defined them in the previous section ensure that all moves following the initial position will be played by **O** and **P** alternately. A terminal history of a dialogue $\mathcal{D}(\Delta, A)$ is thus a pair $\langle \Sigma, \mathbf{X} \rangle$ where Σ has $((\langle \mathbf{O} \vdash \Delta \rangle, \langle \mathbf{P} \vdash A \rangle))$ as a prefix, followed by a (possibly empty) sequence of alternating **O**- and **P**-moves. The following theorem shows that the payoff function is correctly defined, i.e. that any history in $\mathcal{D}(\Delta, A)$ will reach a terminal position :

THÉORÈME 1.1. Let $\Delta \subset \mathcal{L}$ be a finite set of formulas and $A \in \mathcal{L}$ a formula. Any terminal history in the dialogue $\mathcal{D}(\Delta, A)$ is of finite length. [94]

Démonstration. The proof relies on the following considerations. First of all, we remark that any terminal history has $\mathbb{H}_0$ as a prefix, which is of finite length. Now the local rules feature the subformula property in this sense : for any argumentation form (p, c, d) where the degree[95] of the precondition p is n, the degree of the defence d is at most $n - 1$. So any sequence of moves where a player systematically challenges the defence against his previous challenge ends up with an elementary defence after finitely many moves. Now there is no local rules for elementary assertions, so the sequence of challenges must end there. Finally the rules taking redundancies in charge ensure that no infinite loop may occur in $\mathcal{D}(\Delta, A)$. ∎

Example We give here the dialogue $\mathcal{D}(\varnothing, (A \vee B) \to C)$:

---

94. The *length* of a history $\mathbb{H} = (\Sigma, \mathbf{X})$ is the number of elements of Σ.
95. By *degree* we mean the number of connectives in it.

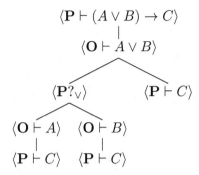

A notational remark Readers familiar with the dialogical literature (as e.g. Rahman et Keiff (2005)) may be surprised not to find the usual notation for dialogues. Such a notation displays a dialogue in the form of a 2-column table, one for each player. Each column is divided in three sub-columns, the outer bearing a number for the move, the central bearing the formula or the attack marker, and the inner bearing the number of the challenged move when the move is a challenge. A challenge and the corresponding defence are written on the same line. Here's an example :

	O			**P**	
				$(A \wedge B) \to A$	0
1	$A \wedge B$	0		A	4
3	A		1	$?_L$	2

Actually such a notation seems to be the most natural way to represent a dialogue, as it shows how the argumentation forms structure the dialogue. The most important point is that it makes it clear when a given assertion is a defence, and when it is a challenge (against a conditional). Our notation does not show the difference in the syntax.[96] However, the table notation is not very convenient when the aim is to describe strategies, where splittings occur. Since dialogical validity is defined in terms of strategies and since we would like to show how to extract strategies from the extensive form of games, we have chosen to use the tree-like notation.

1.4   Dialogues and Validity

The basic game-theoretical tool to study the properties of games is their representation in extensive form. A simple version of the usual

---

96. See the example at the end of section 1.5.

definition, retaining only what is useful for our purpose would have the following definition :

Définition .8 (extensive form). The *extensive form* $\mathcal{E}$ of a dialogical game $\mathcal{D}(\Delta, A)$ is the smallest rooted tree [97] such that :

  i. The root is labelled with the initial history of $\mathcal{D}(\Delta, A)$, with $\langle \mathbf{P} \vdash A \rangle$ as its *active* expression.

 ii. Let h be a branch in $\mathcal{E}$, n the last node of h, $\langle \mathbf{X} \; f \; e \rangle$ the active expression of n, and Σ the sequence of dialogical expressions labelling the nodes of h. For any dialogical expression e' such that e' denotes a legal move in a history $(\Sigma, \mathbf{Y})$ according to the rules of $\mathcal{D}(\Delta, A)$, there is a node in the tree which is a successor of n and labelled with e.

iii. Any leaf n of $\mathcal{E}$ bears as an extra label (1,-1) if n belongs to a branch that is **P**-terminal (**O** wins) and (-1,1) otherwise.

It is easy to see that a dialogue $\mathcal{D}(\Delta, A)$ as we defined it in the previous section *is* an extensive form. Each terminal history in $\mathcal{D}(\Delta, A)$ is a *play* of the game, that is a possible course of the actual argumentation. Let us now give a formal definition of a strategy :

Définition .9 (Strategy). A *strategy* for $\mathbf{X}$ (or $\mathbf{X}$-strategy) $\mathcal{S}_{\mathbf{X}}$ in $\mathcal{D}(\Delta, A)$ is a subtree of $\mathcal{D}(\Delta, A)$ such that :

  i. $\mathcal{S}_{\mathbf{X}}$ contains only maximal branches of $\mathcal{D}(\Delta, A)$.

 ii. Any node labelled with a $\mathbf{X}$-move which has at least one successor in $\mathcal{D}(\Delta, A)$ has exactly one successor in $\mathcal{S}_{\mathbf{X}}$.

iii. For any node n labelled with a $\mathbf{Y}$-move, if m is a successor of n in $\mathcal{D}(\Delta, A)$ then m belongs to $\mathcal{S}_{\mathbf{X}}$.

A $\mathbf{X}$-strategy is *winning* iff it contains no $\mathbf{X}$-terminal history. In other terms, anytime in the course of the game where $\mathbf{X}$ is to choose a move, the strategy indicates a move such that if $\mathbf{X}$ plays it, he remains in a play of the game where he is sure to win. We can now give a precise formulation of the triviality of $\mathbf{D}_{min}$:

THÉORÈME 1.2. In any dialogue $\mathcal{D}(\Delta, A)$ with the rules $\mathbf{D}_{min}$, any **P**-strategy is winning.

---

97. A *tree* is a set of nodes together with an irreflexive relation of successor, such that (i) there is a single node that is the successor of no other node ; (ii) for any two distinct nodes in the tree, it is not the case that they share a successor. A *branch* of the tree is any sequence of nodes begining with the root and linearly ordered by the successor relation. A *leaf* of the tree is a node that has no successor.

The reason for this is simple. In a dialogue $\mathcal{D}(\Delta, A)$, **O** moves first, and the only moves available to him (if any) are challenges. The argumentation forms always allow for a defense against a challenge, and as long as **O** will have non-redundant challenges, **P** will have non-redundant defences. Since the argumentation forms ensure that the defence of an assertion is always logically simpler than the precondition, and since there is no challenge against elementary assertions, **O** will necessarily run out of challenges, and **P** wins asserting the last non-redundant defence. The meaning of a winning strategy $\mathcal{S}_{\mathbf{P}}$ in $\mathcal{D}(\Delta, A)$ is that statement A is justifiable in the context of hypotheses Δ *provided* **P** *knows how to justify the set of elementary assertions he made in the course of the game.*[98] Clearly, winning strategies talk about (conditional) justifiability and not (actual) justification.

The notion of winning strategy is thus not enough to define the class of statements that one may consider as logically valid. In the conceptual framework of dialogical logic, validity is demonstrated by a property of the game associated with a formula. The idea is that some statements trigger an argumentation process that is, *for inherently interactive reasons*, sufficient to consider them *actually* justified. This property of the argumentation comes from the dynamics of the committment to elementary justifications.

Assume that I enter a debate against someone with respect to some claim A. My strategy in the debate tells me what are the elementary claims I should be able to justify in order to justify my claim. Assume that one of them, say p, is such that in the history $\mathbb{H}$ where I assert p, my opponent has already asserted p. If we grant that argumentation games for elementary proposition are of perfect information and that if a player is showed how to make a move he can always reproduce it, then in $\mathbb{H}$ I have what we may call after Abramsky a *copycat* strategy. Such a strategy consists simply in replicating against his assertion of p any challenge from my opponent against my own, and answering his challenges by replicating his answers. In such game situations, either my opponent will fail to justify his claim, or he will succeed, but doing so he will show me how to justify my own claim.

From these considerations stems the dialogical appraoch to *formality*. We say that an elementary assertion $\langle \mathbf{X} \vdash p \rangle$ in a dialogical history $\mathbb{H} = \langle \Sigma, \mathbf{X} \rangle$ is *contentious* iff $\langle \mathbf{Y} \vdash p \rangle \notin \Sigma$. So an elementary assertion

---

98. More precisely, **P** must know how to justify every elementary assertion he must make in any maximal history of $\mathcal{S}_P$.

of **X** is not contentious iff **Y** is already committed to the justification of p by having asserted it. Thus a winning **P**-strategy will give an actual justification to the thesis provided it does not contain any contentious claim. Such a strategy would show that any critical party trying to refute the thesis will in the course of the argumentation commit itself to accept the justifications for the thesis. We say that a strategy is *formal* just when it contains no contentious assertion.

The reader familiar with the dialogical tradition will notice that the approach of this paper diverges here with the standard view on dialogical logic, in that we consider formality as a property of *strategies* while it is usually seen as a property of *games*. However this does not mean that we take it that the signification of formal winning strategies *reduces* to validity. As we will discuss in the last section of this paper, the usual Introduction/Elimination rules of natural deduction do not reflect all that one finds in a FWS**P**.

Although the term "copycat" denotes a certain way to build a strategy, it is also a property of the games. It can be stated thus :

Définition .10 (Copycat games). Let $\Delta \subset \mathcal{L}$ be a finite set of formulas and $A \in \mathcal{L}$. If $A \in \Delta$, then there is a FWS**P** in $\mathcal{D}(\Delta, A)$.

What the copycat really says is that in any game situation where **X** should defend an assertion of a formula A that the other player has also asserted, he can provide a complete justification [99] of A without any contentious move. The reason is simple : any **Y**-challenge in the complete justification of $\langle \mathbf{X} \vdash A \rangle$ can be replicated by **X** against $\langle \mathbf{Y} \vdash A \rangle$, and any **Y**-defense can also be replicated, with the difference that **Y** always moves first, so none of **X**'s replication of a **Y**-move is contentious. In that respect, one may well extend the definition of redundant move with any challenge against a non-contentious assertion.

Our interest in Johansson's *minimal logic* (**ML**) is determined by the fact that it gives a basis from which one can build intuitionistic and classical logics by extension of the set of inference rules or, equivalently, of the set of axioms. Let us now state the connection between strategies and validity in the case of **ML**. We will come in the next section to its Fitch-style natural deduction system. As an axiomatic system, **ML** is defined as the set of axioms :

1. $p \rightarrow (q \rightarrow p)$

---

99. A complete justification of A is the set of all the defences of A and all the defences of these defences and so on.

2. $((p \rightarrow (p \rightarrow q))) \rightarrow (p \rightarrow q)$

3. $(p \rightarrow q) \rightarrow ((q \rightarrow r) \rightarrow (p \rightarrow r))$

4. $(p \wedge q) \rightarrow p$

5. $(p \wedge q) \rightarrow q$

6. $p \rightarrow (q \rightarrow (p \wedge q))$

7. $p \rightarrow (p \vee q)$

8. $q \rightarrow (p \vee q)$

9. $(p \rightarrow r) \rightarrow ((q \rightarrow r) \rightarrow ((p \vee q) \rightarrow r))$

10. $(p \rightarrow q) \rightarrow ((q \rightarrow \bot) \rightarrow (p \rightarrow \bot))$

11. $(p \wedge (p \rightarrow \bot)) \rightarrow \bot$

together with the inference rules Uniform Substitution and Modus Ponens.

We claim that the notion of winning formal **P**-strategies (FWS$_\mathbf{P}$) in $\mathbf{D}_{min}$ is correct for minimal logic in the following sense :

THÉORÈME 1.3. *Let $\Delta \subset \mathcal{L}$ be a finite set of formulas and $A \in \mathcal{L}$. There is a proof of $\Delta \Rightarrow A$ [100] in minimal logic iff there is a FWS$_\mathbf{P}$ in $\mathcal{D}(\Delta, A)$.*

Démonstration. The left to right part is fairly easy. It suffices to show that (i) there is a FWS$_\mathbf{P}$ in the dialogue $\mathcal{D}(\varnothing, A)$ for any axiom A of minimal logic and (ii) inference rules of minimal logic preserve the existence of a FWS$_\mathbf{P}$.

The right to left part is an immediate corollary of the correction of our translation algorithm. Assume there is a FWS$_\mathbf{P}$ in $\mathcal{D}(\Delta, A)$. Then we translate it into a Fitch-style proof of A from hypotheses Δ. If the Fitch-style natural deduction system for minimal logic is correct, then there is an axiomatic proof of $\Delta \Rightarrow A$. ∎

1.5 Intuitionistic logic and Classical Dialogues

When presented in Natural Deduction, the relation between Johansson minimal logic and intuitionistic logic is very simple : the latter is the result of the addition of *Ex Falso Sequitur Quodlibet* to the inference rules. [101] This rules stipulates that any formula can be infered from $\bot$. There is a way to extend our dialogical games that is equally simple.

---

100. As usual, a proof of $\Delta \Rightarrow A$ in an axiomatic system **S** is a sequence of formulas such that each of them is either an axiom, or the result of applying an inference rule to previous formulas in the sequence.

101. See section 2 for details.

[SR-3] (*Ex Falso Quodlibet*) Let $\mathbb{H} = \langle \Sigma, \mathbf{X} \rangle$ be a dialogical history such that $\langle \mathbf{Y} \vdash \bot \rangle \in \Sigma$. Player $\mathbf{X}$ may challenge $\langle \mathbf{Y} \vdash \bot \rangle$ with a move $\langle \mathbf{X} ? A \rangle$ for any $A \in \mathcal{L}$. In any dialogical context $\mathbb{H}' = \langle \Sigma', \mathbf{Y} \rangle$ such that $\langle \mathbf{X} ? A \rangle \in \Sigma'$, $\mathbf{Y}$ may play $\langle \mathbf{Y} \vdash A \rangle$.

Notice that SR-3 amount litterally to consider $\bot$ as a nullary connective with the following argumentation form :

Precondition	$\langle \mathbf{X} \vdash \bot \rangle$
Challenge	$\langle \mathbf{Y} ? A \rangle$
Defence	$\langle \mathbf{X} \vdash A \rangle$

The obvious drawback of rule SR-3 is that it introduces potentially redundant challengees against $\bot$ that should be ruled out. We extend definition .5 with the following clause :

Définition .11 (Redundant challenge against $\bot$). Let $\mathbb{H} = \langle \Sigma, \mathbf{X} \rangle$ be a dialogical history such that $\langle \mathbf{Y} \vdash \bot \rangle \in \Sigma$. $\langle \mathbf{X} ? B \rangle$ is redundant in $\mathbb{H}$ if there is a challenge $\langle \mathbf{X} ? A \rangle \in \Sigma$ against $\langle \mathbf{Y} \vdash \bot \rangle$ and $\langle \mathbf{X} \vdash A \rangle \notin \Sigma$.

That is, in order to challenge $\bot$ again, player $\mathbf{X}$ should find a way to use the first formula he requested. Given definitions .5 and .11, we define our system for intuitionistic dialogues as :

$$\mathbf{D}_{int} = \mathbf{D}_{min} \cup \{\mathbf{SR\text{-}3}\}$$

Clearly, in any dialogical context where $\mathbf{X}$ has asserted contentiously $\bot$ and $\mathbf{Y}$ has made no contentious assertion, $\mathbf{Y}$ has a formal strategy. So if in a dialogical game $\mathbf{P}$ has a strategy to force $\mathbf{O}$ to concede $\bot$ contentiously, he has a FWS. This explains in particular why $\bot \to A$ is valid for any A.

To transform the natural deduction presentation of intuitionistic logic into classical logic, it suffices to add the rule of excluded middle.[102] The usual interpretation of the difference between intuitionistic logic and classical logic is very similar for dialogue systems and sequent calculi : the latter vary in the number of formulae to the right, while the former vary in the number of challenges a player can recall.[103] But our goal here is to see to what extent dialogues and natural deduction can be understood

---

102. See section 2 for details.

103. Recall that SR-1 says that one can only defend the last challenge. This makes $\mathbf{D}_{min}$ fundamentally intuitionistic.

in the same perspective. So we will follow the natural deduction route to classical logic :

[SR-4] (Excluded Middle) Let $p \in \mathbb{P}$ be an elementary formula, $A \in \mathcal{L}$, and $\Delta \subset \mathcal{L}$ a finite set of formulas. Let $\mathbb{H} = \langle \Sigma, \mathbf{X} \rangle$ be a dialogical history in $\mathcal{D}(\Delta, A)$. Then $\mathbf{X}$ may play $\langle \mathbf{X} ? p \vee (p \rightarrow \bot) \rangle$. In any dialogical history $\mathbb{H} = \langle \Sigma, \mathbf{X} \rangle$ such that $\langle \mathbf{Y} ? p \vee (p \rightarrow \bot) \rangle \in \Sigma$, $\mathbf{X}$ may play either $\langle \mathbf{X} \vdash p \rangle$ or $\langle \mathbf{X} \vdash (p \rightarrow \bot) \rangle$.

SR-4 is clearly equivalent to a presupposition of determinacy for the atoms of the language, in the sense that for any atom p, either p or $p \rightarrow \bot$ should be justifiable. Of course, since a rule such as SR-4 will introduce infinitely many possible redundant moves in the game, we shall update our definition of redundancy :

Définition .12 (Redundant Excluded Middle moves). A challenge $\langle \mathbf{X} ? p \vee (p \rightarrow \bot) \rangle$ is redundant in a dialogical context $\mathbb{H} = \langle \Sigma, \mathbf{X} \rangle$ iff one of the following holds :

  i. (*relevance*) p is not a subformula of the formulas in the initial history;

  ii. (*repetition*) $\langle \mathbf{X} ? p \vee (p \rightarrow \bot) \rangle \in \Sigma$.

Given definitions .5, .11 and .12, we define our system for classical dialogues as :

$$\mathbf{D}_{cl} = \mathbf{D}_{int} \cup \{\mathbf{SR\text{-}4}\}$$

The core of strategies In spite of the fact that strictly redundant moves are forbidden by the rules of a dialogue, a FWS$_\mathbf{P}$ contains a lot of moves that are redundant *from the point of view of validity*, i.e. when what is at stake is to show that a given strategy is *formal*. While it is desirable to formulate dialogues rules with respect only to considerations of argumentation, when one aims at translating a dialogical proof (that is to say a FWS$_\mathbf{P}$) into some other kind of proof, it is much better to eliminate all those undesirable moves. We call the result of this elimination the *core* of a strategy.

The core of a FWS$_\mathbf{P}$ should only retain such moves that are important to determine wether the inference from premises to the thesis is valid or not, i.e. wether the $\mathbf{P}$-strategy is formal or not. Clearly, any (non redundant) repetition of a $\mathbf{O}$-challenge would make no difference, for if the first defence was formal, so will be the second. Any $\mathbf{O}$-move that is legal in virtue of SR-3 or SR-4 will also be without incidence. For SR-3, consider a dialogical history containing $\langle \mathbf{P} \vdash \bot \rangle$. Then either this move was contentious, and the strategy is not formal whatever happens next, or it is not contentious, hence the history contains also $\langle \mathbf{O} \vdash \bot \rangle$. Then for any challenge against his own assertion of $\bot$, $\mathbf{P}$ can challenge $\mathbf{O}$ in the same way and win formally by copycat. For SR-4, the reasoning is the same : any $\mathbf{O}$ challenge would be followed by the same $\mathbf{P}$ move, and $\mathbf{P}$ will have a copycat strategy to defend formally. We introduce a last simplification on $FWS_\mathbf{P}$ to define its core : everytime $\mathbf{O}$ has a choice between two moves, he will (when the rules allow) try the second move in the same history where he tried the first before the game reaches a terminal position. In order to show that a winning $\mathbf{P}$-strategy is formal, it is sufficient to consider after each $\mathbf{O}$-split only the moves relevant to one of $\mathbf{O}$'s options. Indeed, the concatenation of a two sequences of moves where $\mathbf{P}$ plays formally is also a sequence of $\mathbf{P}$-formal moves. Figure 1 below is an example of the core of a $FWS_\mathbf{P}$ in $\mathbf{D}_{cl}$ for Peirce's Law. The extensive form of the game is much too rich to be convieniently displayed as an example, since it contains every possible strategy for both players. Here we are only concerned with a small fragment of it, namely one specific $\mathbf{P}$-strategy, from which the only moves we retain are the one that are relevant with respect to validity.

An interesting feature of this strategy is the split after $\langle \mathbf{P} \vdash A \to B \rangle$. In both branches $\mathbf{O}$ moves with $\langle \mathbf{O} \vdash A \rangle$, but in the left branch this is a challenge against $\langle \mathbf{P} \vdash A \to B \rangle$, while in the right branch it is a defence of $\langle \mathbf{O} \vdash (A \to B) \to A \rangle$. [104] In the right branch, the last $\mathbf{O}$-challenge is the second move and $\mathbf{P}$ can defend the thesis, while on the left branch the last challenge from $\mathbf{O}$ is against $\langle \mathbf{P} \vdash A \to B \rangle$, leaving no other *formal* option than the use of **SR-3** to defend the conditional.

It is a well known fact that formal strategies are the dialogical equivalent for the usual notion of validity, in the sense that there exists a $FWS_\mathbf{P}$ in $\mathcal{D}(\Delta, A)$ in $\mathbf{D}_{int}$ (resp. $\mathbf{D}_{cl}$) iff $\Delta \Rightarrow A$ is valid in intuitionistic (resp. classical) logic. See Felscher (1985a) and Rahman (1993) for the proofs.

---

104. This difference does not show up here. This is the price we have to pay for the tree-like notation. The problem could easily be fixed, adding to the definition of a dialogue a function associating to each move a unique number, to each challenge the number of the precondition allowing it, and to each defence the number of the challenge it answers to. This would involve us in some kind of hybrid or labelled system. A move that, for the sake of simplicity, we would like to avoid.

$$\langle \mathbf{P} \vdash ((A \to B) \to A) \to A \rangle$$
$$|$$
$$\langle \mathbf{O} \vdash ((A \to B) \to A) \rangle$$
$$|$$
$$\langle \mathbf{P} \ ? \ A \lor (A \to \bot) \rangle$$

$$\langle \mathbf{O} \vdash A \rangle \qquad \langle \mathbf{O} \vdash A \to \bot \rangle$$
$$| \qquad\qquad |$$
$$\langle \mathbf{P} \vdash A \rangle \qquad \langle \mathbf{P} \vdash A \to B \rangle$$

$$\langle \mathbf{O} \vdash A \rangle \quad \langle \mathbf{O} \vdash A \rangle$$
$$| \qquad\qquad |$$
$$\langle \mathbf{P} \vdash A \rangle \quad \langle \mathbf{P} \vdash A \rangle$$
$$|$$
$$\langle \mathbf{O} \vdash \bot \rangle$$
$$|$$
$$\langle \mathbf{P} \ ? \ B \rangle$$
$$|$$
$$\langle \mathbf{O} \vdash B \rangle$$
$$|$$
$$\langle \mathbf{P} \vdash B \rangle$$

Figure 1

1.6   Dialogues and Tableaux

Our purpose in the remaining of the section is to show the way one can extract from a FWS$_\mathbf{P}$ a tree-like structure of assertions that actually is a tableau proof.

All through our presentation of dialogical rules, we insisted in giving strictly *symmetrical* rules, in the sense that – except for the definition of the initial history – players in a dialogue have exactly the same rights. But the study of validity, i.e. of winning formal **P**-strategies, introduces an obvious asymmetry : the only splits in the strategy are **O**'s choices. But such choices can be understood in two different ways. On the one hand, as we did up to now, one can define the objects of the choices as moves. On the other hand, as we suggested when we explained the notion of choice with respect to the conditional, one can think that when choosing a move, the player is actually choosing a *rule*.

This change of perspective may be motivated by the following consideration. If one accepts that the business of logic is to provide a theory of *inference*, and that inference is a relation between assertions, then our argumentation forms may be considered as building blocks for such a theory. The relation of justification is defined in a dialogue as holding between an assertion and the set of its defences against all possible challenges. As a consequence, from this point of view, challenges are transitory indications about the course of the game that, while crucially important when one considers (dialogical) proof as a *process*, play no role in the *result* of the process. So one may want to represent a complete dialogue from the perspective of inference understood as a set of justificatory relations between assertions and their defences.

Actually, for disjunction and conjunction there is no difference between both perspectives. But there is an important one for the conditional. The extensive form of a local game for a conditional is :

$$\langle \mathbf{X} \vdash A \rightarrow B \rangle$$
$$|$$
$$\langle \mathbf{Y} \vdash A \rangle$$
$$\langle \mathbf{X}\, f\, e \rangle \quad \langle \mathbf{X} \vdash B \rangle$$

(where $\langle \mathbf{X}\, f\, e \rangle$ stands for the relevant challenge against $\langle \mathbf{Y} \vdash A \rangle$, according to A's outmost form.) But from the perspective of argumentation forms, $\langle \mathbf{Y} \vdash A \rangle$ is ambiguous as it is both a precondition in the left branch and a challenge in the right branch. Thus the correct topology of a tree representing the relation of inference as defined above (that is with respect to preconditions and defences only) should be :

$$\langle \mathbf{X} \vdash A \rightarrow B \rangle$$
$$\langle \mathbf{Y} \vdash A \rangle \qquad \langle \mathbf{X} \vdash B \rangle$$
$$\ldots \quad \langle \mathbf{Y}\, f\, e \rangle$$

(where $\langle \mathbf{Y}\, f\, e \rangle$ stands for one of the possible *defences* of A.)

Now when one is interested in proofs, the extensive forms are no longer considered *in abstracto* but are, borrowing the term from Girard's Ludics, [105] *incarnated*. Indeed, from the point of view of FWS$\mathbf{P}$, the splits reflect $\mathbf{O}$'s choices. $\mathbf{P}$ may well play both possible rules in the same course of the game, and actually, *it is in his strategical interest to do so*.

From the preceding considerations, it is easy to give rules for building a tree that represent the inference relation for a dialogue $\mathcal{D}(\Sigma, A)$. The

---

105. See Girard (1999) for instance.

only complication comes from the SR-1 rule stipulating that only the last challenge may be answered. From the point of view of argumentation forms, this amounts to consider that one can apply a **X**-rule only if its precondition is the last **X**-assertion, and we consider all applicable **X**-rules as applied at once. Here are the rules :

O-rules	Prules
$\langle \mathbf{O} \vdash A \vee B \rangle$ $\langle \mathbf{O} \vdash A \rangle \quad \langle \mathbf{O} \vdash B \rangle$	$\langle \mathbf{P} \vdash A \vee B \rangle$ | $\langle \mathbf{P} \vdash A \rangle$ | $\langle \mathbf{P} \vdash B \rangle$
$\langle \mathbf{O} \vdash A \wedge B \rangle$ | $\langle \mathbf{O} \vdash A \rangle$ | $\langle \mathbf{O} \vdash B \rangle$	$\langle \mathbf{P} \vdash A \wedge B \rangle$ $\langle \mathbf{P} \vdash A \rangle \quad \langle \mathbf{P} \vdash A \rangle$
$\langle \mathbf{O} \vdash A \to B \rangle$ $\langle \mathbf{P} \vdash A \rangle \quad \langle \mathbf{O} \vdash B \rangle$	$\langle \mathbf{P} \vdash A \to B \rangle$ | $\langle \mathbf{O} \vdash A \rangle$ | $\langle \mathbf{P} \vdash B \rangle$

One will obviously recognise here the tableaux rules for signed formulas as in Smullyan (1968) when one interprets **O** as T and **P** as F. See Rahman (1993) for a thorough presentation of the connection between dialogues and tableaux in the propositional and first-order cases of intuitionistic and classical logic.

2   Fitch-style Natural Deduction

Définition .13 (Fitch-style deduction). A Fitch-style deduction is a sequence Σ of tuples, each of the form (l, A, m), where l is taken from some ordered set of labels $\mathbb{L}$, A is a derived formula, m is the justification of the derivation, and such that :

– a justification m is of one of the following foms :

form of m	justification rule
$-$	No justification. The formula is an assumption
$\wedge$E, l	$\wedge$ elimination on the formula of line l
$\wedge$I, l_1, l_2	$\wedge$ introduction on the formulae of lines l_1 and l_2
$\rightarrow$E, l_1, l_2	$\rightarrow$ elimination on the formulae of lines l_1 and l_2
$\rightarrow$I, l_i-l_j	$\rightarrow$ introduction from the block of lines l_i-l_j
$\vee$E, l_1, l_i-l_j, l_k-l_n	$\vee$ elimination on the formula of line l_1, the block of lines l_i-l_j, and the block of lines l_k-l_n
$\vee$I, l	$\vee$ introduction on the formula of line l
R, l	reiteration rule on the formula of the line l

- Σ obeys the following rules [106] :

---

106. We present these rules in graphical notation, for the sake of clarity. For a more formal, non graphical, account of derivation rules in Fitch-style Natural Deduction, see Geuvers et Nederpelt (2004)

$$
\begin{array}{ll}
l & \Big|\ A \\
\vdots & \Big|\ \vdots \\
l' & \Big|\ A \vee B \qquad \vee\mathrm{I},\, l
\end{array}
\qquad\qquad
\begin{array}{ll}
i & \Big|\ A \vee B \\
\vdots & \Big|\ \vdots \\
j_1 & \Big|\ \underline{\Big|\ A} \\
\vdots & \Big|\ \Big|\ \vdots \\
j_2 & \Big|\ \Big|\ C \\
k_1 & \Big|\ \underline{\Big|\ B} \\
\vdots & \Big|\ \Big|\ \vdots \\
k_2 & \Big|\ \Big|\ C \\
l & \Big|\ C \qquad \vee\mathrm{E},\, i,\, j_1,\, k_1
\end{array}
$$

$$
\begin{array}{ll}
l & \Big|\ A \\
\vdots & \Big|\ \vdots \\
l' & \Big|\ A \qquad \mathrm{R},\, l
\end{array}
$$

There are different notational conventions for Fitch-style Natural Deduction. One can be found in Gamut (1992). We use one which is used in Garson (2006) or Barwise et Etchemendy (1993) for example. This notation is caracterized by two kinds of graphic features : vertical lines and horizontal lines, the latter being called "'Fitch bars"'. A Fitch bar is placed right beneath each assumption, with one exception : the premisses of the derivation we want to show are all put together above a sole Fitch bar. A vertical line starts with an assumption and is used to indicate how long the assumption is available.

The rules $\rightarrow$I and $\vee$E make use of one of the most appealing features of Fitch-style Natural Deduction : subderivations. Each time an assumption not belonging to the set of premisses is done, a new subderivation is created. A vertical line is drawn until the assumption is discharged, and the rules $\rightarrow$I and $\vee$E show how such a discharge can occur. We call a subderivation *finished* when the assumption starting it is discharged. No individual step of a finished subderivation can be used to apply a rule outside of the subderivation, but an individual step of an unfinished subderivation can be used in a subderivation of "lower level". Rules $\rightarrow$I and $\vee$E involve the use of finished subderivations as a whole.

We define the (Fitch-style) Natural Deduction system for minimal logic as the set of rules

$$
\mathbf{F}_{min} = \{\wedge E, \wedge I, \rightarrow E, \rightarrow I, \vee E, \vee I, R\}.
$$

The Natural Deduction system for intuitionistic logic is defined as the set

$$\mathbf{F}_{int} = \mathbf{F}_{min} \cup \{EFSQ\},$$

where EFSQ is the following rule :

$$
\begin{array}{c|c}
l & \perp \\
\vdots & \vdots \\
l' & A \qquad \text{EFSQ}, l
\end{array}
$$

Finally, $\mathbf{F}_{cl}$, the Natural Deduction system for classical logic, is defined as

$$\mathbf{F}_{cl} = \mathbf{F}_{int} \cup \{EM\},$$

where EM is the following rule :

$$
\begin{array}{c|c}
i & A \\
\vdots & \vdots \\
j & C \\
k & A \to \perp \\
\vdots & \vdots \\
l & C \\
m & C \qquad \text{Excluded Middle}, i\text{--}j, k\text{--}l
\end{array}
$$

Définition .14. *(conclusion, premisses, Fitch-style proof)*
Let Σ be a Fitch-style deduction in $\mathbf{F}_{min}$, $\mathbf{F}_{int}$, or $\mathbf{F}_{cl}$

1. The last line of Σ is called the conclusion of Σ.

2. The premisses of Σ are any formulae A such that A is an assumption of the subderivation which ends with the conclusion of Σ.

3. Let Δ be a set of premisses and A a formula. A Fitch-style deduction with A as a conclusion and the members of Δ as premisses is called a (Fitch-style) proof of A from Δ.

3 From Dialogues to Fitch-style Proofs

In this section, we give a procedure to translate the core of a FWSp in $\mathcal{D}(\Delta, A)$ into a Fitch-style Proof of A (from Δ).

3.1 The procedure

The algorithm takes the core of a formal **P**-winning strategy FWS$_{\mathbf{P}}$ in one of the game systems we defined ($\mathbf{D}_{min}$, $\mathbf{D}_{int}$, $\mathbf{D}_{cl}$) and translate it into a Fitch-style proof in the corresponding Natural Deduction system ($\mathbf{F}_{min}$, $\mathbf{F}_{int}$, $\mathbf{F}_{cl}$, respectively). The mechanism is rather simple and consists in arranging the content of the assertive moves of FWS$_{\mathbf{P}}$'s core in a linear order such that the sequence of formulae complies with the natural deduction rules. Each member of the sequence is then labelled with a suitable number and a justification. We describe a procedure that translates the core of a FWS$_{\mathbf{P}}$ in $\mathbf{D}_{cl}$ into a Fitch-style proof in $\mathbf{F}_{cl}$. The algorithm for intuitionnistic logic is obtained by removing the clauses relative to the rule for Excluded Middle. The algorithm for minimal logic is obtained by removing also the clauses relative to Ex Falso Quodlibet.

Let us begin with some terminology. We say that, in a FWS$_{\mathbf{P}}$'s core, an assertion $\langle \mathbf{X} \vdash C \rangle$ *depends on* a move $\langle \mathbf{Y} \vdash A \vee B \rangle$ if $\mathbf{X}$ can formally defend C only after $\mathbf{Y}$ defended $A \vee B$. In a similar way, we say that $\langle \mathbf{X} \vdash B \rangle$ depends on application of rule SR-4 if $\mathbf{X}$ can formally defend it only after he played $\langle \mathbf{X} ? A \vee (A \rightarrow \bot) \rangle$ and $\mathbf{Y}$ answered this move.

Initial stage

First we place the members $\phi_1, \ldots, \phi_n$ of Δ as the premisses of the deduction and the thesis A as the conclusion. If A depends on a **O**-disjunction, then the justification of A is the application of a $\vee$E Rule. If it depends on application of SR-4, it is the result of rule EM. Otherwise it is the introduction rule corresponding to its main connective.

$$
\begin{array}{c|c}
p_1 & \phi_1 \\
\vdots & \vdots \\
p_n & \phi_n \\
\vdots & \vdots \\
n & A
\end{array}
$$

Incomplete Justification forms

Until the end of the procedure, no complete justification can be formed. Only the name of the rule applied can be given (see below). The lines of the steps to which the rule is applied will complete the justifications once every move is used by the procedure.

- Any move $\langle \mathbf{O} \vdash A \rangle$ challenging a move $\langle \mathbf{P} \vdash A \to B \rangle$ is introduced as a new assumption.
- Any pair of moves $(\langle \mathbf{O} \vdash A \rangle, \langle \mathbf{O} \vdash B \rangle)$ played in virtue of the local rule for disjunction is introduced as a pair of assumptions opening parallel subderivations.
- Any pair of moves $(\langle \mathbf{O} \vdash A \rangle, \langle \mathbf{O} \vdash A \to \bot \rangle)$ played in virtue of rule SR-4 is also introdued as a pair of assumptions opening parallel subderivations.
- Any move $\langle \mathbf{O} \vdash A \rangle$ used in virtue of rule SR-3 is introduced as the result of EFSQ Rule.
- Any other move $\langle \mathbf{O} \vdash A \rangle$ is introduced as the result of an Elimination Rule. The main connective of the formula defended by $\mathbf{O}$ with this move determines which Elimination Rule is used.
- Any move $\langle \mathbf{P} \vdash A \rangle$ occurring after $\mathbf{O}$ already performed the move $\langle \mathbf{O} \vdash A \rangle$ is the result of a Reiteration Rule.
- Any move $\langle \mathbf{P} \vdash A \rangle$ which depends on a move $\langle \mathbf{O} \vdash B \vee C \rangle$ is the result of a $\vee$E Rule.
- Any move $\langle \mathbf{P} \vdash A \rangle$ which depends on application of rule SR-4 is introduced as the result of EM Rule.
- Any other move $\langle \mathbf{P} \vdash A \rangle$ is the result of an Introduction Rule. The main connective of A determines which Introduction Rule is used.

Generalities

Once the initial stage is done, the procedure follows the order of the moves but ignores non assertoric expressions, which are specific to the dialogical approach. In general, moves of the form $\langle \mathbf{O} \vdash A \rangle$ will be placed upwards, that is such that its label immediately follows the one of the last assertion placed upwards; moves of the form $\langle \mathbf{P} \vdash A \rangle$ will be placed downwards, that is such that its label (not necessarily immediately) precedes the last assertion placed downwards in the current subderivation. A $\mathbf{O}$-challenge against a conditional assertion is placed upwards as a new assumption which is available up to the assertion lastly placed downwards, leaving it outside the new subderivation. When there is a split in the dialogical proof, these general conventions about placement must be adapted.

Split : case 0

Whenever a move $\langle \mathbf{P} \vdash A \rangle$ depends on the application of rule SR-4, it is placed as the result of EM Rule. Morever, the moves $\langle \mathbf{O} \vdash B \rangle$ and $\langle \mathbf{O} \vdash B \to \bot \rangle$ must be dealt with immediately after $\langle \mathbf{P} \vdash A \rangle$, even if other moves occur in FWS$_\mathbf{P}$'s core between $\langle \mathbf{P} \vdash A \rangle$ and the split. These other moves must be placed in both subdeductions opened with B and $B \to \bot$.

Suppose C is the assertion lastly placed upwards and D the one lastly placed downwards (notice that D can possibly be A). The last formula of both subderivations is an occurrence of A (which incomplete justification form can consist in a reiteration or Introduction rule). The occurrence of A associated with the label l cannot be used again this way. We obtain :

h	C	
i	$\quad B$	
$\vdots$	$\quad \vdots$	
i_2	$\quad A$	
j_1	$\quad B \to \bot$	
$\vdots$	$\quad \vdots$	
j_2	$\quad A$	
k	D	
$\vdots$	$\vdots$	
l	A	Excluded Middle

Split : case 1

Suppose we have to place the move $\langle \mathbf{P} \vdash A \rangle$ that counts as a challenge against a move $\langle \mathbf{O} \vdash A \to B \rangle$. This $\mathbf{P}$ move is followed by a $\mathbf{O}$ split : the left branch starts with the proper challenging move $\langle \mathbf{O}\text{-}f\text{-}e \rangle$ against $\langle \mathbf{P} \vdash A \rangle$, the right branch starts with the defensive move $\langle \mathbf{O} \vdash B \rangle$. The procedure places A and B in the current subderivation as follows :

$$
\begin{array}{c|lc}
i & C & \cdots \\
\vdots & \vdots & \\
j & A & \cdots \\
k & B & \rightarrow E \\
\vdots & \vdots & \\
l & D & \cdots
\end{array}
$$

where C is the last assertion placed upwards and D is the last assertion placed downwards. The procedure will place the remaining assertions of the left branch between C and A, and the remaining assertions of the right branch between B and D, following the appropriate clauses.

Split : case 2

Consider the case where FWS$_\mathbf{P}$'s core comes to a split in which the left branch starts with the move $\langle \mathbf{O}?_L \rangle$ and the right branch $\langle \mathbf{O}?_R \rangle$ challenging a preceding move $\langle \mathbf{P} \vdash A \wedge B \rangle$. The respective defensive moves are $\langle \mathbf{P} \vdash A \rangle$, $\langle \mathbf{P} \vdash B \rangle$ and are placed in the following way :

$$
\begin{array}{c|lc}
i & C & \cdots \\
\vdots & \vdots & \\
j & A & \cdots \\
\vdots & \vdots & \\
k & B & \cdots \\
k+1 & D & \cdots
\end{array}
$$

where C is the last assertion placed upwards and D the last assertion placed downwards by the procedure. The remaining assertions of the left branch will be placed between C and A, while the remaining assertions of the right branch will be placed between A and B.

Split : case 3

Suppose FWS$_\mathbf{P}$'s core comes to a split where the left branch starts with the move $\langle \mathbf{O} \vdash A \rangle$ and the right branch starts with $\langle \mathbf{O} \vdash B \rangle$, such that these moves are the two possible defences of a preceding move $\langle \mathbf{O} \vdash A \vee B \rangle$. Those two assertions are placed as follows :

$$
\begin{array}{c|ll}
i & C & \quad \cdots \\[6pt]
j_1 & \quad\;\; A & \\
\vdots & \quad\;\; \vdots & \\
k_1 & \quad\;\; B & \\
\vdots & \quad\;\; \vdots & \\
l & D & \quad \cdots
\end{array}
$$

where C is the last assertion placed upwards and D the last assertion placed downwards. The remaining assertions of the left branch are placed within the subderivation opened by A, those of the right branch within the subderivation opened by B.

The last formula of both subderivations is an occurrence of the first formula occurring in the sequel of the proof which was given the justification form $\vee$E and which has not been used this way yet. Let E be such a formula, we obtain something of the form :

$$
\begin{array}{c|ll}
j_1 & \quad\;\; A & \\
\vdots & \quad\;\; \vdots & \\
j_2 & \quad\;\; E & \quad \cdots \\
k_1 & \quad\;\; B & \\
\vdots & \quad\;\; \vdots & \\
k_2 & \quad\;\; E & \quad \cdots \\
\vdots & \;\; \vdots & \\
l & E & \qquad \vee\text{E}
\end{array}
$$

The occurrence of E associated with the label l must not be used again this way.

Completing the justifications

When every assertion in FWS$\mathbf{p}$'s core has been dealt with by the procedure, the useless dots are removed, and the steps are numbered up-down, starting from 1. Then the justifications of each step can be completed. In what follows, the formula of which we complete the justification is called A. Recall that assumptions get no justification.

178

- *Ex falso* : The full justification of A is $EFSQ, l$, where l is the label given to the move $\langle \mathbf{O} \vdash \bot \rangle$ which is challenged in virtue of SR-3 to play the move $\langle \mathbf{P} \vdash A \rangle$.
- *Reiteration* : The full justification of A is R, l where l is the label given to the previous move $\langle \mathbf{O} \vdash A \rangle$.
- *Conditional Introduction* : The full justification is $\rightarrow$I, l_1-l_2 where l_1 is the label given to the move $\langle \mathbf{O} \vdash C \rangle$ challenging A, and l_2 is the label allocated to the move $\langle \mathbf{P} \vdash D \rangle$ which defends it.
- *Other Introduction Rules* : The full justification is obtained by adding the label(s) of the move(s) $\langle \mathbf{P} \vdash D \rangle$ defending A in FWS$_\mathbf{P}$'s core.
- *Disjunction Elimination* : The full justification of A is $\vee$E, i, j-k, l-m where i is the label given to the disjunctive move $\langle \mathbf{O} \vdash C \vee D \rangle$ A depends on, j-k denotes the labels of the subderivation initiated by the first disjunct and l-m denotes the labels of the subderivation initiated by the second disjunct.
- *Other Elimination Rules* : The full justification is obtained by adding the label given to the move $\langle \mathbf{O} \vdash B \rangle$ defended by the move $\langle \mathbf{O} \vdash A \rangle$.

3.2 Correction of the algorithm

THÉORÈME 3.1. Let $\mathcal{S}$ be a formal winning strategy for $\mathbf{P}$ in $\mathcal{D}(\Delta, A)$. $\mathcal{F}$, the result of applying our algorithm to the core of $\mathcal{S}$, is a correct Fitch-style proof of A from Δ.

Démonstration. For the sake of brievety, we only sketch a proof that is fairly easy but fastidiously long. Here are the main ideas :

(i) The result of the procedure is a sequence of tuples, each of the form (l, A, m) with l a label, A a formula and m a justification, linearly ordered in a sequence by their labels.

(ii) Now consider this sequence as obtained from the empty sequence by successively adding the tuples, following the order on the labels. It can be shown by an inductive reasonning that this construction observes at each step the rules of Fitch-style Natural deduction as given in section 2[107]. Once this is done, we have shown that $\mathcal{F}$ is a Fitch-style deduction.

(iii) After this, it is easy to show that $\mathcal{F}$ also observes the clauses of definition .14, which allows us to conclude that $\mathcal{F}$ is a correct Fitch-style proof of A from Δ. ∎

---

107. In fact, this is very clear – but very long – when one works with formal definitions similar to the one used in Geuvers et Nederpelt (2004).

3.3   A simple example

Let us consider the formula $(a \vee b) \to (a \vee b)$ which is valid in minimal logic. Here is the core of a FWS$_\mathbf{P}$ for it :

$$\langle \mathbf{P} \vdash (a \vee b) \to (a \vee b) \rangle$$
$$|$$
$$\langle \mathbf{O} \vdash a \vee b \rangle$$
$$|$$
$$\langle \mathbf{P} \vdash a \vee b \rangle$$
$$|$$
$$\langle \mathbf{O}?_\vee \rangle$$
$$|$$
$$\langle \mathbf{P}?_\vee \rangle$$

$$\langle \mathbf{O} \vdash a \rangle \qquad \langle \mathbf{O} \vdash b \rangle$$
$$| \qquad\qquad |$$
$$\langle \mathbf{P} \vdash a \rangle \qquad \langle \mathbf{P} \vdash b \rangle$$

The initial stage is :

$$
\begin{array}{c|l}
\vdots & \vdots \\
l & (a \vee b) \to (a \vee b) \qquad \to\!\mathrm{I}
\end{array}
$$

The next assertion is a **O**-assertion that counts as a challenge against the thesis. We obtain :

$$
\begin{array}{c|l}
l_1 & \quad a \vee b \\
\vdots & \quad \vdots \\
l & (a \vee b) \to (a \vee b) \qquad \to\!\mathrm{I}
\end{array}
$$

The next assertion is the corresponding **P**-defence which depends itself on a **O**-disjunction. So we obtain

$$
\begin{array}{c|l}
l_1 & \quad a \vee b \\
\vdots & \quad \vdots \\
l_2 & \quad a \vee b \qquad\qquad \vee\mathrm{E} \\
l & (a \vee b) \to (a \vee b) \qquad \to\!\mathrm{I}
\end{array}
$$

Next we have a **O** split between two possible defences of a disjunction.

```
l₁ │ │ a ∨ b
l₃ │ │   │ a
 ⋮ │ │   │ ⋮
l₄ │ │   │ a ∨ b        VI
l₅ │ │   │ b
 ⋮ │ │   │ ⋮
l₆ │ │   │ a ∨ b        VI
l₂ │ │ a ∨ b            VE
l  │ (a ∨ b) → (a ∨ b)  →I
```

In both branches, there remains a **P** assertion which is a repetition of a previous **O**-assertion and which counts as a defence of the move which depends on the **O**-disjunction. Thus :

```
l₁ │ │ a ∨ b
l₃ │ │   │ a
l₇ │ │   │ a            R
l₄ │ │   │ a ∨ b        VI
l₅ │ │   │ b
l₈ │ │   │ b            R
l₆ │ │   │ a ∨ b        VI
l₂ │ │ a ∨ b            VE
l  │ (a ∨ b) → (a ∨ b)  →I
```

Finally, we number the steps of this Fitch-style deduction and complete the justification forms :

1	$a \lor b$	
2	a	
3	a	R, 2
4	$a \lor b$	$\lor$I, 3
5	b	
6	b	R, 5
7	$a \lor b$	$\lor$I, 6
8	$a \lor b$	$\lor$E, 1, 2–4, 5–7
9	$(a \lor b) \to (a \lor b)$	$\to$I, 1–8

3.4   Comments and discussion

Let us resume our take on the definition of meaning as it stems from the previous sections. The dialogical perspective offers means to distinguish between three aspects of meaning :

i. The argumentation forms associated with a connective $\#$ determine what may be called its *local meaning*, by giving rules for an interaction in a sellarsian game of assertions and requests. Such rules are abstract triples (p, c, d) which give constraints on games without defining what a game is. They just describe what one is committing oneself to when performing a $\#$-assertion. One may say that the local meaning of $\#$ is the meaning of the connective *stricto sensu*. Take disjunction as an example. Its local meaning is given by the forms :

Precondition	$\langle \mathbf{X} \vdash A \lor B \rangle$	$\langle \mathbf{X} \vdash A \lor B \rangle$
Challenge	$\langle \mathbf{Y} \, ? \, _\lor \rangle$	$\langle \mathbf{Y} \, ? \, _\lor \rangle$
Defence	$\langle \mathbf{X} \vdash A \rangle$	$\langle \mathbf{X} \vdash B \rangle$

Local meaning spells out a set of ways to deal with committment in the assertoric language game, independently of any specific form such a game may take (i.e. retaining as the only relevant feature of the game the connexion between commitment and request instanciated by the structure Precondition–Challenge–Defense).

It is extremely important to build the theory of meaning at this abstract level because, as advocated by Wittgenstein [108], many games can be played without a complete definition of the rules. Hence not only the same argumentation forms are a common basis for many different language games (as exemplified in this paper), but you can even imagine a game where such forms are all you know about the rules.

ii. The local meaning of the connective # may then be contrasted with its *strategical meaning*, i.e. the way argumentation forms combine into extensive forms of a game associated with a #-assertion. This aspect of meaning is determined by the combination of argumentation forms *and* structural rules, and is given by the set of terminal histories in the dialogue associated with the assertion. Structural rules bear this name for they structure the use of the argumentation forms, in the sense that they give constraints for a set of move to be an actual play of the game. The strategical meaning of a disjunctive statement is thus given by the following schematic extensive form :

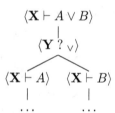

Strategical meaning recursively combines into an extensive form for an arbitrary statement, which spells out the *conditions on the justifiability* of the statement in terms of a disjunction of justifications for sets of elementary assertions, one such set for each terminal history.

iii. The notions of copycat strategy and of non-contentious assertion allow to single out a specific case of conditions on the justifiability of a thesis, namely when those conditions are null, which corresponds precisely to the cases when the thesis is a valid consequence of the initial concessions. With respect to disjunction and formal strategies, one might observe the following. Let C be a complex formula and $\langle \mathbf{Y} \; ? \; C \rangle$ denote the appropriate challenge against $\langle \mathbf{X} \vdash C \rangle$. Assume a game situation where $\mathbf{P}$ has no formal justifi-

---

108. See Wittgenstein's *Lectures* 110.

cation of his assertion of $\langle \mathbf{P} \vdash C \rangle$ before $\mathbf{O}$ defended $A \vee B$. Here's a fragment of a $\mathbf{P}$ strategy :

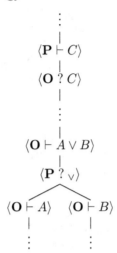

One may observe that, for $\mathbf{P}$, to have a formal justification of $\langle \mathbf{P} \vdash C \rangle$ exactly amounts to have one given the $\mathbf{O}$-assertion of A on the one hand, and to have one given the $\mathbf{O}$-assertion of B on the other hand. And this is precisely what the Elimination rule for disjunction says.

Thus in general one may introduce a notion of *inferential behaviour* for the connectives :

Définition .15 (Inferential behaviour). Let $\#$ be a connective and A a $\#$-formula. The *inferential behaviour* of $\#$ is compound of :

(a) the relation between the assertion $\langle \mathbf{P} \vdash A \rangle$ and the set of assertions of formulas B such that $\mathbf{P}$ needs a formal justification of $\langle \mathbf{P} \vdash B \rangle$ in order to formally justify the assertion of A;

(b) the relation between the assertion $\langle \mathbf{O} \vdash A \rangle$ and the set of assertions of formulas B such that $\mathbf{P}$ can formally justify $\langle \mathbf{P} \vdash B \rangle$ given the concession $\langle \mathbf{O} \vdash A \rangle$.

In other terms, the inferential behaviour of $\#$ is given by the role a $\#$-formula will play, as either a $\mathbf{P}$- or a $\mathbf{O}$-assertion, *in a game where $\mathbf{P}$ wants to stay under nullary conditions on the justification he provides.*

Let us conclude with some remarks on the relation between dialogues and natural deductions. The local semantics in dialogical logic and the

Eliminiation-Introduction rules in Natural Deduction may be considered as rival approaches to define the meaning of logical constants, when one understands, in the wittgensteinian tradition, meaning as use.

One may then observe that there is no dialogical equivalent to the introduction rules, and thus that the local semantics is incomplete in so far as it does not reflect completely the behaviour of a connective when it constitutes the outmost form of either a conclusion or a premiss. But this argument is somehow misleading, for dialogical *logic* and natural deduction are in agreement indeed on both aspects – as our algorithm and the previous remarks show clearly. There is a difference, though, and an important one. The argumentation forms are intended to give an account of the meaning of connectives in the context of sellarsian games of asking for and giving reasons (or justifications), which we take as the fundamental form of language game, or at least one of them. Such forms may then be studied from a strategical point of view, and a requisit of formality may be added in order to reach the level of their inferential behaviour. [109]

We take it as one of the main contribution of the dialogical approach to show how this behaviour is *explained* by argumentation forms (i.e. meaning proper) plus strategical considerations, whereas Introduction / Elimination rules rather *describe* it. Actually, while one can seek in the general patterns of interaction as described by argumentation forms on the one hand and structural rules on the other hand the reasons why inference rules are like they are, such a question is meaningless when one take them as a definition of the meaning of connectives.

In the core of a $FWS_\mathbf{P}$, we consider *incarnated* local rules, in the sense that the tree structure generated by application of argumentation forms to a precondition may be defined differently when the precondition is a **P**- or a **O**-assertion. This is the whole point of our remarks about dialogues and tableaux. In such a strategy, a **O**-argumentative form [110] decomposes a complex **O**-assertion in simpler one(s), which is exactly what does an elimination rule in a Natural Deduction proof. But when we restrict our attention to $FWS_\mathbf{P}$'s cores, there is no more symmetry in the signification of game phases than there is in the rules. **O**-forms eliminate complex assertions in order to reach elementary ones because, in the context of a formal strategy, such **O**-elementary assertions (and

---

109. Notice that such a division between the meaning and the inferential behaviour of a connective relies crucially on the decision to introduce formality as a property of strategies and not of games.

110. That is, a form the precondition of which is a **O**-assertion.

the associated justifications) should be understood as *ressources* for **P**. Now **P**-forms have a different signification : they are the proper justifications, since through the whole game the burden of the justification of the thesis lies on **P**'s side. Therefore a **P**-argumentative form gives the justification of the assertion of a complex formula by means of (the assertion of one of) its immediate subformulas, which just amounts to the same as applications of Introduction rules. In other terms, to see how they relate to natural deduction proofs, **P**-forms should be read bottom-up (i.e. from elementary justification to the justification of the thesis) while **O**-forms should be read top-down (i.e. from the concession of complex ressources to the concession of elementary ones). Most of the clauses of the algorithm give an account of these relations between dialogical local rules and Elimination-Introduction rules in Natural Deduction.

There is an exception however to these considerations, of which we have already said something : the elimination rule for disjunction, which is associated with a **P** case in the procedure. Contrary to the other elimination rules, the formula derived may not be a subformula of the disjunction. But such a rule is clearly of a meta-logical nature. Since it consists in drawing a formula if it is derived in two parallel subderivations (each starting with one of the disjuncts), it clearly relies on considerations about the combination of proofs and not only on the meaning of disjunction, as witnessed by the three premisses in the (non Fitch) elimination rule.

Clearly, in an *argumentation* (i.e. a terminal history in the dialogue, as represented in iii. above) only one of the disjuncts will be asserted, which is as it should be : whenever I assert a disjunction, I just claim I can provide a justification to one of the disjuncts. It is only when it comes to define conditions on *formal strategies* in the game that the *behaviour* of disjunction coincides with its elimination rule.

We see the difference between explaining and (only) describing an inferential behaviour as a strong argument in favor of the claim that Natural Deduction rules are not, as they stand, meaning-constituting. In fact, other arguments for this claim were already given in discussions about the *tonk* connective introduced in the famous Prior (1961) : the usual introduction of harmony constraints[111] indicates that Introduction/Elimination rules are not sufficient to constitue the meaning of the connectives. The dialogical perspective offers another way to understand what goes wrong with *tonk*, namely an endogenous way.

---

111. As pointed out by Belnap (1962) and others.

For the sake a brevity, we restrict ourselves to a summary [112]. First of all, let us recall the Natural Deduction rules for *tonk* :

$$
\begin{array}{c|c}
l & A \\
\vdots & \vdots \\
l' & A \text{ tonk } B \qquad \text{tonk I}, l
\end{array}
$$

$$
\begin{array}{c|c}
l & A \text{ tonk } B \\
\vdots & \vdots \\
l' & A \qquad \text{tonk E}_1, l
\end{array}
\qquad\qquad
\begin{array}{c|c}
l & A \text{ tonk } B \\
\vdots & \vdots \\
l' & B \qquad \text{tonk E}_2, l
\end{array}
$$

It is impossible to give local rules which will match the Introduction/Elimination ones through our algorithm. To see this, assume that there were such rules. Then they should specify whose player (challenger or defender) may choose between a continuation of the game with A or with B. So let us suppose that the choice is the challenger's. The local rules for *tonk* would then be of the form :

Precondition	$\langle \mathbf{X} \vdash A \text{ tonk } B \rangle$	$\langle \mathbf{X} \vdash A \text{ tonk } B \rangle$
Challenge	$\langle \mathbf{Y} \ ? \ L \rangle$	$\langle \mathbf{Y} \ ?R \rangle$
Defence	$\langle \mathbf{X} \vdash A \rangle$	$\langle \mathbf{X} \vdash B \rangle$

But consider what happens when this form is incarnated as a **P**-case in a FWS$_\mathbf{P}$ and translated through our algorithm : we obtain the following rule :

$$
\begin{array}{c|c}
l_1 & A \\
\vdots & \vdots \\
l_2 & B \\
\vdots & \vdots \\
l' & A \text{ tonk } B \qquad \text{tonk I}, l_1, l_2
\end{array}
$$

---

112. A thorough discussion on this subject is to be presented in a forthcoming paper

However, this is not the Introduction rule for *tonk*, which is of disjunctive type while the one we obtain is of conjunctive type. Well, then how about letting the choice be the defender's? Unfortunately, a similar problem appears.

Precondition	$\langle \mathbf{X} \vdash A \text{ tonk } B \rangle$	$\langle \mathbf{X} \vdash A \text{ tonk } B \rangle$
Challenge	$\langle \mathbf{Y} \; ? \text{ tonk} \rangle$	$\langle \mathbf{Y} \; ?\text{tonk} \rangle$
Defence	$\langle \mathbf{X} \vdash A \rangle$	$\langle \mathbf{X} \vdash B \rangle$

If we take the incarnated form of a **O**-case in a FWS**P** and translate it by means of our procedure, we obtain a rule which is not the Elimination rule for *tonk* : the rule obtained will be much like the Elimination rule for disjunction while we need an Elimination rule of a conjunctive type.

To summarize, from the dialogical point of view, the reason why the inferential behaviour expressed by Natural Deduction rules for *tonk* makes no sense is that these rules do not let us decide who has the choice. Indeed this decision must be taken at the local level, but such a decision will not yield the intended Natural Deduction rules. In other words there are no player-independant rules for *tonk* : this behaviour does not reflect any form of interaction between players in a language game. Player-independance is a necessary feature of local rules since there is no mean to specify who the players are at this level[113]. Since local rules cannot be given for *tonk*, this connective has no meaning *stricto sensu*, and this is straightforward in the dialogical approach : the very notion of local meaning has a form of in-built harmony.

Acknowledgments

The authors are grateful to an anonymous referee for helpful corrections and insightful remarks.

---

113. Players are defined by the structural rules.

188

BIBLIOGRAPHIE

ABRAMSKY, S., 1997 : « Semantics of Interaction : an introduction to Game Semantics ». In DYBJER, P. et PITTS, A. (éds.) : *Proceedings of the 1996 CLiCS Summer School, Isaac Newton Institute*, pages 1–31. Cambridge University Press, Cambridge.

ANGELELLI, I., 1970 : « The techniques of Disputation in the history of logic ». *The Journal of Philosophy*, 67:800–815.

BARWISE, J. et ETCHEMENDY, J., 1993 : *The language of First-Order Logic*. CSLI lecture notes. Center for the Study of Language and Information.

BELNAP, N., 1962 : « Tonk, Plonk and Plink ». *Analysis*, 22:130–134.

BLACKBURN, P., DE RIJKE, M. et VENEMA, Y., 2001 : *Modal Logic*, volume 53 de *Cambridge Tracts in Theoretical Computer Science*. Cambridge University Press, Cambridge.

BLASS, A., 1992 : « A game semantics for linear logic ». *Annals of Pure and Applied Logic*, 56:183–220.

BOLANDER, Tomas et BLACKBURN, Patrick, 2007 : "Termination for Hybrid Tableaus". *Journal of Logic and Computation*, 17(3):517–554.

BOOLOS, George S., BURGESS, John P. et JEFFREY, Richard C., 2007 : *Computability and Logic*. Cambridge University Press, 5 édition.

BRANDOM, R. B., 2000 : *Articulating Reasons*. Harvard University Press, Harvard.

CLERBOUT, N., 2012a : « First-Order Dialogical Games and Tableaux ». *blabla*. A paraître.

CLERBOUT, N., 2012b : « The Dialogic of Actually ». In MAGNIER *et al.* (éd.) : *Logic of Knowledge. Theory and Applications*.

CLERBOUT, N., GORISSE, M.-H. et RAHMAN, S., 2011 : « Context-Sensitivity in Jain Philosophy : A Dialogical Study of Siddharsigani's *Commentary on the Handbook of Logic* ». *Journal of Philosophical Logic*, 41(5):633–662.

CROSSLEY, J. N. et HUMBERSTONE, L., 1977 : « The Logic of Actually ». *Reports on Mathematical Logic*, 8:11–29.

D'AGOSTINO, M., GABBAY, D. M., HÄHNLE, R. et POSEGGA, J. (éds.), 1998. *Handbook of Tableau Methods*. Springer.

DAMIEN, L., GORISSE, M.-H. et RAHMAN, S., 2004 : « La dialogique temporelle ou Patrick Blackburn par lui-même ». *Philosophia Scientiae*, 8(2):39–59.

DAVIES, M. et HUMBERSTONE, L., 1980 : « Two Notions of Necessity ». *Philosophical Studies*, 38:1–30.

DUTILH NOVAES, C., 2007 : *Formalizing Medieval Logical Theories*, volume 7 de *Logic, Epistemology and the Unity of Science*. Springer.

FELSCHER, W., 1985a : « Dialogues, Strategies, and Intuitionnistic Provability ». *Annals of Pure and Applied Logic*, 28:217–254.

FELSCHER, W., 1985b : « Dialogues as a Foundation for Intuitionnistic Logic ». In GABBAY, Dov M. et GUENTHNER, Franz (éds.) : *Handbook of Philosophical Logic. Volume 3 : Alternatives in Classical Logic*, volume 166 de *Studies in Epistemology, Logic, Methodology, and Philosophy of Science*, pages 341–372. Kluwer, Kordrecht & Hingham.

FITTING, M., 1990 : *First-Order Logic and Automated Theorem Proving*. Springer-Verlag, New York.

FITTING, M. et MENDELSOHN, R. L., 1998 : *First-Order Modal Logic*, volume 277 de *Synthese Library*. Kluwer Academic Publishers.

FONTAINE, M. et REDMOND, J., 2008 : *Logique Dialogique : Une Introduction. Volume I. Méthode de Dialogique : Règles et Exercices*, volume 5 de *Cahiers de Logique et d'Epistémologie*. College Publications, Londres.

GALE, D. et STEWART, F. M., 1953 : « Infinite games with perfect information ». In KUHN, Harold W. et TUCKER, Albert W. (éds.) : *Contributions to the Theory of Games Volume II*, volume 28 de *Annals of Mathematics Studies*, pages 245–266. Princeton University Press, Princeton.

GAMUT, L.T.F., 1992 : *Logic, Language, and Meaning. Volume 1 Introduction to Logic*. University of Chicago Press, Chicago.

GARSON, J. W, 2006 : *Modal Logic for Philosophers*. Cambridge University Press, Cambridge.

GEUVERS, H. et NEDERPELT, R., 2004 : « Rewriting for Fitch Style Natural Deductions ». In VAN OOSTROM, Vincent (éd.) : *Rewriting Techniques and Applications*, volume 3091 de *Lecture Notes in Computer Science*, pages 134–154. Springer-Verlag.

GIRARD, J.-Y., 1999 : « On the meaning of logical rules I : syntax vs. semantics ». In BERGER, U. et SCHWICHTENBERG, H. (éds.) : *Computational Logic*, pages 215–272. Springer-Verlag, Heidelberg.

GIRARD, J.-Y., 2003 : « From foundations to ludics ». *Bulletin of Symbolic Logic*, 9 (2):131–168.

Hazen, A. P., 1978 : « The Eliminability of the Actuality Operator in Propositional Modal Logic ». *Notre Dame Journal of Formal Logic*, 19(4):617–622.

Hintikka, J. et Sandu, G., 1997 : « Game-theoretical semantics ». In van Benthem, J. et ter Meulen, A. (éds.) : *Handbook of Logic and Language*, pages 361–410. Elsevier, Amsterdam.

Hodges, W., 2001 : Logic and Games. *Stanford Encyclopedia of Philosophy*. URL http://plato.stanford.edu/entries/logic-games/. Accès Juin 2012.

Hughes, G. E. et Cresswell, M. J., 1996 : *A New Introduction to Modal Logic*. Routledge, Londres & New York.

Humberstone, L., 2008 : « Modal Formulas True at Some Point in Every Model ». *The Australasian Journal of Logic*, 6:70–82.

Hyland, J. M. E. et Ong, C.-H. L., 2000 : « On Full Abstraction for PCF ». *Information and Computation*, 163:285–408.

Japaridze, G., 2003 : « Introduction to computability logic ». *Annals of Pure and Applied Logic*, 123:1–99.

Keiff, L., 2007 : *Le Pluralisme Dialogique*. Thèse de doctorat, Université Charles de Gaulle Lille 3.

Keiff, L., 2009 : « Dialogical Logic ». *Stanford Encyclopedia of Philosophy*. URL http://plato.stanford.edu/entries/logic-Dialogical. Accès Septembre 2011.

Kleene, S. C., 1952 : *Introduction to Metamathematics*. Bibliotheca Mathematica. North-Holland, Amsterdam.

Kleene, S. C., 1967 : *Mathematical Logic*. John Wiley.

Krabbe, E. C., 1982 : *Studies in Dialogical Logic*. Thèse de doctorat, Rijksuniversiteit Groningen.

Krabbe, E. C., 1985 : « Formal Systems of Dialogue Rules ». *Synthese*, 63:295–328.

Krabbe, E. C., 2006 : « Dialogue Logic ». In Gabbay, Dov M. et Woods, J. (éds.) : *Handbook of the History of Logic Volume 7*, pages 665–704. Elsevier, Amsterdam.

Letz, R., 1998 : « First-Order Tableau Methods ». In D'Agostino *et al.* (éd.) : *Handbook of Tableau Methods*, pages 125–196.

Lorenz, K., 1968 : « Dialogspiele als semantische Grundlage von Logikkalkülen ». *Archiv für mathematische Logik und Grundlagenforschung*, 11:32–55 and 73–100. Réimprimé dans Lorenzen et Lorenz (1978).

Lorenz, K., 2001 : « Basic Objectives of Dialogue Logic in Historical Perspective ». *Synthese*, 127:255–263.

LORENZEN, P. et LORENZ, K., 1978 : *Dialogische Logik*. Wissenschaftliche Buchgesellschaft, Darmstadt.

MAGNIER, S., SALGUERO, F. J. et BARÉS, C. (éds.), 2012. *Logic of Knowledge. Theory and Applications*, volume 3 de *Dialogues and the Games of Logic*. College Publications, Londres.

NORTMANN, U., 2001 : « How to Extend the Dialogical Approach to Provability Logic ». *Synthese*, 127:95—103.

POPEK, A., 2012 : « Logical dialogues from Middle Ages ». In MAGNIER *et al.* (éd.) : *Logic of Knowledge. Theory and Applications*, pages 223-244.

PRIEST, G., 2008 : « Jaina Logic : A Contemporary Perspective ». *History and Philosophy of Logic*, 29(3):263-278.

PRIOR, A., 1961 : « The Runabout Inference Ticket ». *Analysis*, 21(2):38-39.

RAHMAN, S., 1993 : *Ueber Dialogue, Protologische Kategorien und andere Seltenheiten*. Campus, Francfort & New York.

RAHMAN, S., 2001 : « On Frege's Nightmare : A Combination of Intuitionnistic, Free and Paraconsistent Logics ». In WANSING, Heinrich (éd.) : *Essays on Non-Classical Logic*, pages 61-89. World Scientific, Singapour.

RAHMAN, S., 2009 : « A non normal dialogic for a wonderful world and more ». In VAN BENTHEM, JOHAN *et al.* (éd.) : *The Age of Alternative Logics*, pages 311-334. Kluwer-Springer, Dordrecht.

RAHMAN, S., 2010 : « Negation in the Logic of First Degree Entailment and Tonk : A Dialogical Study ». In PRIMIERO, GIUSEPPE, MARION, MATTHIEU *et al.* (éd.) : *(Anti)Realism. The Realism-Antirealism Debate in the Age of Alternative Logics*, pages 175-201. Springer, Dordrecht.

RAHMAN, S. et CARNIELLI, W., 2000 : « The Dialogical approach to paraconsistency. *Synthese*, 125(1-2):201-232.

RAHMAN, S., CLERBOUT, N. et KEIFF, L., 2009 : « On Dialogues and Natural Deduction ». In PRIMIERO, Giuseppe et RAHMAN, Shahid (éds.) : *Acts of Knowledge - History, Philosophy and Logic*, volume 7 de *Tributes*, pages 301-336. College Publications, Londres.

RAHMAN, S. et DÉGREMONT, C., 2006 : « The beetle in the box : exploring IF-dialogues ». In AHTO, T. et PIETARINEN, A. V. (éds.) : *Truth and Games : Essays in Honour of Gabriel Sandu*, pages 91-122. Acta Philosophica Fennica, Helsinki.

RAHMAN, S. et KEIFF, L., 2005 : « On How to Be a Dialogician ». In VANDERVEKEN, Daniel (éd.) : *Logic, Thought and Action*, pages 359-408. Springer, New York.

RAHMAN, S. et RÜCKERT, H., 1999 : « Dialogische Modallogik (für T, B, S4 und S5) ». *Logique et Analyse*, 42(167-168):243-282.

RAHMAN, S. et RÜCKERT, H., 2001 : « Dialogical connexive logic ». *Synthese*, 127 (1–2):105–139.

RAHMAN, S. et TULENHEIMO, T., 2009 : « From Games to Dialogues and Back. Towards a general frame for validity ». In MAJER, Ondrej, PIETARINEN, Ahti-Veikko et TULENHEIMO, Tero (éds.) : *Games : Unifying Logic, Language, and Philosophy*, pages 153–208. Springer, Dordrecht.

SCHROEDER-HEISTER, P., 2008 : « Lorenzen's operative justification of intuitionistic logic ». In VAN ATTEN, M., BOLDINI, P., BOURDEAU, M. et HEINZMANN, G. (éds.) : *One Hundred Years of Intuitionism (1907-2007) : The Cerisy Conference*, pages 214–240. Basel : Birkhäuser.

SELLARS, W., 1997 : *Empiricism and the Philosophy of Mind.* Harvard University Press, Cambridge.

SMULLYAN, R., 1968 : *First-Order Logic.* Springer Verlag, New York.

TULENHEIMO, T., 2009 : « Review of Humberstone (2008) ». *Mathematical Reviews.* URL http://www.ams.org/mathscinet. MR2430969.

TURING, A., 1936 : « On computable numbers, with an application to the *Entscheidungsproblem* ». In *Proceedings of the London Mathematical Society, Series 2*, volume 42, pages 230–265.

WITTGENSTEIN, L., 1953 : *Recherches Philosophiques.* Bibliothèque de Philosophie. NRF Gallimard, Paris. trad. E. Rigal et alia, 2005.

YRJÖNSUURI, M., 2001 : *Consequences, Obligations and Insolubles*, volume 49 de *New Synthese Historical Library*. Kluwer, Dordrecht.

www.ingramcontent.com/pod-product-compliance
Lightning Source LLC
LaVergne TN
LVHW012330060326
832902LV00011B/1802